社長・税理士・弁護士のための

私的再建の手引き

経営者保証に関するガイドライン対応

【第2版】

公認会計士　徳永　信
公認会計士　安田　憲生
弁　護　士　宮原　一東
弁　護　士　岡本　成道

税務経理協会

第2版はしがき

　近時，民事再生などの法的再生事件は大幅に減少しています。しかし，窮境状態の会社が減ったわけではありません。私的整理（私的再建）が大幅に増加したことが要因です。なかでも，中小企業再生支援協議会スキームによる事業再生は，非常に多く活用されています。また，日本弁護士連合会は，最高裁や金融庁等と協議し，特定調停を活用した事業再生スキームを公表しており，特定調停が成立した債権放棄案件が相当数公表されています。このように，事業再生はルール（準則）に基づいた私的整理（私的再建）で行われる時代となりました。そこで，第2版では，これら準則型私的整理の説明を加筆致しました。

　従来，債権放棄を求める場合，保証履行を受けることを躊躇し，事業再生に着手できないケースも少なくありませんでしたが，平成26年2月より，抜本的な事業再生や廃業支援を促進するため，「経営者保証に関するガイドライン」が施行されています。そこで，第13章を全面改訂し，「経営者保証に関するガイドライン」の概要や論点の説明を行いました。

　金融機関から同意を得るための交渉術，主要な論点，コラム，事例，書式についても，全面的に差し替えていますので，初版をお持ちの方にも役に立つ内容となっております。

　資金繰りに厳しく，過剰債務問題を抱える中小企業の経営者は，想像以上に孤独に悩んでいるものです。本書は，そのような中小企業の経営者に希望を与えることを目指しています。また，具体的な金融機関との交渉術や書式を充実させることで，税理士，公認会計士，弁護士，コンサルタント等の専門家や金融機関にとっても実務上役に立つ本を目指した「手引書」です。本書を活用することで，「うちの会社も何とかなりそうだ」「うちの関与先の会社社長に諦めないように励ましてみよう」と思ってくれる方が一人でも多く現れれば，著者である私達にとって望外の喜びです。

平成28年9月

著者を代表して
宮原　一東

はしがき

　本書は，会社再建の実務に従事する弁護士と公認会計士が，実務の経験に基づいてまとめたものです。基本的な内容は会社経営者と，彼らをサポートする関係者が知っておくべき制度，具体的な手順や留意点です。

　会社再建の手法としては，会社更生法や民事再生法といった裁判所の監督の下に行われる法的再建と，裁判外の手続により行われる私的再建に大別されます。本書は**私的再建を中心に解説**しています。また，対象となる会社としては**中小企業を前提**としています。

　中小企業は経営者の能力や技能といった属人的な個性が業績に反映されます。会社の窮状の要因はさまざまですが，むやみに経営責任を追及することによって経営者を排除することは，それまで事業を支えてきた最も大事な経営資源を失うことになります。また，事業規模や市場が相対的に小さく，閉鎖的な場合には風評被害により一気に経営が破綻する危険性があります。このようなケースでは，法的再建よりも私的再建による方が適しているとも考えられます。

　経営者，特に中小企業の経営者は孤独な存在ではないでしょうか。相談する相手がいても最終的な判断は自分でしなければなりません。大企業のように社内に法務部が設置されていたり，法律の専門家である弁護士と日常的にコンタクトしていることも少ないと思われます。困窮する事業を一身で支え，疲弊しきった精神状態のなかで，何もせずにただ諦めてすべてを失うことのないように，会社再建は具体的にどうすればよいのか，どのようなタイミングで，誰に相談すればよいのか，そして何をしていかなければならないのか，といったことについて，心の準備も含めて指針を示すことを目的としています。

　また，経営者又は経営に携る方々だけではなく，外部の専門家として中小企業に最も多く接するであろう税理士，公認会計士，弁護士などの先生方にも，私的再建の進め方について概要をご理解いただき，このような問題に直面している経営者の方に適切なアドバイスをしていただければと思います。

具体的な進め方，手続についてはできるだけ具体例を挙げています。また実際に再建実務の現場で使用する様式も織り込んでいます。目次と各章の扉に，「社長マーク」と「専門家マーク」を表示しました。経営者の方に特に読んでいただきたい項目，専門家の方に見ていただきたい項目の表示ですので参考にしてください。

本書は基本的に経営者サイドの立場で記述しています。ただし，どんな会社でも私的整理による会社再建が可能なわけではありません。

まずもって**会社に再建する価値と再建の可能性がある**ことが重要です。会社の事業の公共性・社会への貢献，守るべき従業員や取引先並びにその家族の生活，地域経済に与える影響など，その会社の再建に協力することの意義を関係者，協力者に認識してもらえることが必要です。会社の事業に潜在的な収益性があることも当然必要です。会社の将来収益を財政的な基盤として再建計画を策定する以上，仮に現在の収益力が低いとしても，事業の集約や新たな市場あるいは事業分野の開拓により，再建が可能であることの理解を得なければなりません。

また**経営者としての強い心と覚悟**も必要です。会社が窮境に直面する原因は必ずしも経営者だけに帰属するとはいえないかも知れません。外部経済環境の激変，会社の事業が所属する市場の衰退，得意先の破綻，保有資産の価値の変動など，経営者にとっては制御不能な要因によって財政状態が悪化することはよくあることです。だからといって，経営者の経営責任を免れることはできません。何もない状況から，ゼロからのスタートをするよりも，悪化した財政状態という負の資産を抱えて，さまざまな利害関係者との調整を図りながら事業の継続を目指すことは並大抵の覚悟では実行できません。

さらに，会社再建の手続は，**すべての債権者に対して公正**であり，なおかつ**すべての関係者にとって理解しやすい透明性の高い**手続である必要があります。一部の債権者に有利な再建計画は他の債権者の承認を得ることは難しいでしょうし，法的なリスクが生じる可能性さえあります。手続の過程が不透明では関

係者から見放されてしまうでしょう。

　以上のような条件を満たして初めて会社再建に向けて関係者の信頼関係が築かれ，一致協力したパワーが発揮されることになります。

　窮境に瀕して，かつての輝きを取り戻すために，未来に向けて残すべきものは何か，失ってしまった何を蘇らせるのか，将来に向けて作り上げるべきものは何か，これらを明確に認識し，秩序立って行動することにより，再び生きる力と魂を会社と経営者に与えることができれば，会社再建実務に携わる職業専門家として望外の喜びであります。

　本書作成の機会をいただいた税務経理協会の大坪嘉春社長，不慣れな執筆者にお付き合いいただいた日野西資延氏には心から感謝申し上げます。そして現在，立場は変わられましたが，雑誌連載から本書の企画に参加いただいた野澤武史氏のご健闘を祈念いたします。

　平成23年3月

著者代表　德永　信

目　次

第2版はしがき

はしがき

第 1 部
会社の再建を進めるにあたって

第1章　序　論

1　廃業が頭をよぎるが……………………………………………… 3
2　会社再建の意義…………………………………………………… 3
3　再建のために何よりも必要なこと……………………………… 5
4　本書の特徴（「私的再建」「自主再建」「誠実な再建」「具体的手法の開示」）…………………………………………………… 5

第2章　いつ誰に相談するか

1　相談できる相手は必要…………………………………………… 7
2　いつまでに相談するべきか……………………………………… 8
3　誰に相談するべきか……………………………………………… 12

第3章　私的再建の意義－法的再建との比較を通して－

1　法的再建とは……………………………………………………… 25

| 2 私的再建とは …………………………………………………………25
| 3 法的再建のメリット …………………………………………………27
| 4 法的再建のデメリット ………………………………………………28
| 5 私的再建のメリット …………………………………………………29
　Column 1　事業主が個人事業主の債権カットを要請する場合は
　　　　　　特定調停が有益 ………………………………………………32

第4章　私的再建の基本条件－私的再建で再生できる場面とは－
| 1 私的再建を進めるための基本条件 …………………………………33
| 2 民事再生の申立てを検討すべき場合とは …………………………41
　Column 2　廃業すべき場合とはどのような場合か …………………43

第2部　私的再建の進め方

第5章　私的再建の準備・検討
| 1 私的再建に着手するための準備 ……………………………………47
| 2 私的再建を進めるうえでの事前検討事項 …………………………60
| 3 私的再建を進めるうえでの留意点 …………………………………64
| 4 金融支援の申入れ方法（金融機関への連絡方法）…………………66
| 5 金融機関説明会 ………………………………………………………67
| 6 説明会後の金融機関との対応 ………………………………………69
| 7 私的再建を進めるうえでしばしば問題となること ………………71

Column 3　金融機関に情報提供してよいのか……………………74

第6章　私的再建の進め方①　リ・スケジュールによる再生

1　リ・スケジュールのメリット……………………………75
2　再生計画を立てることが必要……………………………76
3　リ・スケジュールをするのが不適切な場面（過剰債務）……77
4　過剰債務・債務償還年数の判断は慎重に………………78
5　リ・スケジュールに必要な資料…………………………79
6　モニタリング及び事業改善を忘れずに…………………79
7　リ・スケジュールを要請する場合に生じる諸問題………79
8　事実上の延滞になっても諦めないように………………82

第7章　私的再建の進め方②　第二会社方式による再生

1　債権カットスキームの概要………………………………85
2　「第二会社方式」を実行する際の留意点…………………88
3　第二会社方式を利用した私的再建の進め方……………94
4　最後まで決して諦めない…………………………………102
Column 4　スポンサー型の第二会社方式の留意点……………106

第 3 部
会社再建に必要な道具

第 8 章　資金繰り表の作成手順

- 1　資金繰り表が必要な理由 …………………………………………111
- 2　最低限度，向こう半年程度の資金繰り表が必要 …………111
- 3　月次資金繰り表と日繰り資金繰り表 …………………………113
- 4　資金繰り表の作成手順 …………………………………………113
- 5　資金繰り表の精度 ………………………………………………115
- 6　約定資金繰り表・改定資金繰り表 ……………………………115
- 7　支払停止の優先順位（企業価値の維持を第一に考える） ……117
- 8　事業計画との整合性 ……………………………………………117

第 9 章　再生計画の作成方法

- 1　再生計画作成の意義 ……………………………………………119
- 2　計画の全体像 ……………………………………………………120
- 3　計画の策定手順 …………………………………………………122
- Column 5　事業価値がなかなか見いだせない会社（赤字会社）はどうするか …………………………………………………135
- Column 6　全行同意が取れない会社はどうすべきか ……………149

第10章　財務デュー・ディリジェンス（財務ＤＤ）

- 1　はじめに …………………………………………………………151

| 2 財務調査報告書って，なに？ ……………………………152
| 3 財務調査報告書の様式 ………………………………152
| 4 事業計画の必要性 ……………………………………198
| 5 最　後　に ……………………………………………199

第4部
私的再建を進めるうえでの留意点

第11章　税務リスクの検討
| 1 税務リスクの把握 ……………………………………203
| 2 申告実績に潜在する税務リスクの把握 ……………210
| 3 事業再生特有の税務リスク …………………………226

第12章　法律上の問題点
| 1 法務リスクにはどのようなものがあるか …………275
| 2 再生計画の障害となり得る法律上の問題点（法務ＤＤの検討）……276
| 3 濫用的会社分割の問題点 ……………………………278
| 4 多重リースなどの簿外債務を負っている場合の対応策 ……280
| 5 関連会社がある場合の対応策 ………………………280
| 6 金融機関の取扱いがまちまちとなった場合の対応策 ………281
| 7 経営者責任を取ってくれない元経営者がいる場合の対応策 ………282
| Column 7　破産前の事業譲渡 ……………………………283

第13章　保証債務の問題をどのように解決するか

1 経営責任及び保証の弊害 …………………………………………285

2 経営者保証ガイドラインの説明 …………………………………286

3 保証ＧＬが使えないケース ………………………………………300

Column 8　事業再生と事業承継 ………………………………………306

第5部　事 例 紹 介

第14章　私的再建のストーリー（清酒業）

1 どんな会社だったのか ……………………………………………311

2 地元のコンサルタントの助言 ……………………………………311

3 桜通り法律事務所での診断内容 …………………………………312

4 どうして失敗したのか ……………………………………………314

5 主要債権者の保証協会との個別面談及び第１回バンクミーティング
　　………………………………………………………………………315

6 第２回バンクミーティング（ＤＤの実施と報告）………………316

7 経営改善の取組み …………………………………………………317

8 第３回バンクミーティング（再生計画の策定）…………………317

9 金融機関との詰めの交渉 …………………………………………318

10 特定調停の申立て …………………………………………………319

11 特定調停の申立てのメリットについて …………………………319

目　次

第２版あとがき …………………………………………………………325

本書の読み方（まずは社長マークを優先的に）

　本書はできるだけ平易に書いたつもりですが，それでも一部の箇所は，会社経営者の方にとっては，やや専門的な箇所もあると思います。

　そこで，経営者の方や経理担当者の方にぜひとも読んでもらいたい箇所には社長マーク（🖳）を，専門家向けの箇所には専門家マーク（📖）を付けました。

　まずは社長マークだけを先に読むとよいでしょう。難しければ，専門家マークは飛ばして読んでみてください。

```
           凡　例

   通則法…国税通則法
   徴収法…国税徴収法
   所法……所得税法
   法法……法人税法
   法令……法人税法施行令
   法規……法人税法施行規則
   消法……消費税法
   消令……消費税法施行令
   措法……租税特別措置法
   措令……租税特別措置法施行令
   法基通…法人税基本通達
```

第1部

会社の再建を進めるにあたって

この部のポイント

・最後まであきらめずに再建を目指すべき。
・資金繰りに不安がある,借入過多の会社は早めに相談に行くとよい。
・会社再建は,まずは私的再建を目指すべき。裁判所を使わずに金融機関のみを対象として交渉できるので,事業価値の毀損が生じない。
・会社を再建させるためには,何よりも経営者の強い覚悟が必要。

〈清算と再建の区別〉
1．事業廃止か再建か
　〈判断要素〉
　　① 経営者の行動力，やる気
　　② 資金繰りが持つか
　　③ 償却前営業利益の黒字化

〈法的再建と私的再建の区別〉
2．民事再生申立の必要性（メリット）
　〈判断要素〉
　　① 手形不渡りが間近
　　② 債権回収が行われている
　　③ 取引業者の滞納額が過大
　　④ 仕入先への支払を停止しないと，資金繰りが回らない場合
　　⑤ 一部金融機関の再建への反対意思が強硬な場合
　など

3．金融機関の同意の見込みがあるか
　〈判断要素〉
　　① 再生価値がある
　　② 自力で事業資金を維持できる
　　③ 窮境原因の除去が可能
　　④ 金融機関の頭数が少ない
　など

〈リ・スケジュールと債権カットの区別〉
4．リ・スケジュールが可能か
　〈判断要素〉
　　① 債務償還年数が15年以内か
　　　　（場合によっては20年以内か）
　　② 収益力を改善しても無理か
　　③ 遊休資産の処分をしても無理か
　など

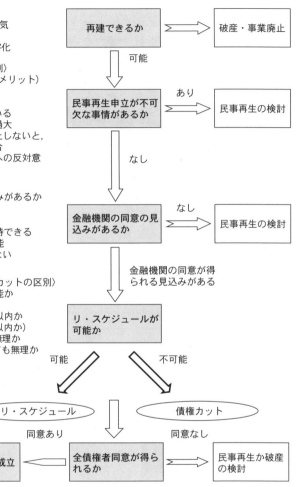

第1章 序論
CHAPTER 1

1 廃業が頭をよぎるが……

　アベノミクスにより大企業は過去最高の売上や利益を記録していますが，その恩恵は中小企業には届いていないようです。
　中小・零細企業からこのような相談が増えています。
　「これまで受けていた銀行の折り返し融資が受けられなくなってしまった」
　「このままでは今月末に銀行の支払をしたら，手元資金がなくなってしまう」
　「倒産するしかないのでしょうか」
　窮境に陥った会社の経営者は，孤独です。誰にも相談できず，精神的に参っている方がほとんどです。事業継続をあきらめて，夜逃げや自殺を考える方までいます。そこまでいかなくても，経営者の頭のなかには，「自己破産」とか「民事再生」とか「倒産」という言葉がよぎるでしょう。
　本当に自己破産や民事再生を申し立てたり，事業継続を諦めなければならないのでしょうか。

2 会社再建の意義

　経営者の方にお尋ねします。

第1部　会社の再建を進めるにあたって

「経営者が事業継続を諦めると，どうなるか想像してみてください」と。

事業継続ができない以上，従業員は全員解雇されてしまいます。従業員の家族には，小さなお子さんもいるかもしれません。幸せな家庭にも大きな影響が出るでしょう。

取引先のなかには連鎖倒産する会社も出てくるでしょう。連鎖倒産した会社にも，従業員や家族もいます。特に地方では再就職も容易ではないでしょう。彼らの生活はどうなるのでしょうか。職場がなくなるわけですから，地域経済にも大きな悪影響があるのです。

このように会社には多くの利害関係者がいます。会社を経営するということは，経営者一人にとって意義があるだけでなく，多数の従業員，取引先など社会公共の役に立つという公的意義・社会的意義があるはずです。

そうである以上，簡単に事業継続を諦めるべきではないのです。簡単に事業継続を諦めてしまうこと（倒産すること）は，非常に問題が大きいのです。

しかも現在は，私的整理にもさまざまな制度が用意されている時代です。経営者保証ガイドラインも施行され，保証人問題も解決の出口が見えてきており，

倒産の悪影響

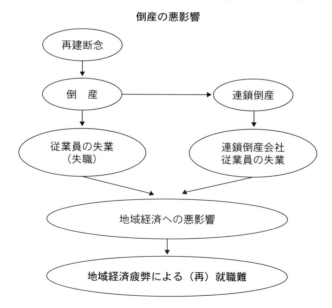

保証人である経営者が身ぐるみはがされるわけではありません。

そこで，経営者の方には，最後の最後まで諦めずに，再建を目指すべく努力をしてもらえればと思います。

3　再建のために何よりも必要なこと

そうはいっても，一度傾いた会社を再建させるのはそうたやすいことではありません。

会社を再建するためには，経営者（場合によっては後継者）に強いリーダーシップが必要です。「行動力」「熱意」「やる気」が重要になるわけです。これはどのような手法を取るにしても一番大事なことですので，最初に書かせていただきます。

事業が窮境に陥った原因として，社長に何も責任がないケースはないでしょう。経営判断が甘かったなどいろいろと問題があったことは事実でしょう。そのような場合でも自らの失敗の原因を見つめ直すことができることが大事です。

会社が窮境に陥っていますので，会社を創業するとき以上に大きなエネルギーがいるでしょう。また，債権者や従業員など多くの利害関係人が経営者の行動を見ています。経営者に再建のための「行動力」「熱意」「やる気」がなければ，彼らも会社の再建のために協力してくれません。

後継者に譲る場合には，後継者自身が「行動力」「熱意」「やる気」を持っているかどうかがカギとなります[1]）。

4　本書の特徴（「私的再建」「自主再建」「誠実な再建」「具体的手法の開示」）

本書の特徴は四つあります。

一つ目は「私的再建」の手法を中心に書いていることです。そもそも「再建」とは何かですが，本書では破産や事業廃止をすることなく，従前どおり事業を

第1部　会社の再建を進めるにあたって

継続できることと位置付け，裁判所を使わず，また，一般に金融機関のみを対象とする「私的再建」の手法を中心に書いています（私的再建と法的再建の比較は第3章参照）。

　二つ目は，「私的再建」のなかでも「自主再建」の手法を中心に書いていることです。「私的再建」にも事業を第三者に譲渡する「スポンサー型」と現経営者が存続する「自主再建型」がありますが，本書は後者を書いています。

　三つ目は，「正攻法の再建方法」を書いていることです。近時，債権者の立場を理解しないまま手続を進める話も聞きますが，債権者の意向を無視した手法を使うと，いろいろなデメリットがあります（第12章参照）。本書では，債権者の信頼・理解を得たうえで手続を進めることが再建に不可欠と考えています。そこで，誠実に手続を進めたいという方を念頭に置いています。

　四つ目は，私的再建の具体的な手法を公開したことです。会社経営者や経理担当者は，窮境に陥った局面にどう対処すればよいのか悩まれていると思います。日々，会社の相談を受けている顧問税理士，顧問弁護士，経営コンサルタントの方もどのように助言すればよいのか，どのように進めればよいのかについて悩まれていることでしょう。そこで，私的再建に必要な書式を公開するなど，できるだけ具体的に執筆したつもりです。

　本書を活用し，銀行と誠実に向き合い，何とか事業を継続し，再建する参考にしていただければ幸いです。

（注）
1）　このほかに（法的・私的問わず）再建のためには会社の資金繰りが持つこと，（減価償却前）営業利益が出ていること（若しくは事業改善を行うことで償却前営業利益が出る見込みがあること）が必要です。資金繰りが持たない（続かない）会社は，事業継続ができないからです。

第2章 いつ誰に相談するか
CHAPTER 2

1 相談できる相手は必要

　一般的に会社の経営者は孤独であると聞きますが，会社が窮境状態の際には，これまで以上に従業員に相談できず，一層孤独を感じる機会が多いようです。ここで「窮境状態」とは，会社が事業収益力に比して過大な債務を負担している状態であったり，資金繰りが慢性的にひっ迫，破綻している状態をいうこととします。

　平時であれば大胆で正しい判断ができる方でも，窮境時にはご自身の経営上の問題点が見える方であるほど落ち込むものです。従業員，銀行，取引先，ご家族などいろいろな関係者に窮状を説明し，迷惑をかけたことを謝らなければなりません。平時とは態度が一変し，社長を責める人も出てきます。督促状や電話対応に追われることもあります。

　そうなっては，どうしても社長の気持ちは滅入ってきます。先行きの見えない不安感が続きますので，「うつ」に近い状態に陥ってしまう方もおられます。社長の判断力は鈍ってしまいますし，会社の再建どころではなくなってしまいます。

　また，倒産局面を経験している方は多くないでしょう。窮境になったときにどのような判断が正しいのかよくわからず，悩むことも多いと思います。

第1部　会社の再建を進めるにあたって

こうならないためにも，窮境時にどのような対応をすればよいのか，経営者や社長をサポートする相談相手がいると心強いものです。会社の苦境を乗り越えるためには適切な相談相手が必要なのです。

2　いつまでに相談するべきか

1　早めの相談が大事

日々，窮境に陥った会社から相談を受ける立場からすれば，もう少し早く来てもらえれば，ほかに取り得る手段があったのにと感じることは少なくありません。相談時期が遅れることで取り得る手段が減ってしまうのです。

少しでも会社に問題があると感じた時点で相談に行った方がよいわけです。

2　問題に気付くためにも準備が必要

まず，これらの事象を把握するためには，会社の方できちんとした財務資料や資金繰り表の管理をしていることが前提となります。

これまで財務資料の作成は税理士任せにしており，資金繰り表も作成したことがない会社は**一日も早く資金繰り表の作成を始めましょう**（資金繰り表の作成方法は第8章参照）。

なぜなら，資金繰り表や財務状況の管理すらできていなければ，そもそも問題点に気付くことすらできないからです。

長年収益力の低下に悩まされてきた会社は，倒産の危機に気付かない（何とかなると安易に考えてしまう）ことがあります。熱いお湯にカエルを入れると驚いて飛び跳ねますが，カエルを水にいれて，徐々に熱していくとその水温に慣れてしまうのと同じです。熱湯になったときには，もはや跳躍する力を失い飛び上がることができずにゆで上がってしまうのです。このことを一般に「ゆでガエル理論」とか「ゆでガエル現象」というそうですが，会社の倒産局面でも同じことがいえます。

カエルが水温計を正確に読めなければ窮境に気付かず逃げ遅れてしまうのと

同じように，会社（経営者）も資金繰り表，財務資料，その他資料を読める必要があるわけです。

3　専門家に相談に行くタイミング

前述のとおり，少しでも早いタイミングで相談に行くべきですが，遅くとも次のような場面では会社再建の専門家に相談に行くべきと考えます。

(1)　手形不渡りのリスクが生じ得る状況にある会社（「不渡りリスク」）

6か月以内に2回手形不渡りになってしまうと，銀行取引停止処分を受けてしまいます。つまり，事実上倒産してしまうわけです。日繰りベースで資金繰り表を作成していないと，数か月先の手形不渡りの危険には気付かないので，資金繰り表の作成が必要になるわけです。

(2)　資金ショートが予想される会社（「資金ショートリスク」）

手形不渡りと同じですが，資金がショートしてしまうと，仕入も従業員への賃金の支払もできず，事業の継続ができなくなってしまいます。

そのため，資金繰り表をチェックして，近いうち（数か月以内）に資金ショートの危険が予想される場合には，早急に専門家に相談に行くべきです。

(3)　税金や社会保険料などを滞納している会社

資金繰りが厳しい会社の場合，銀行等への返済を優先し，税金や社会保険料（公租公課）などを滞納していることが多々あります。

これら公租公課の延滞金は高率であり，一度滞納してしまうと，なかなか滞納から抜け出せないことがあります。あまりに滞納額が多くなってしまうと，滞納処分といって差押えを受けることもあります。また，これらの債務は債権カットの対象にはなりません。その結果，再生手段として取り得る手段が限られてくるという問題が生じます。そのため，早期に相談に行くことが必要に

第1部　会社の再建を進めるにあたって

借入過多の判断

(1) 損益計算書のチェック

売　上　高	300
売上総利益	50
販売管理費	45
（減価償却費）	4
営　業　利　益	5
営業外費用	6
経　常　利　益	▲1

［返済可能額のチェック］
借入返済原資＝経常利益＋減価償却費＝3
（返済可能額）

(2) 貸借対照表のチェック

（単位：百万円）

資産の部		負債の部	
現　預　金	20	支　払　手　形	20
① 受　取　手　形	20	買　掛　金	50
② 売　掛　金	30	短期借入金	60
③ 棚　卸　資　産	60	長期借入金	150
そ　の　他	120	純　資　産	▲30
合　　　計	250	合　　　計	250

④ 支払手形・買掛金 ＝ 仕入債務
⑤ 短期借入金・長期借入金

［正常運転資本のチェック］
正常運転資本＝受取手形＋売掛金＋棚卸資産－支払手形－買掛金
　　　　　　＝20＋30＋60－20－50＝40

［要償還債務額のチェック］
要償還債務＝有利子負債－現預金－正常運転資本
　　　　　＝(60＋150)－20－40＝150

［債務償還年数のチェック］
債務償還年数＝要償還債務÷借入返済原資
　　　　　　＝150÷3＝50（年）

(4) 収益力が低下している会社（ＰＬ不振）

損益計算書を見て,「営業利益」が出ているかどうかが一つの基準です。営業利益が出ていないというのは,本業で収益を上げられていないということになります。また,営業利益が非常に小さく,経常損失に陥っている会社も相談に行った方が無難でしょう（不適切な経理処理でみかけ上収益力があるように装っていて,実態は収益力が低い会社も同様です）。

(5) 借入過多（過剰債務）の会社

借入過多かどうかの判断を一概に行うことはできませんが,ここでは決算書（貸借対照表と損益計算書）をもとに比較的簡易に判断できる方法をご説明します。

まずは,「返済可能額（返済原資）」を確認します。前ページ(1)の損益計算書を見てください。損益計算書の経常利益の数字と減価償却費を出して合計すると返済可能額がわかります。この例ですと,経常利益が▲1百万円で減価償却費が4百万円ですので,返済可能額は3百万円になります（ここでは話を単純化するため,税金を無視して考えています）。

次に,貸借対照表を見てください。左側に資産の部があります。資産の部の中に,①受取手形,②売掛金,③棚卸資産の欄がありますので,それを抜き出してください。また,右側に負債の部があります。このなかから④仕入債務（支払手形と買掛金）と⑤銀行借入（有利子負債＝短期借入金＋長期借入金）を抜き出してみてください。①受取手形,②売掛金,③棚卸資産の合計額から④仕入債務を控除すると「正常運転資本」の金額がわかります。前ページの図表の例ですと,40百万円になります（①＋②＋③－④）。

そして,④銀行借入（有利子負債）から「現預金」と「正常運転資本」を控除した額を算出してみましょう。これを「要償還債務」といいます。前ページの図表の例では150百万円となります。この「要償還債務」が経常利益＋減価償却費の合計額の何倍かで判断します（債務償還年数といいます）。

第1部　会社の再建を進めるにあたって

旅館など設備投資額が過大な業種もありますし，経常利益が出るかどうかは事業改善ができるか否か次第の面もあります。そこで，一概にはいえませんが，この倍率が10倍を超えている場合には，借入過多（過剰債務状態）に陥っている可能性がありますので，専門家への相談を検討すべきです。

なお，債務償還年数の判断は慎重にすべきです（78ページ参照）。前ページの図表の例ですと，債務償還年数が50年ですので，相談に行くべき状態になっていると判断されます。

(6) 実質債務超過の会社

簿価では資産超過であっても，実質的に評価をすれば，債務超過と判断される会社も危険な会社といえます。

例えば，売掛金や在庫を膨らませるなど粉飾決算をしている会社，取扱商品の相場が急落してしまった会社，保有不動産の不動産価値が下がってしまった会社，デリバティブで失敗した会社，連帯保証債務が顕在化した会社などは，簿価だけでなく，実質的に判断することが大事です。

正確な債務超過額を把握するためには，財務デュー・ディリジェンス（以下，財務ＤＤ，第10章参照）の実施が必要ですが，会社による自己診断で，実質的には債務超過に陥っていると判断される会社やそのおそれがある会社は早めに相談に行くべきです。

3　誰に相談するべきか

1　相談の候補者

粉飾決算をしている場合，金融機関の会社に対する目は厳しくなります。また，一部の金融機関にだけ支払をし，その他の金融機関には支払を止めているなど，金融機関間の平等性が崩れているようなケースも金融機関調整が難しくなります。

このようなケースの場合には，早期に専門家に相談に行くべきでしょう。

第2章 いつ誰に相談するか

では,窮境に陥った会社の経営者は,誰に相談したらよいでしょうか。

具体的には次の候補者が考えられます。誰がよいと一概にいえないのは当然ですが,誤解を恐れずにいいますと,それぞれの候補者のメリット・デメリットは23ページ掲載の表のとおりです。参考にしてみてください。

```
・ 税理士(公認会計士) ⎫
・ 弁護士          ⎬ 専門家
・ コンサルタント     ⎭
・ 取引先
・ 家族・親族
・ 公的機関(中小企業再生支援協議会等)   専門の相談機関
```

2 税理士(公認会計士)

多くの中小企業には,税務申告のため,あるいは財務・経理全般の相談のため,顧問税理士(公認会計士)がいるはずです。税理士(公認会計士)は,中小企業にとって,もっとも身近な専門家(財務・税務の専門家)といえるでしょう。

中小企業の再建にあたっては,顧問税理士(公認会計士)の協力は不可欠です。会社の再建にあたり,必要な財務資料や資金繰り表の作成を依頼する必要がありますし,会社の窮境原因(倒産状態になってしまった原因)についても詳しく知っていることが多いからです。

また,私的再建を進める際には,さまざまな税務問題が生じますので,税務の専門家の知恵は必要不可欠といえるでしょう(本書でも第11章でいくつかの税務上の問題点を取り上げています)。

財務DD(第10章参照)は,顧問ではなく,利害関係のない独立した第三者としての公認会計士に依頼する必要が出てきます。この場合には,顧問とは別の公認会計士に依頼する必要があります。

このように税理士や公認会計士は,顧問としても,第三者たる立場でも再建手続に不可欠な存在です。

しかしながら，リ・スケジュール等の銀行交渉の代理を依頼したくても，法律上は，交渉代理までは依頼できません。後述のとおり，民事再生のような法的再建を目指すべき場合もありますが，法的再建手続の依頼や法的手続を含めた幅広い検討がしにくいことにも注意しておく必要があります。

3　弁　護　士

　倒産手続のなかには，破産手続や民事再生手続など裁判所を使う法的手続があります。また，倒産局面は紛争のるつぼといえます。そこで，法的再建の現場のみならず，私的再建の現場でも，法律に精通した弁護士が必要な場面は多いといえます。

　弁護士は代理人になることもできますので，銀行交渉の代理や法的手続の申立を依頼することも可能です。

　本件で推奨する私的再建に限らず，民事再生のような法的手続を含めてさまざまな再建手法を多角的に検討し，何が当該会社にとって最もよい解決かを考えることができるのがメリットです。

　しかし，弁護士にも，企業法務，一般民事・家事などいろいろと専門分野がありますので，その弁護士が私的再建処理（倒産処理）の経験がどの程度あるかはよく検討した方がよいでしょう。

　私的再建手続の経験・ノウハウがない弁護士は，事業改善や資金繰り管理の助言ができないものです。また，私的再建を進めるノウハウや知識が乏しいこともあり，どうしても法的手続の申立てを優先的に検討してしまいがちです。リ・スケジュールで十分に再建ができる会社まで法的手続（最悪，破産）の申立てをしてしまうことがあると聞きます。

　弁護士のなかには，「債権放棄に応じなければ破産する」と口にするなど，100か0かの交渉を行う方もいると聞きます。信頼関係を失ってまで強気に交渉すればよいというものではありません。金融機関のなかには，弁護士に対して，強いアレルギーを持っている方がいることも事実です。私的再建は，金融機関との間で目線合わせを行いつつ，信頼関係を得て進めていくべきものです。私

的再建の方が合理性があり，大義があることが一般的ですから，粘り強く交渉すれば，突破できることが多いはずです。依頼する弁護士が信頼関係を壊しかねない交渉を行う弁護士か，信頼関係を構築しつつ，しっかり交渉してくれる弁護士か，慎重な検討が必要になるでしょう。

4 コンサルタント

　コンサルタントにはいろいろな方がいます。資格（中小企業診断士等）を有する方から，経験・ノウハウをもとに業務をされる方までさまざまです。

　コンサルタントのなかには，企業再建のための専門的な経験・ノウハウを有している方も多くいらっしゃいます。また，当該会社の事業に精通し，事業の立て直し方を知っている方もおり大変心強いものです。そこで，窮境に陥った会社の事業面の調査（事業ＤＤ）や事業計画の策定支援として専門のコンサルタントを依頼する場面も多いです。

　しかし，コンサルタントには，銀行交渉の依頼まではできないこと，民事再生など法的手続の申立てを含めて幅広い検討ができないのはデメリットでしょう。

　また，一部には依頼者の会社を食い物としているコンサルタントが新聞沙汰になるケースもあります。資格を持たないコンサルタントには，監督官庁がなく，懲戒制度等もありません。選び方を間違えると，思わぬトラブルが生じることもありますので注意が必要です。

　以上のように専門家にはそれぞれメリット・デメリットがあります。会社の規模にもよりますが，各種専門家でチームを組んでもらえる方が安心です。

5 取引先・同業者

　取引先には仕入先，販売先があります。日々の業務のなかで信頼が深まり，相談できる取引先や同業者もいると思います。

　再建を経験した企業であれば，貴重な生の経験談を聞けます。また，取引先であれば，スポンサーになってもらうなどの形で助けてもらえる場面もあるか

第1部　会社の再建を進めるにあたって

もしれません。

　しかし，取引先等に相談することで，「利害対立」が生じることもありますので注意が必要です。相談相手が仕入先であれば，相手は債権者になるわけです。仕入先は売掛金（貴社から見たら買掛金）を持っているわけです。仕入先があなたの会社を危ないと知れば，債権回収を始めたり，取引を縮小するかもしれません。現金取引を求めてくるかもしれません。相談相手が販売先の場合には，倒産するような会社からは商品を買いたくないと考えるかもしれません。相談相手が同業他社であれば，これを機に貴社から取引先を奪おうとするかもしれません。

　何よりも相談をすることにより「風評リスク」が生じることが怖いです。取引先や同業者は，守秘義務を負っていません。いわゆる業界情報は非常に早く伝わるのが世の常です。

　相談相手の取引先（同業者）は，「利害対立」が生じないのか，「風評」が起きないのか，慎重に判断する必要があります。安易に相談したことで，本来は再建できる会社まで再建できなくなってしまうリスクがあるのです。

6　家族・親族

　家族や親族は，一番信頼できる相談相手でしょう。必要な運転資金等を出してくれることもありますし（ただし，後述のとおり，決して望ましいことではありません），真摯に会社や経営者のことを考えてくれるでしょう。

　しかし，お金を出してもらうと，口も出されることが多いと思います。適切な助言であればよいのですが，家族を守ることが最優先で会社再建が後回しとなってしまうこともあります。こうなっては，銀行の信頼を損ねてしまい，再建に支障が生じる可能性もなくはありません。一般的に，家族や親族に安易にお金を出してもらったり，保証人になってもらうのは慎むべきです。最終的に借りたお金を返せなくなったとき，保証人に迷惑をかける場合には，会社だけでなく，一生つき合うべき家族関係・親族関係まで壊れてしまうこともあるからです。通常時に保証人の依頼をするのは致し方ないのでしょうが，窮境時に

なってから安易に資金提供や保証人の依頼をするのは控えるべきでしょう。

では，既に親族に連帯保証人になってもらっている場合，これらの親族には事前に相談すべきでしょうか。もちろんケースバイケースでしょうが，以下のリスクは念頭に置いておくべきでしょう。すなわち，事業再生に着手する場合，保証責任の追及の問題があるため，保証人の親族が反対する可能性は否定できません。保証人である親族に安易に相談することで本来すべき事業再生への着手が遅れてしまう可能性があるのです。これにより，会社のみならず保証人も含め，全員が不利益を受ける可能性もあるのです。第13章で詳しく触れますが，保証債務の問題は解決可能な問題になりつつありますので，まずは専門家への相談を優先すべきであると考えます。

7　取引銀行

借入を受けている金融機関に真っ先に相談に行こうと考える方もいると思います。

もちろん金融機関には正確な情報を知らせることが大事です。信頼関係の構築が重要だからです（36ページ参照）。また，金融機関には，さまざまな情報やノウハウが蓄積されています。メインバンクであれば，会社のことを相当詳しく知っています。場合によっては追加融資などの金融支援を受けられることもあります。

しかし，金融機関とは利害が対立する可能性があるので，支援をするといってもおのずと限界があることを忘れてはいけません。立場上，どうしても支援ができないケースもあり，会社が厳しいと知れば，貸し渋りをするなど債権回収に急ぐかもしれません。流動性の預金をロックしたり，新たな担保設定を求めてくるかもしれません。一部の金融機関の言うことだけを聞いてしまっては，他の金融機関の反発が起こること必至です。

金融機関との信頼関係構築は大事ですが，金融機関としても資金繰りが厳しい会社，債権放棄をしている会社，債権放棄を受けないと再生が難しい会社に対しては，表だっての支援が難しいケースがあることは理解すべきです。

第1部　会社の再建を進めるにあたって

8　公的機関（中小企業再生支援協議会）

　最近は私的再建の相談先が充実してきて，公的な相談機関だけでも，①中小企業再生支援協議会（以下，協議会といいます），②事業再生ＡＤＲ，③地域経済活性化支援機構（REVIC）など多数の相談機関があります。

　中小企業の場合には，最もお世話になる可能性が高いのは協議会と思いますので，以下，協議会の説明をします。

　協議会は，いわゆる産競法に基づき，経済産業大臣から中小企業再生支援業務を行うものとして認定された「認定支援機関」に設置される組織です。各地の商工会議所等が認定されており，現在，全国47都道府県に1か所ずつ設置されています。各地の相談機関は，下記アドレスをご参照ください。

　　http://www.chusho.meti.go.jp/keiei/saisei/kyogikai_iciran.htm

　再生支援協議会を利用するためには，以下の要件を満たすことが必要です（再生支援協議会事業実施基本要領6項参照）。

---

① 過剰債務，過剰設備等により財務内容の悪化，生産性の低下等が生じ，経営に支障が生じている，若しくは生じる懸念のあること

② 再生の対象となる事業に収益性や将来性があるなど事業価値があり，関係者の支援により再生の可能性があること

　また，債権カット等の要請を含む再生計画の策定の支援を要請する場合には，上記に加え，次の要件を満たすことも必要です。

---

① 過剰債務を主因として経営困難な状況に陥っており，自力による再生が困難であること

② 法的整理を申し立てることにより信用力が低下し，事業価値が著しく毀損するなど，再生に支障が生じるおそれがあること

③ 法的整理の手続によるよりも多い回収を得られる見込みがあるなど，対象債権者にとって経済合理性があること

第2章　いつ誰に相談するか

　中小企業再生支援協議会を活用する第一のメリットは，中立・公正な立場で相談に応じてくれますので，銀行もその意見には耳を傾けやすい点にあります。さまざまなバックグラウンドの人がいてノウハウも持っています。守秘義務もありますので，安心して相談できます。

　再生支援協議会を活用する第二のメリットは，将来の金融取引の正常化を目指しやすい点にあります。

　再生支援協議会では再生計画の数値基準が次のとおり準則化されており（再生支援協議会事業実施基本要領6項(5)②以下），将来的な金融取引の正常化を意識した数値基準を遵守することが求められているからです。

① 　実質的に債務超過である場合は，再生計画成立後最初に到来する事業年度開始の日から3～5年以内を目途に実質的な債務超過を解消する内容とする。

② 　経常利益が赤字である場合，再生計画成立後最初に到来する事業年度開始の日から概ね3年以内を目途に黒字化する内容とする。

③ 　再生計画の終了年度（原則として実質的債務超過を解消する年度）における有利子負債の対キャッシュ・フロー比率が概ね10倍以下となる内容とする。

　協議会への相談段階（第一次対応）から正式対応段階（第二次対応）に進んだ場合には外部専門家（公認会計士，コンサルタント，弁護士ら）による個別支援チームの編成がなされます。資金力が乏しい場合には，私的再建を進めるにあたって不可欠な**各種DD費用の一部が補助されることは第三のメリット**といえるでしょう。

　しかしながら，中小企業再生支援協議会はあくまでも中立の第三者です。債務者の顧問や代理人ではありませんので，必ずしも債務者を守る立場にはありません。また，公的機関が税金を投入して手続を進めるわけですから，収益力が低いとか，資金繰りが厳しいとか，簿外債務があるなど再生が困難な案件，複雑な案件の場合には，代理人弁護士の関与なしでは第二次対応まで進むことは難しいこともあります。中小企業再生支援全国本部統括プロジェクトマネージャーの藤原敬三氏が書かれた『実践的中小企業再生論〔改訂版〕～「再生計画」

策定の理論と実務～』（きんざい）には，協議会事業，再生計画策定の実務，書式等が示されていますので，是非参考にしてください。

「中小企業再生支援協議会事業実施基本要領」は，下記ホームページをご覧ください。

http://www.chusho.meti.go.jp/keiei/saisei/2014/140120Kyougikai1.pdf

9　特定調停スキーム

再生支援協議会の場合には，体力のない零細企業，小規模個人事業の場合には，事業価値があるということも困難ですし，5年以内の債務超過解消などの数値基準を満たすことは困難であり，利用できないケースも少なくありません。

一方，金融機関は小規模零細企業や個人事業の再生には，関心が薄いことが多く，そのようなケースの場合には，関係者の支援により再生の可能性があると説明することも容易ではありません。

さらに，零細企業，小規模個人事業は，信用保証協会付融資であることが多いですが，信用保証協会は代位弁済後に持つ求償権について，再生支援協議会などの公的機関が関与するケースではない純粋私的再建では，原則として債権放棄に応じていませんでした（第二会社方式での一部債務引受や特別清算手続内での債務免除はこれまでも応じてもらうことはありました）。

このような零細企業，小規模個人事業向けの再生案件の対応機関として，近時，簡易裁判所の特定調停が活用できるようになっています。利用対象者の事業規模としては，概ね年間売上（年商）20億円以下，負債総額10億円以下の企業を想定しており（後述する本手引き4項(1)），**小規模零細企業や小規模個人事業でも活用できる**点がメリットといえるでしょう。また，**保証協会の求償権が特定調停において放棄の対象とできる**こととなっており，この点も特定調停を活用するメリットといえるでしょう。さらに認定経営革新等支援機関による援助を受けることができれば，再生計画の策定費用，ＤＤ費用，モニタリング費用等の3分の2を上限とする最大200万円までの支援を受けることもできます。

加えて，特定調停においては，裁判官や企業再生の専門的知識経験を有する

第2章　いつ誰に相談するか

調停委員の仲介を受けることによって，金融機関の説得をしてもらうことも期待できます。どうしても反対する金融機関に対しては，民事調停法17条に基づく裁判所の決定によって解決を図ることも可能です。保証債務処理を一体的に進めることができることもメリットといえるでしょう。

金融機関にとっても，公的機関である裁判所のチェックが入っていることから，経済合理性，平等性，公正性が担保されているとの安心感があります。調停条項は確定判決と同一の効力があることや，一定の条件を満たせば，債務免除について債権者側にて無税償却が認められていることもメリットといえるでしょう。

特定調停スキームを活用するためには，以下五つの要件を満たすことが必要です（同4項(2)）。

① 最低でも約定金利以上は継続して支払える程度の収益力を確保していること
② 法的再生手続（民事再生など）が相応しい場合でないこと
③ 一般的に私的再生手続が相応しいと考えられる場合であること
④ 次のいずれかの場合に該当すること
　　i 経営改善計画案の内容として，既存債務につき，金融機関による全部若しくは一部の免除，弁済期限や利息の変更（リ・スケジュール），又は，資本性借入金への変換（DDS）が必要と予想されるものであること
　　ii 債務者が信用保証協会による保証付融資を利用しており，経営改善計画案の内容として，その求償権放棄が必要と予想されるものであること
　　iii その他，経営改善計画案に対する金融機関の同意を得るために特定調停手続が必要と見込まれること
⑤ 保証人に関する調停条項案に対する各金融機関の同意が見込まれること

特定調停スキームにおいては，比較的短期間で簡易に処理されるように，申立代理人弁護士が主導して，申立前段階に金融機関と十分な協議・調整を行ったうえで申立てを行うこととされています。詳細は，日本弁護士連合会が最高裁判所や中小企業庁と調整して策定した「金融円滑化法終了への対応

第1部　会社の再建を進めるにあたって

策としての特定調停スキーム利用の手引き」（以下，「本手引き」といいます）にて，申立書や添付資料・調停条項案などの書式とともに公表されています（日本弁護士連合会ホームページ及び「事業再生と債権管理」143号153頁以下参照）ので，ご確認ください。

第2章 いつ誰に相談するか

相談者のメリット・デメリット

	特 徴	長 所	短 所
税理士（公認会計士）	①一番身近な専門家 ②財務・税務の専門家	会社の財務の中身をよく知っている。税務の専門家。財務DDの依頼には不可欠。事業DDも依頼することも。	①銀行交渉の代理は依頼できない。 ②法的手続は依頼できない。 ③倒産法の知識を持ち合わせていないことも。
弁護士	法律の専門家	①倒産法の知識を有している。 ②代理人として銀行交渉を依頼できる。 ③法的手続も取れる。	①私的再建可能な案件まで法的手続（破産等）を取ることも。 ②財務・税務の知識に乏しいことも。
コンサルタント	多種多様	再生専門家であれば経験・ノウハウを有している方もいる。事業DDの依頼をすることも。	①銀行交渉の代理は依頼できない。 ②法的手続は依頼できない。 ③資格者と異なり，懲戒制度等の縛りがない。
取引先・同業者	専門家ではない。	①スポンサーとなってくれる。 ②再建経験企業であれば，生の経験談を聞ける。	①取引がある場合には利害が対立する。 ②守秘義務がなく，信用不安が生じる可能性あり。 ③再建の専門知識は持ち合わせていない。
家族・親族	一番信頼できる。	スポンサーとなってくれることもある。	家族を守ることが優先され，会社再建が後回しになることも。
取引銀行	会社の全般を知っている。	銀行主導で再建を進めてくれることもあり。リ・スケジュールであれば比較的前向きに話を聞いてもらえる。	究極的には利害が対立する。
公的機関（中小企業再生支援協議会）	中立・公平	①中立・公平な立場で聞いてもらえ，銀行の信頼を得られやすい。 ②金融取引の正常化を目指しやすい。	①第一義的に債務者を守る立場にはない（中立の第三者）。 ②複雑な案件の場合など，第二次対応が困難な案件もあり。
特定調停スキーム	裁判所が関与	①小規模零細事業者も利用可能（間口が広い）。 ②一定の補助を受けられる可能性あり。 ③金融機関の説得。 ④17条決定。	①事前調整が必要。 ②専門家の関与が不可欠。

第3章 私的再建の意義
CHAPTER 3 －法的再建との比較を通して－

　会社を再建させるための手法としては，大きく分けて，①裁判所を使う法的再建と②裁判所を使わない私的再建の2種類があります。

1　法的再建とは

　法的再建には，民事再生法と会社更生法の二つがあります。いずれも裁判所を使う手続になります。中小・零細企業は，会社更生よりも民事再生を利用することが多いでしょうから，以下，法的再建とは民事再生のことを指すとお考えください。

2　私的再建とは

　私的再建の手続は，(一般的には) 金融機関のみを対象に「裁判外で」交渉する手続です (事案によっては，リース債権者や取引業者の一部を取り込む場合もあります)。

　私的再建の手法には，大きく分けて，リ・スケジュールと債権カットがあります。そのほかにDES，DDS等の手法もありますが，本書では，主にリ・スケジュールと債権カットの手法について説明しています。

　以下，それぞれの中身を説明しますが，対象債権者が「金融機関だけ」であ

ること，「裁判所を使わない」ことの2点の特徴を覚えてもらえれば結構です。

1　リ・スケジュールとは

　リ・スケジュールとは，金融機関と交渉し，借入金元本の返済条件を変更して（緩和して），弁済額の減額あるいは据え置き期間を置いて，返済期間を繰り延べることによって，窮境に陥っている会社の資金繰りを改善させる方法です。

　金融債務額自体は変更せず，毎月の返済金額自体（返済条件）を減額（変更）してもらうことです。具体的な進め方は第6章を参照してください。

2　債権カットとは

　債権カットとは，金融機関が一部の債権を放棄（債務免除）することによって，会社の資金繰りのみならず財務内容まで抜本的に改善させる手法です。

　債権者に直接「債務免除」を求める方法のほかに，会社分割や事業譲渡等により「第二会社」を立ち上げて，この「第二会社」に事業上の資産・負債を承継させて，旧会社は破産や特別清算で処理をするいわゆる「第二会社方式」もあります。第二会社方式は，実質的に債権カットを受けることになります。具体的な進め方は第7章を参照してください。

3　DESとは

　DESとは債務を資本に転換することをいいます。債権放棄と同様に会社の財務内容まで抜本的に改善させる手法です。

　DESには中小企業が活用するには難しいというデメリットがあり，本書では取り上げていません。

　例えば，金融機関の債権を減らすためにDESをするわけですが，金融機関にはいわゆる5％ルールというものがあり，議決権額の5％を超えて議決権を取得・保有することが禁じられています。中小企業の場合には議決権の5％の金額は極めて少額でしょうから，現実にはなかなかできませんし，非上場会社の株式を取得しても売却は難しいという問題もあります。

4　DDSとは

DDSとは債務者に対して有する債権を劣後債権に転換させることをいいます。

例えば中小企業再生支援協議会で利用される「資本的劣後ローン」がこれに該当します。中小企業再生支援協議会版の資本的劣後ローンの内容は次のホームページをご覧ください。

http://www.chusho.meti.go.jp/keiei/saisei/2008/downlord/081003saiseisiensyuhou.pdf

3　法的再建のメリット

法的再建のメリットは，五つあります。①個別の債権回収を止められること，②反対債権者も強制できること，③スケジュールが決まっていること，④透明性・公正性が担保されやすいこと，⑤税務処理が比較的明確なことです。

第一に，民事再生の申立段階で発令される「弁済禁止の仮処分」（民事再生法30）によって，民事再生手続が開始される前の段階から，債権者による個別の債権回収が禁じられることです（①）。これにより，手形の不渡りによる銀行取引停止処分も回避できます。債権者の債権回収が禁じられますので，取引業者の支払を止めなければ，資金繰りがどうしても間に合わない場合でも，支払を停止させることができます。これに対し，私的再建は，債権者の（事実上の）同意のもと，支払停止を認めてもらうこともできますが，法的に支払停止を強要することはできません。手形の不渡りが必至の状況の際には，私的再建を進めることは困難でしょう。

第二に，「多数決の原理」で手続が進められますので（民事再生法172の3），債権カットに同意しない債権者に対しても，強制的に，債権カットが可能となることです（②）。これに対し，私的再建の場合には，債権カットに同意をしない債権者を法的に拘束することはできません。再建案に対して，対象債権者「全員の同意」が必要なのが原則です。債権者が不合理に同意しない場合でも，そ

の再建案を強要することはできないのです。どうしても反対者が出てしまうような場合には私的再建は難しいでしょう。

　第三に，法的再建の場合には，一定のスケジュールが決まっていますので，ある程度，ゴールが見えるのです（③）。これに対し，私的再建の場合には，債権者の同意のもと手続を進めることが必要ですので，どうしても説得のために時間と手間をかけて交渉しなければならないことがあるのです。そのため，先の見えない状態が長期化してしまうこともあります。

　第四に，法的再建の手続の場合には，裁判所に申立てをされて，全債権者を巻き込んだ法的手続のなかで処理をされることになります（④）。民事再生監督委員のような第三者機関に監督されますので，手続の透明性・公正性が担保されています。これに対し，私的再建は，必ずしも裁判所のような公的機関を使うわけではありませんので，手続の透明性・公正性の担保が乏しいと批判をされることがあります。協議会のような公的機関が誕生し，近時特定調停スキームの運用が開始された根拠の一つでしょう。私的再建を進める場合には，いかに透明性・公正性を担保できるかがキーとなります。そのため，多額の粉飾をしているようなケース，解決困難な法律上の問題点を抱えているようなケースでは私的再建が困難な場面も少なくありません。

　第五に，法的再建の場合には，比較的税務処理が明確といえます（⑤）。民事再生計画認可決定があった場合，この決定によって切り捨てられることとなった債権の額が，債権者の側において，貸し倒れとして当該事業年度の損金算入されることは明確です（法基通9－6－1）。これに対し，私的再建のなかで債権放棄をした場合，損金算入が認められるかどうかはさまざまな条件が必要になります。税務の専門家が必要となる所以です。

4　法的再建のデメリット

　しかし，法的再建には，デメリットもあります。
　第一に，「債権者平等」という倒産法制の基本理念によって，全ての債権者

が対象となってしまうことです。少額債権者など一部の例外はありますが，原則として，仕入先等の商取引債権者の債権も債権カットの対象とならざるを得ません。つまり，取引相手に損失を与えることになってしまいます。

　加えて，法的再建の場合には，新聞，テレビ等により，取引先や顧客に対して，倒産の事実が広く知れ渡ることになってしまいます。その結果，法的再建の手続が開始されますと，事業に必要な取引先を失うことも考えられます。

　そうでなくとも仕入先からは現金取引が要求されるなどして，ただでさえ苦しい資金繰りがさらに苦しくなってしまいかねません。金融機関から手形割引を受けることもできなくなりますので，資金不足によって仕入が十分できないとか，信用悪化等の理由により，売上高が数十％もダウンするなど事業価値が著しく毀損してしまうリスクが高いのです。

　金額の大きい取引先のなかには，連鎖倒産をしてしまう会社も出てくるでしょう。事業廃止や破産ほどではないとしても，地域経済に悪影響を及ぼす可能性が大きいのです。

5　私的再建のメリット

　これに対し，私的再建は，(一般的に) 金融機関のみを対象に「裁判外」で交渉する手続です。

　私的再建のメリットは，上記の法的再建のデメリットを回避することが可能になることです。具体的には，以下のとおりです。

　第一に，「対象債権者を限定」できることです。私的再建は，倒産法制に必ずしも縛られませんので，商取引債権者を対象とすることなく，金融機関のみを対象として，交渉をすることが可能な点が挙げられます。そこで，取引先の債権を毀損させることもありません。取引先の会社を害することがありませんので，営業活動をそのまま継続することも可能です。取引先の信用を失わないですみますので，事業価値の毀損が生じにくいのです。逆に取引業者の債務が過大であり，やむなくカットする必要がある場合には，法的再建の方が合理的

第1部　会社の再建を進めるにあたって

な場合もあります。

　第二に,「銀行秘密」があることです。金融機関にはいわゆる「銀行秘密」があるといわれています。「銀行秘密」とは取引会社のさまざまな情報を第三者に開示してはいけないということです。そこで,会社が窮境に陥ったことは,原則として,取引先や顧客には知られません。場合によっては,経営幹部以外の従業員に知られないこともあるでしょう。そこで,これまでどおり,事業の継続が可能になるのです。誰にも知られないからこそ,事業価値の毀損が生じないといえるのです。

　第三に,「回収額の極大化」が挙げられます。私的再建は,対象債権者が銀行だけに限定され,銀行秘密により取引先等に知られない結果として,事業価値の毀損が著しい法的再建の場合に比べ,金融機関に対して,返済できる額は増えることになります（法的再建よりも増えなければ,私的再建の意義が失われてしまいます）。

　さらに,連鎖倒産や地域経済への悪影響もありませんので,その意味でも金融機関への迷惑や雇用喪失等の社会経済上の不利益を最小限にできるのです。この点を広義の経済合理性があるということがあります。

　このように私的再建をすることにより,法的手続（破産・民事再生）の場合以上に弁済できることが金融機関に私的再建への協力を求める根拠となるわけです。

　第四に,金融機関からの長期的支援を受けられ,その結果,二次破綻リスクが小さいことが挙げられます。

　再生手続を進めていくにあたり,途中で計画どおりの利益を上げられないケースも出てくることもあります。民事再生など法的整理の場合には,金融機関とは緊張関係が生じているケースも少なくありません。また,制度上,金融機関のモニタリングが予定されているわけではなく,金融機関との関係はやや疎遠になってしまうことが多いです。そのため,民事再生会社が金融機関から融資を受けることは簡単ではありません（そのため,自主再建型の計画を作成する場合には,保守的な数値計画となることが多く,カット額も大きくなることが多いです。

第3章　私的再建の意義

事案によっては，スポンサーがつくことが望ましいケースもあります）。これに対し，私的再建の場合には，金融機関との間で信頼関係が構築されていること，計画成立後もモニタリングを受けるなど，金融機関との関係は近いままであることが多いといえます。金融機関としても一度支援した会社を破綻させるわけにもいかないとの心理が働くこともありますので，資金繰りが厳しい場合には，追加の融資などの金融支援を受けられる可能性も出てきます。きちんとした私的再建を行えば，二次破綻のリスクは小さいといえるでしょう。

このように私的再建は，窮境に陥っている企業，商取引債権者，それらに勤務する従業員だけでなく，金融機関にとってもメリットがある手法です。会社を取り巻く利害関係者全てにとって，メリットがある手法であり，社会経済上の不利益を最小限にできる意義は大きいのです。しかも，二次破綻のリスクも小さい手法です。

これこそが法的再建手続と比較した私的再建の意義なのです。

したがって，再建を目指すべき場合は，まずは私的再建ができないか検討すべきです。

破産・民事再生・私的再建の相違点

項　目	破　産	民事再生	私的再建
再生・事業廃止	事業廃止	再　生	再　生
裁判所関与	関　与	関　与	関与しない
対象債権者	全債権者	全債権者（一部例外）	原則，金融機関のみ
秘密性	公　開	公　開	非公開
事業価値の毀損	大きく毀損	毀　損	原則，毀損せず
処理までの時間	－	迅　速	時間がかかることも
債権者の同意	同意不要	頭数過半数＋議決権総額の2分の1以上の賛成	原則全員の同意必要
債権者回収額	小	小～中	大
二次破綻のリスク	－	堅めに計画を作らなければ中～大	小

事業主が個人事業主の債権カットを要請する場合は特定調停が有益

　事業者が法人であれば，いわゆる「第二会社方式」を活用し，事業を会社分割又は事業譲渡により新会社に承継させ，過剰な金融債務は旧会社に残したうえで特別清算手続等により債務免除を受け，過剰債務の整理を図ることが多いといえます（85ページ参照）。

　これに対し，個人事業主の場合，事業譲渡を行うことは可能ですが，残された過剰な金融債務について特別清算手続を活用することができません。破産手続を活用することはできますが，事業活動には大きなマイナスが生じる可能性があるでしょう。

　また，債務免除を受けると，債務免除益の処理が問題となりかねません。しかし，特定調停スキームを活用するにより，この問題の解決も考えられます。特定調停スキームにより，債務免除を受けた場合は，「その他資力を喪失して債務を弁済することが著しく困難である場合にその有する債務の免除を受けたとき」（所法44の2①）に該当すると考えられ，債務免除益課税の問題が解決できるとされているからです。

第4章 私的再建の基本条件
CHAPTER 4 －私的再建で再生できる場面とは－

1　私的再建を進めるための基本条件

　私的再建は，あくまで当事者間での個別合意をベースに進める手続であることから，いかなる場合でも有効というわけではありません。私的再建を進めるための基本的な条件として，①経営者に強い覚悟があるか，②当該会社を再生させる価値（大義名分）があるのか，③自力で事業資金が維持できるか，④窮境原因の除去可能性の有無，⑤金融機関との信頼関係を構築できるか，⑥意見調整コストの大小，⑦取引先・従業員の協力の可否，⑧税金等の滞納の有無，⑨簿外債務の有無，⑩許認可，不動産費用等の手続コストの大小といった事項を検討することが必要です。

1　経営者の覚悟

　倒産の危機に直面した会社を再建するということは，新規事業のためにゼロから会社を立ち上げる場面に比べれば遥かに困難といえます。なぜなら，会社が歴史を積み重ねていく過程で，当該会社には多大な利害関係人が存在しているはずです。そういったしがらみのなかで，一つ一つ問題を解決しないと，会社の再建は実現できないからです。

　特に，他の債権者に対して返済を棚上げしてもらったり，債権カットを要請

したりする場合には，経営者の個人財産は全て投げ出さなければならないでしょう。

しかし，経営者に，公私を捨ててでも会社の再建を目指すとの強い覚悟，姿勢を示すことで，債権者からも会社に対する理解や共感を得られることも事実です。また，会社の業績が悪化すると従業員らも暗い気持ちになることがありますが，経営者があきらめずに頑張っているとの姿勢を感じ取ることで，会社のためにもうひと踏ん張りしてみようとの気持ちになるでしょう。

後にも先にも，苦難の道を乗り切って会社を再生させるためには，何よりも経営者に強い覚悟が必要なのです。

2 会社に再生させるだけの価値（大義名分）があるか

これはつまるところ，経営者は自分の会社を倒産させずに再生させることの意義を一言で説明できるかどうかということです。

私的再建を進めるためには，各人の利害調整，権利調整が必要となることから，その間，多大な時間的・金銭的コストが生じます。

このような犠牲を払ってでも会社を残す意義とは何であるかを，経営者は示せなければなりません。例えば，商売上の独自性，特殊な製品・技術・サービスの提供であったり，歴史的価値，文化的な価値であったり，あるいは商権の維持，従業員の雇用の確保といった地域経済社会への貢献といった点が考えられます。

3 事業資金が自力で調達，維持できるか

私的再建で再生を目指す場合には，債権者（通常は金融機関）に対しては返済をいったん棚上げしてもらい，一定の時間的猶予をいただいたなかで事業構造，損益構造の改善（リストラクチュアリング）を目指していくこととなります。

金融機関に対して返済猶予をお願いするような状況なのですから，当然，新規融資を期待することはできません。したがって，再建期間中は，原則として，自前資金のみで運転資金を調達することが必要となります。

第4章　私的再建の基本条件

その間，買掛金や必要経費の支払あるいは租税等の支払といった経常的な支出が続きますが，このような事業継続に密接な費用に関する支払を止める（延滞する）ことは，風評被害等の信用毀損を招くことになってしまい，再生どころではなくなってしまいます。

そのため，金融機関に対する返済を停止すれば，資金が回る見込みがあるのかを慎重に吟味することが必要となります。

資金繰りについては，目先の1か月，2か月という期間だけでなく，少なくとも向こう半年くらいの期間にわたる予想資金繰り表を作成して検討することになります。その際には，いろいろなシナリオ（特にバッドケース）を想定しながら，私的再建を進める期間中は資金ショートに陥ることはないということ（長期的には経常収支が黒字になること）を金融機関に説明できるようにしておくことが必要です。

逆に，どうしても近い将来に資金ショートに陥ることが避けられず，手形の不渡りや従業員に対する給料を支払うことができなくなる可能性が高い場合には，早急に民事再生等法的手続の利用を検討するか，若しくは手形のジャンプ，業者の支払の繰延べができないか（また，それをした場合に風評などどのような問題が生じるのか）検討するべきでしょう。

4　窮境原因の除去可能性

会社が倒産の危機に瀕する直接のきっかけは，通常，資金ショート懸念が顕在化した点に求められます。そのため，資金ショートの事態を招くに至った根本的原因（窮境原因）をしっかりと分析する必要があります（124，163ページ参照）。

窮境原因としては，外部的要因（景気変動，消費者の嗜好の変化，企業間競争の激化，代替製品の開発等）や内部的要因（経営マネジメントの欠如，企業不祥事による顧客離れ，設備の老朽化，投資の失敗，過剰債務問題等）といったものがあります。多くの会社で過去には好調な業績を上げていた時期もあったと考えられ，それが一転して倒産ぎりぎりまでに追い込まれてしまった要因としては，外部的要

因及び内部的要因それぞれについて複数の事情が重なって（あるいは絡まりあって）いるものと推察されます。また，急激に業績が悪化するケースもあれば，じりじりと数年単位で業績悪化が続いたその帰結として問題が表面化したケースもあるでしょう。

重要なことは，まずは，自社が窮境に至った原因を正確に自己診断するということです。そのうえで，会社が窮境に至った原因を克服（改善）できる見込みが存しなければなりません。

例えば，本業以外の不採算部門による赤字の垂れ流しが主要な原因となっているような場合は，当該不採算部門の切り離し等によって比較的容易に窮境原因の克服が可能でしょう。

他方，本業部門の事業収益力が低下していることが原因となっているような場合には，今後，営業努力，経費削減等の方策を講じることによって収益力の回復が見込まれることが不可欠でしょう。具体的には，営業損益が赤字となっている場合には，再建着手後1年以内に黒字化することができるかどうかが指標となります。これら窮境原因を掘り下げて検討するためには，事業（ビジネス）の診断が必要になってきます。コンサルタント等に事業（ビジネス）ＤＤを依頼することが必要になってくる所以です。

5 金融機関との間の信頼関係を構築することができるか

私的再建は，原則として，債務者と債権者（主に金融機関）との間の協議（話し合い）によって進行します。そのため，裁判所の手続である民事再生と比べて，透明性，公正性，公平性が確保されづらいという問題点があります。

債務者会社と金融機関との間の信頼関係によって手続を進めることになりますので，金融機関が会社や経営者に対して不信感を有している場合には，そもそも交渉のテーブルにすらついてくれない場合もあります。

金融機関の立場として，従前の経営者の態度・姿勢や誠意といった事項は，債務者会社の支援に応じるか否かを判断するにあたって重要な要素となるはずです。したがって，会社（経営者）は，平時から，誠実な経営を心がけること

が重要です。

　とかく経営者は，頭のなかに「倒産」の文字が浮かぶような局面においては，会社の財産を隠匿・散逸させてしまったり，場合によっては，経営者個人の財産を隠匿，処分してしまうような誘因にとらわれてしまうことが起きがちです[1]。しかしながら，このような不誠実な経営を行うような会社（経営者）であれば，金融機関から協力できないと判断されてもやむを得ないでしょう。

　この点に関連して，経営が窮境に陥ってしまった企業においては，決算書等について不適切な会計処理（いわゆる粉飾決算）が行われている事例がままあります。

　このような場合，経営者としては，そういう自分に不利益な情報を隠そうとするのではなく，自ら全ての情報を開示し，会社の窮状を明らかにしたうえで，再建に向けての協力を要請するほかはありません。経営者として，自分の会社の弱みをさらすことには大きな抵抗があるでしょうが，金融機関から信頼を得て再建を目指すためには，全て丸裸になってもよいとの覚悟が必要なのです。

　金融機関の側でも，不適切な会計処理を行っていたことのみをもって以後の話し合いには一切応じないというような厳格な対応を取るというよりは，会社側の誠実な対応を前提に，化粧のほどこされていない「会社の生の姿」を踏まえて，再生の可能性を検討するという対応を取ることの方が多いと思われます。

　なお，従前の経緯，経過からなかなか金融機関との信頼関係の構築が難しいといえる場合でも再生支援協議会の支援を受け，公認会計士，税理士あるいは弁護士等専門家が関与することによって，以後の手続進行に対する信頼を得ることができる場合もあります。そのため，専門家に入ってもらうことで，当事者間で話をするよりもスムーズに手続が進む場合もあります（その場合，従前の顧問先というよりは，外部から新たに協力を得るという形の方が金融機関としても受け入れやすいでしょう）。

6　債権者との意見調整コストの大小

　私的再建を進めた結果，債権者と債務者との間の権利関係を一定限度で修正

(縮減)することが必要となる場合，原則として，約定変更によって不利益を被る債権者全員の同意を得ることが必要です。

　民事再生では，再生計画について再生債権者による法定多数決によって可決された場合には，反対者も権利変更の効力を受けるのに対し，私的再建においては，不利益変更に同意をしない債権者に対してかかる強力な効力を及ぼすことを正当化する根拠は存しません。

　私的再建の場合，再建計画に応じない債権者（主に金融機関）は，債務者会社に対して個別的な権利行使を行うことが可能となるため，債権者同士の足並みがそろわないといった事態が生じることもあります。協力に応じない一社のみが他に先駆けて債権回収に走ってしまう事態を，他社としては是認することはできないでしょうから，関係債権者全員一致での同意が見込まれない場合には，私的再建による再生を行うことは困難となるでしょう。

　このように，債権者間の足並みをそろえることが，私的再建の成否に大きな影響を与えるとすれば，意見調整の相手方たる債権者の人数が多くなると，それだけ，意見調整のための労力，難度が増大するということがいえます。

　私的再建の場合，透明性，公正性の確保が困難という事情も相まって，多数の債権者が関与する場合（会社の窮境状況いかんによっては，金融機関だけにとどまらず，リース債権者等との権利調整が必要となるケースもあるでしょう）には，意見調整が難航し，場合によっては収拾がつかなくなるということもあり得ます。そうなると，全員の同意を得るための労力は相当困難を極め，妥協のために不合理な意見に与せざるを得ないこともあるでしょう。このような場合には，もはや私的再建を離れて法的手続のもとで再生を目指すことを検討するほうがかえって事案の解決に資するといえます。

　したがって，私的再建によって再生を目指す場合，関係債権者数は比較的少数にとどまる方が望ましいといえるでしょう。

7　取引先・従業員はついてきてくれるのか

　会社が事業を継続していくためには，取引先（販売先，仕入先），従業員らの

協力が当然不可欠です。

　一般に，私的再建を目指す場合には，民事再生の場合と異なり，会社が倒産局面にあることを公的に表明することはありませんので，取引先，従業員らに会社の置かれている状況が知れ渡るということはそれほどないのですが，会社が倒産の危機に瀕してしまっているような場合には，信用不安や風評によって，取引先や従業員らが動揺してしまって正常に機能しなくなっていることもあります。業界誌に取り上げられてしまっているケースも少なくありません。

　取引先との関係では，日々の業務において，支払うべきものは滞りなく支払い，納品すべきものは納期どおり納めるといった当たり前のことを誠実に行い続けることで，信頼の回復を図るほかありません。

　従業員らとの関係では，秘密保持の観点からどこまで情報を開示するかは悩ましい問題ですが，彼らが自信を失ってしまっているような場合や経営者との間で不信感が生じている場合には，経営者（場合によっては外部専門家）と話し合いの機会を設けたり，給料の遅配を避けたりすることによって，安心して業務に取り組んでもらえるような環境作りを検討することも必要でしょう。

8　税金等の滞納はないか

　会社の再建を目指すにあたって，税金，社会保険料の滞納は大きな落とし穴になりかねない問題です。

　税金，社会保険料といった公租公課は，法律上，他の債権よりも優遇された地位が認められていることから，支払の滞納が続いてくると，税務当局によって主要な財産（不動産については既に金融機関に対する担保権が設定されていることもあって，売掛金や在庫等の流動資産が対象とされることも多いです）に対する差押えがなされ，事業の継続に著しい支障が生じることがあります。

　何よりも，公租公課については，民事再生を利用した場合でも債権カットの対象外とされるため，あまりに滞納額が多額となってしまっている場合には，もはや再建を目指すどころではなくなってしまう可能性すらあるのです。

　公租公課については延滞しないことが第一なのですが，仮に既に滞納分が発

生している場合には，速やかに税務署や社会保険庁との間で支払方法の相談（分割払には比較的応じてもらいやすいです）をされることをお勧めします。

　もっとも，気付いた場合には，税金や社会保険料の滞納額が何千万円，何億円となっており，どうやっても完済できないケースもあります。このような場合には，対応が難しいのですが，一定の利益が出ており，金融機関との信頼関係の構築が可能なケースは金融機関から融資を受け，完済を目指すか，スポンサーへの事業譲渡（法的整理前後の事業譲渡）を目指すこともあります（Column 7参照）。

9　簿外債務の有無

　私的再建では，民事再生とは異なり，簿外債務（俗にいう「お化け」）の切断を確保する方法が困難であるという問題点があります。

　そのため，思わぬ簿外債務が表面化した場合（過去に他社の債務について連帯保証をしていた場合，取引上のトラブルによって損害賠償債務を負担した場合，従業員の高齢化が進んでおり，計画策定中に多額の退職金の発生が見込まれる場合など）には，私的再建で進めることが一気に困難となってしまう可能性があります。

10　許認可，不動産費用等の手続コストの大小

　会社の事業を営むうえで，許認可が必要となる業種があります。

　債権カットをする方法として，後述のように，現在の法人格（旧会社）とは異なる会社（新会社）を新たに設立したうえで，旧会社で営んでいた事業を新会社に移転させるという第二会社方式を用いる場合があります（詳細は第7章参照）。その際に，従来の会社で取得していた許認可を新会社に移転承継させることができるかという点が重要なポイントになる場合があります。法律上，許認可の移転が認められていない例も多々あります（建設業許可，宅建業許可等）。新会社による許認可の再取得が困難となる場合には，私的再建ではなく，民事再生の利用を検討することが必要となるかもしれません。

　また，第二会社方式で事業を新会社に移転させる場合，不動産の移転登記費

用といったコストも無視できません。不動産販売業者や旅館業といった事業の場合，不動産の筆数が多かったり，固定資産評価額が多額にのぼったりすることから，移転登記手続のための費用（不動産取得税，登録免許税，消費税等）がかなりの高額となってしまうこともあります。多額のキャッシュ・アウトが発生することから，このような場合にも私的再建は難しくなることがあります。

2 民事再生の申立てを検討すべき場合とは

一般に，民事再生による場合には，私的再建の場合に比べて，事業価値の毀損の程度が大きく，多くの利害関係人に多大な影響を及ぼしかねないという問題点があるため，まずは私的再建による再生可能性を検討するべきですが，以下のケースでは，民事再生の申立てを検討するべきです。

1 事業負債の支払を停止しなければ資金ショートが回避できない場合

金融機関からの借入金の返済だけでなく，それ以外の買掛金等の事業負債の支払まで止めないと資金ショートを回避することができない場合には，民事再生の申立てによって，買掛金等の債務についても棚上げにしてもらうしかありません。

どう頑張っても目先の支払手形を落とすことができない場合，あるいは，近いうちに手形決済資金が枯渇することが見込まれる場合には，民事再生の利用を検討するべきです。

2 個別的債権回収行為の着手が生じている場合

私的再建では，お願いベースで返済を待ってもらう形になりますので，協力に応じられないと判断した債権者が，債権回収行為に及ぶことを制限するような法的効力はありません。

そして，一部の債権者（反対債権者）のみが個別的に債権回収を進めるとすれば，そのような抜け駆け的債権回収行為は，債権者間の平等を害する偏頗的行為として許されるべきではありません。また，このような事態を放置すれば，他の協力的な債権者としても，債務者会社や反対債権者に対する不信感，不公平感から以後の協力に応じることができなくなりかねません。

そのため，債権者間の平等を実現するためには，民事再生を利用せざるを得ないことになります。民事再生手続が開始された場合には，債権者は再生債権[2]に基づき新たに債権回収を行うことは禁止され，たとえ，それまでに仮差押えや訴訟の提起に着手していたとしても，それらの法的行為の進行を止めることが可能となります（民事再生法39①，40①）。

また，債権者が抵当権に基づく不動産競売等の担保権を行使した場合，民事再生法においても担保権（別除権）の効力を制限することはできませんが（民事再生法53），裁判所の協力を得て，一定の間ですが，担保権実行手続の進行を止めて，別除権受戻しのための交渉の機会を設けることが可能です（民事再生法31）。

3　債権者の経営者に対する不信感が強い場合

債権者が会社の再建には協力したいと考えているが，経営者に対して，強い不信感をいだいており，私的再建での協力には応じられないとの意向を有している場合には，民事再生によってクリアな形のなかで債権者の理解を得つつ再建を目指すほかありません。例えば，私的整理手続中に重大な約束違反をしてしまうとか，多額かつ悪質な粉飾行為が発覚したなどのケースが挙げられます。

4　仕入債務が存しない場合

業種によっては，仕入債務がほとんどない事業があります。また，会社の商号という個性と，当該会社の事業とがあまり関連を有しておらず，風評リスクが比較的小さいケースもあります。

このような場合，民事再生による信用毀損リスクが小さい一方で，法的手続による透明性，公正性は確保できることから，私的再建で進めるよりも民事再

生の方が債権者にとって望ましいケースもあります。

5　スポンサーの意向が強い場合

　会社に協力的なスポンサーが存在する場合には，スポンサーの意向から民事再生を選択すべき場合もあります。再生計画の認可決定が確定すると，再生債権については，再生計画に定めた内容に従って権利内容の変更（＝債権カット）が生じます。そのため，再生債務者に対して出資や事業譲渡を検討しているスポンサーとしては，想定外の債務（お化け）を承継するリスクにさらされることなく事業の譲受ができるというメリットがあります。民事再生の方がスケジュールも決まっており，スピーディに進む点も長所といえるでしょう。

（注）
1）　会社が経営危機に瀕している状況においては，債権者を害する財産処分行為や，他の債権者に抜け駆けして行う特定債権者への返済行為は，違法な行為として，効力を否定されることがあります（民法424，破産法160以下，民事再生法127以下等）。
　　このような行為の問題点については，第12章で論じます。
2）　再生債権とは，再生債務者に対し再生手続開始前の原因に基づいて生じた財産上の請求権をいいます（民事再生法84①）。

> **Column 2　廃業すべき場合とはどのような場合か**
>
> 　簡単に事業継続を諦めるべきではないといいましたが，全ての会社が事業存続すべきというのは誤解を招く表現かもしれません。
> 　赤字状態が継続しており，赤字状態の改善が一向に進まない会社の場合（黒字化達成がどうやっても難しい場合），事業を続ければ続けるほど，折角の手元資金を始めとする会社財産を日々減らしてしまうことになるわけです。今後，取引先への買掛金，未払金，公租公課の滞納額を徐々に増やすことにもなるのでしょう。
> 　それにもかかわらず，無理やり事業を継続し，取引先への買掛金や未払金の滞納額を増やしていくと，どこかで破綻した場合，金融機関のみならず，「取引先への迷惑」はより大きくなります。
> 　また，従業員の賃金未払いが多額に上る会社や退職金の発生が見込めるものの支払

第1部　会社の再建を進めるにあたって

の目途が立たない会社の場合，会社が生き残っても，会社にお金がない以上，未払賃金や退職金の支給を満足に支払うことができないわけです。従業員に退職金を支払えないことがわかっていて，事業を継続させ，会社との雇用契約を続けさせることは，「従業員への迷惑」を大きくするといえるでしょう。

これに対し，会社が早期に廃業（破産等）した場合，従業員は「未払賃金立替払制度」を利用することによって，以下のように上限はありますが，未払賃金（退職金も含みます）の8割を立替払いしてもらえるわけです（詳細は独立行政法人労働者健康福祉機構のウェブサイトをご覧ください）。

退職日における年齢	未払賃金総額の限度額	立替払上限額
45歳以上	370万円	296万円
30歳以上45歳未満	220万円	176万円
30歳未満	220万円	88万円

倒産した場合，従業員は満額とはいえないまでも一定の退職金を受給できますので，会社が破産してくれた方が従業員は救われるという関係になるわけです。

以上のように，事業を継続することで手元資金を減らしてしまうとか，未払金を増加させてしまうような赤字状態の会社，従業員の退職金の支払の目途が立たない会社，公租公課の滞納額が多すぎる会社は，早期に廃業することがさまざまな関係者への迷惑を小さくでき，合理的といえるでしょう。

そこで，このような場合は，コラム4のスポンサーへの譲渡やコラム7の破産前の事業譲渡等を検討すべきでしょう。これが無理な場合も，円滑な廃業を検討すべきでしょう（REVICの特定支援，特別清算，清算型の特定調停手続の活用など）。連帯保証の問題についても，経営者保証に関するガイドラインを活用し，保証債務の整理をすることが可能です（第13章参照）。赤字続きの会社の経営者の方は，事業再生を目指すべきか，ソフトランディング型の清算を目指すべきか，早期に専門家に相談すべきでしょう。

第 2 部

私的再建の進め方

この部のポイント

・リ・スケジュールが可能か否かを先に検討すべき。
・合理的な期間内で借入金の返済ができない場合には，リ・スケジュールを目指すことが適当ではない場面もある。
・会社分割を使って，過剰債務の切り分けや不採算事業の切り離しも可能。
・債権カットは，リ・スケジュールが不可能な場合に，債権者平等原則を守って，経済合理性，透明性，金融機関の納得感にも十分配慮して進めるべき。

第5章 私的再建の準備・検討

1 私的再建に着手するための準備

1 資料の必要性

　私的再建を進めるにあたって，最低限必要となる資料について説明します。

　当然のことではありますが，何の資料もなく，リ・スケジュール等の金融支援を申し入れても，金融機関としては，会社の申し出に応じることが合理的か否か判断することはできません。

　私的再建を進めるにあたって，最低限度，必要な資料は2のとおりです。おおまかにいいますと，会社が求める金融支援の内容を記した資料，会社の現状を説明する資料，会社の窮境原因を解明するための資料，そして再生への道筋を示せる資料を用意することになります。

　ケースにもよりますが，リ・スケジュールの場合には，必ずしも全ての資料が必要となるわけではありません。逆に，債権カットのケースでは2の資料では足りず，後述のとおり，財務DD，事業DD，不動産鑑定まで行うことが必要です。

2 何の資料を準備すべきか

　桜通り法律事務所で相談時にお願いする資料は，【参考書式1】のとおりで

第2部　私的再建の進め方

【参考書式1】

		資　料	備　考
1 会社関係	1	会社パンフレット	
	2	定款	
	3	取引関係図	主要仕入れ先リスト・主要販売先リストあれば
	4	許認可、登録、特許一覧	書式自由
	5	グループ会社一覧図	
	6	役員一覧	
	7	株主名簿	
	8	従業員名簿	給与、賞与額等がわかる資料
	9	就業規則（退職金規定）	
	10	組織図	
	11	商業登記簿謄本	登記情報でも可。子会社、関連会社がある場合はその分も
	12	資金繰り表	月次、日繰りの見込みできれば3か月程度（直近1年の過去実績もあればベター）
	13	決算書、税務申告書、科目内訳書	最低3期分
	14	3期比較（BS&PL）	
	15	直近試算表	
	16	債権者一覧表	金融機関、保証協会付き、保証人も記載のこと、法人保証がある場合はそれも
	17	直近1か年返済実績（あれば）	
	18	会社が厳しくなった経緯	時系列で書式自由、箇条書きでもOK
	19	経営改善計画（事業計画）	過去に作成したものでも可
	20	店舗別、事業別、商品別損益がわかる資料（あればとの趣旨）	
	21	事業の強み、外部環境の中でチャンスととらえる事象、今後の戦略・アクションプラン等を整理した資料	書式自由、箇条書きでもOK
	22	不動産登記簿謄本	登記情報でも可。集合債権譲渡担保をしている場合はそれも
	23	担保状況一覧表	
	24	固定資産評価証明書、路線価、不動産鑑定書など不動産評価がわかる資料	
	25	簿外債務がある場合はその一覧	法人保証、リース、その他
	26	リース契約一覧	必ず必要なものではない。リース債務が過剰な場合に準備する
	27	主要取引先との契約	
2 保証人関係	1	不動産登記簿	登記情報でも可
	2	固定資産評価証明書、路線価、不動産鑑定書など不動産評価がわかる資料	
	3	不動産以外の資産概要を整理した資料	保険、有価証券、車両など
	4	連帯保証以外の個人的な負債	住宅ローンなど

※　上記はある範囲で事前にご送付ください（宅ファイル等でお送りいただければ便宜です）。
※　基本的に書式は自由です。参考書式はお送りしますが、これで整理しなければならないわけではありません。
※　適正に手続を進める場合には、経営者保証ガイドラインが活用できることがあり、インセンティブ資産を残せる場合もあります。

すが，最低限度，会社側で準備する資料は，①金融支援の依頼書，②資金繰り表，③決算書（残高試算表），④債権者一覧表，⑤担保状況一覧表，⑥経営改善計画書（事業計画書）等になります。

　このうち，②資金繰り表と⑥経営改善計画書（事業計画）は，会社再建のために不可欠な特に重要な資料になりますので，それぞれ第8章と第9章で説明しています。

(1) 金融支援の依頼書（返済条件変更依頼書）

　リ・スケジュールの場合には，返済条件変更申入書では，「資金繰り表」「事業計画（経営改善計画）」等を添付資料に付けて，従前の返済条件と希望する返済条件の二つを書くことが必要です。

　金融機関の担当者が決裁を出しやすいように会社の要望を具体的に書くことが重要です。

(2) 決算書・残高試算表

　決算書については，少なくとも直近3期分は用意してください。窮境に陥っている会社の場合には，それ以上前の決算書が必要な場合もあります。その場合には，それ以前の決算書も必要となることがあります。

　また，直近の残高試算表（月次の決算資料）をあわせて用意してください。

　過去の決算書について，いわゆる不適切な会計処理（粉飾を含む）が施されている場合には，当該決算書は検討資料としての価値が乏しいといわざるを得ません。

　専門家としては，相談に来られる会社の経営者や財務担当者に粉飾していないか確認することは当然として，決算書や残高試算表の数字が正確か聞き取りを行うことが不可欠です。例えば，過去3期間の数字を比較する資料を作成することは大事です。そのうえで，取引先との掛け取引のサイト期間を確認し，不相当に売掛金の数字が増えていないか，在庫が積みあがっていないかの確認はすべきでしょう。そのほか，固定資産についても実態評価額がどの程度なの

第2部　私的再建の進め方

【参考書式2】　金融債務一覧表（平成〇年〇月末日現在）

〇〇〇〇株式会社　　　　　　　　　　　　　　　　　　　　　　　　　（単位：千円）

	債権者名	借入年月	科目	金　利	借入金残高	うち設定担保額（極度額）	シェア（金融機関のみ）	備　　考
1			証書貸付	2.500%				
			証書貸付	2.500%				協会保証あり
	(小計)							
2			証書貸付	2.375%				協会保証あり
			証書貸付	2.375%				協会保証あり
			証書貸付	2.000%				協会保証あり
			手形貸付	2.500%				
	(小計)							
3			証書貸付	2.050%				
4			証書貸付	2.000%				協会保証あり
5			証書貸付	5.350%				
6			特別貸付	1.700%				
7			手形貸付	2.000%				
8			手形貸付	1.700%				
	合　計 (1〜8まで)							
9								
10			契約者貸付					
11			契約者貸付					
	総合計							

※　滞納債務がある場合にはそれも記載する。

第5章　私的再建の準備・検討

【参考書式3】金融機関返済実績表

(単位：千円)

金融機関名	末残高	項目											年間合計	期末借入残高	増減
		借入額													〇
		返済額													
		利息													
		借入額													〇
		返済額													
		利息													
		借入額													〇
		返済額													
		利息													
		借入額													〇
		返済額													
		利息													
		借入額													〇
		返済額													
		利息													
		借入額													〇
		返済額													
		利息													
		借入額													〇
		返済額													
		利息													
		借入額													〇
		返済額													
		利息													
		借入額													〇
		返済額													
		利息													
合計	0	借入額													〇
		返済額													
		利息													

注記：1. 毎月の支払期日は金融機関毎の借入口により異なる。

か，従業員の退職金がどの程度生じるのか，リース債務がどの程度あるのか，その他簿外債務がどの程度あるのかなどの聞き取りや確認を行うことが必要になります。

(3) 債権者一覧表

主に金融機関債権者に関するデータです。少なくとも，借入先金融機関及び現在の残高がわかる形でまとめておくことが必要です。

また，従業員給料や公租公課関係（税金，社会保険料）について多額の未払金がある場合には，それらの項目，金額を別途記載すべきです。なぜなら，このような債権は，法律上，それ以外の債権よりも優先的な地位を与えられており，仮に会社について法的手続を開始した場合には，商取引債権や金融債権よりも優先的な支払を行うことが必要となります。そのため，将来の再生計画，資金繰り計画を検討する際にも，特別の配慮が必要とされるからです。

「金融債務一覧表」を付けておきます（【参考書式2】参照）。

そのほかに直近1年の（金融機関への）返済実績一覧表を付けることもあります（【参考書式3】参照）。

(4) 担保状況一覧表

　金融機関からの借入金等について，会社保有資産あるいは第三者保有資産上に担保権が設定されている場合及び保証人が存する場合には，これらの担保権を記載した一覧表を作成します。

　担保権の種類としては，不動産について主に抵当権，根抵当権，在庫等動産について集合動産譲渡担保，売掛金等について債権譲渡担保，それ以外に保険金への質権等が考えられるところです。このうち，在庫や売掛金に担保権が設定されている場合には，再建のための手段，進め方の選択肢を検討する際に大きな影響を及ぼすことがあるため，可能な限り正確な情報を把握することが必要です。

　会社から相談を受ける専門家は，会社経営者や経理役員への聞き取りだけでなく，登記情報等の客観的証拠の取寄せもしておくべきでしょう。

　不動産評価額は，不動産鑑定を行っていればその評価額を書くことになります。継続保有不動産は正常評価で，売却予定不動産は早期に処分した評価額で記載することが一般的です。不動産鑑定を行っていない場合には，不動産調査報告記載の評価額，固定資産評価額，路線価で代替することになります。

　参考までに「担保状況一覧表」を付けておきます（【参考書式4】参照）。

　実務上の留意点として，各地の信用保証協会付き融資がある場合，担保状況表及び再生計画の策定にあたっては注意が必要です。信用保証協会付き融資の場合，あくまでも債権者は，銀行になるのですが，代位弁済されると，信用保証協会が債権者になり，担保権者になることもあるからです。登記上は，原債権者である銀行しか記載されていないこともありますが，内部的な優先関係が銀行と信用保証協会で決められていることがあり，この優先関係は会社にはわからないものですから，銀行ないし信用保証協会に確認することが不可欠です。

第2部　私的再建の進め方

【参考書式4】　担保状況一覧表

(株)〇〇〇〇

認定日		
債権者		
債務者		
根・低	根抵当権	根抵当権
極度額・債権額		
共担番号		

番号	使途	所在	取得	家屋番号	地番・種類	地目・構造	地積・床面積	評価額	所有者	予想配当額	順位	予想配当額	順位
											①		
											①		
											①		
											①	0	②
											①	0	②
											①	0	②
											①	0	②
											①	0	②
											①	0	②
											①	0	②
											①	0	②
												0	
												0	

※1　各担保物件の評価額は、〇〇不動産鑑定士事務所作成にかかる不動産鑑定評価書の記載に準拠しております。
※2　平成〇年度固定資産税課税明細書に基づいて記載しております。

第5章　私的再建の準備・検討

3　相談の際の留意点

　弁護士など専門家が経営者から相談を受ける際には，前述の資料の確認のほか，以下の事項の聞き取りが必要です。①ビジネスモデル，事業性（できれば大義名分）の確認，②私的整理を進めることが可能か否かの確認，③社長の再生への意欲の確認，社長との信頼関係が構築できるか（誠実といえるか）の確認，④私的整理の障害事由がないことの確認などになります。以下に若干補足します。

(1)　事業の流れ，強み，これまでの事業改善の取組み等の把握

　　事業性の把握と窮境原因の把握も重要になります。過去実績や今後の取組みを確認します。

　　誰に，何を（商品，サービス，提供価値），いくらで（価格，販売方法，体制），どの程度（販売数量）販売しているのか，商流図を作成しながら，事業内容を聞き取ります。これにより，競争優位性（強み），外部環境（競合の状況，業界トレンド，今後の機会），内部環境（組織，人事・労務・組織），会社が倒産した場合に生じるデメリットの確認（大義名分），窮境原因の確認及びその除去可能性を見ていくことになります。

(2)　ＢＳ，ＰＬ等決算状況を踏まえ，収益力の確認

　　概算でも実質債務超過額を確認することは大事です。売掛，在庫は売上回転期間がどの程度になっているかの確認が必要です。不動産は聞き取りで実態の価値を把握します。償却資産は適正な償却を行っているかの確認します。

　　以上を踏まえて，可能な範囲で過去の収益力（概算），過剰債務額（概算），債務償還年数（概算）のあたりをつかんでおきます。

(3)　銀行との取引状況や保全状況

　　銀行との取引状況（どこがメインかの確認），これまでの融資を受けた経緯，支援状況，保全状況を確認します。

(4)　社長及び取締役の再生への強い意欲・熱意・誠実性

　　経営者が再生への強い意欲，熱意がないと，再生させることは不可能です。

第2部　私的再建の進め方

不誠実な場合にも私的再建を進めることはできませんし，経営者保証に関するガイドラインの活用も難しいので，自分自身がどうなっても会社を残し，従業員や取引先を第一に考える人物か否か誠実性を確認します。

(5) 個人財産状況の確認（経営者保証GL活用の可能性の説明）

最初の相談時ではなく，事後的な話になりますが，個人資産や個人の負債状況（保証債務も含む）を確認します。

(6) 株主構成の把握及び株主責任が果たされることの理解をしてもらうよう説明します。

(7) 私的整理の障害事項がないか（ディールブレイカーの有無）確認します（第12章参照）。

・ 取引先に信用不安が生じていないか。生じているとして沈静化できるか。
・ 悪質な粉飾，多重リースとの取引がないか。
・ 関与した経営者は既に退任しているか，若しくは経営責任を取ることが可能か。
・ リース会社との交渉はどうまとめるのが合理的か（個別交渉か，全体交渉か）。
・ 株式関係に問題が生じていないか。

株券発行会社が株券を発行していないケースは多いので，発行状況の確認は必ず行います。また，VCとの株主間契約を締結しているケースも少なくありません。株主が分散している場合，主要株主が私的再建に賛成してくれる見込みがあるのかを確認します。

・ 許認可がどのようなものがあるか確認します。

資産超過が要件となっている場合には，いつまでに要件を満たせば問題ないか確認します。第二会社方式を考える場合には，承継ができるのか確認も必要です。

・ 金利スワップ等のデリバティブ解約損がないか確認します。
・ 閉鎖事業等の撤退コストの内容及び概算額を確認します。
・ 社員の協力が得られるか確認します。特に経理人材の協力が得られるか

の確認は不可欠です。
- 訴訟問題等の法的紛争がないかは確認します。
- 公租公課の滞納はどの程度か。分割弁済により滞納処分を控えてもらえるか確認します。
- 多額の退職慰労金が生じる見込みがあるかは必ず確認します。就業規則に入っている退職慰労金規程の精査は不可欠ですし，過去の退職金支払の運用状況の聞き取りも行います。
- （第二会社方式の場合）不動産移転コスト，許認可・登録移転の可否，取引先との契約内容の確認も確認します。
- 関連会社があるかの確認も大事になってきます。関連会社の債務を保証していることもありますし，両社まとめて再建するのか，別個の扱いにすべきかの確認も必要です。

4　企業概況表の作成

以上の聞き取りや資料の確認を踏まえて企業概況表を作成しておくと，当該会社の全体像や問題点を一枚の紙に整理でき便宜です（【参考書式5】参照）。

第2部　私的再建の進め方

【参考様式5】

対象先・概要

対象先		支店名		【債務者区分の決定根拠】
		債務者区分		
連絡先		住　所		
業　種		設立年月日		年商	百万円
(事業内容)		代表者		年齢	才
資本金	従業員数	主要金融機関 1　2　3　4　5		

会社沿革・概要

株主構成：名前／株数／関係
役員構成：名前／役職

(2) 財務内容及び問題点

200X/X月　　　　　　　　　　　　　　　　　　　　　　　　　　単位：百万円　主要項目コメント及び問題点

資産の部	決算	修正	実質	負債の部	決算	修正	実質
売上債権				支払債務			
棚卸資産				短期借入金			
その他				その他			
流動資産計				流動負債計			
土地				長期借入金			
建物				その他			
その他							
有形固定資産							
無形固定資産				固定負債計			
投資有価証券				負債合計			
関係会社株式				資本の部			
その他				資本金			
投資等				その他			
固定資産計							
繰延資産				自己資本			
資産合計				負債・資本合計			

(3) 業績推移等

	月期	月期	月期	月期
売上高				
営業利益				
経常利益				
当期利益				
減価償却				
決算上自己資本				
修正				
実質自己資本				
総借入				

200X/X月

収益弁済原資	百万円
債務超過解消年数	年
債務償還年数	年

第5章　私的再建の準備・検討

	金融機関名	月期	シェア	月期	シェア	月期	シェア	保全額	引当額
銀行取引状況									
	その他								
	合計								

現状と課題認識
① 現　況

② 問　題　点

(6)　対　応　方　針

第2部　私的再建の進め方

2　私的再建を進めるうえでの事前検討事項

以下では，私的再建に向けて，しばしば検討することになる問題点や検討事項について説明します。

1　預金避難の是非

(1)　預金ロックの回避の必要性

通常の会社であれば，借入先金融機関に対して，普通預金，当座預金，定期預金等の取引口座があるはずです。

会社が再建（私的再建だけでなく民事再生の場合も含めて）に着手する段階においては，この預金管理について細心の注意をする必要があります。

なぜなら，債務者会社について，返済猶予の申入れなど私的再建の申入れがあった段階で，金融機関債権者の側でいわゆる預金ロック（預金拘束）を行う可能性があるからです。

預金ロックの根拠としては，債務者会社からの返済猶予の申入れをもって，期限の利益の喪失事由たる支払停止があったと評価し，将来の相殺のための準備に入るという点が挙げられます。ここで期限の利益とは，借入金の返済について，分割して弁済することができる債務者側の利益のことをいいます。期限の利益がなくなってしまうと，分割弁済が認められず，一括で残債務の支払をしなければならない状態になってしまうわけです。

仮に，預金ロックが行われてしまった場合には，口座の引き出しだけでなく，取引先への送金，口座引落し等当該口座を経由した取引が一切凍結されてしまうことから，大混乱を招いてしまいます。特に，メインバンクの口座は，日々の業務の決済だけでなく，従業員給料の支払にも利用されていることが多く，最悪の場合，給料すら支払えなくなってしまう事態も生じかねません。

また，再建に着手した時点以降は，金融機関からの新規融資はほとんど見込めなくなりますので，手持ち資金のみで運転資金を回すことになります。その

第5章　私的再建の準備・検討

ため，預金ロックによって手持ち資金が凍結された場合には，資金ショートによる事業破綻の危険が一気に顕在化してしまうことになります。

(2) 預金ロックを回避するための方策

上記のリスクを回避するために，返済猶予等の申入れを行う直前の時点において預金を避難すること，つまり，借入先金融機関の口座からお金を引き出して現金化したり，借入先金融機関以外の金融機関の取引口座に振込送金したりして，預金ロックの対象となるお金を可能な限り口座から払い出すということが考えられます。

また，事前に十分な準備をする余裕がある場合には，売掛先等の取引先に対して，あらかじめ，売掛金の送金口座を借入先金融機関以外の金融機関の取引口座に変更してもらい，そもそも借入先金融機関の口座に預金が生じないような対処を取ることも検討すべきです。

(3) 預金避難の際の留意点

預金避難は，債務者会社の保有する預金という資産をある場所から別の場所に移転させるだけですので，それ自体は自由な行為といえます。

しかしながら，会社が倒産に瀕した局面にあることから，慎重な配慮が必要となります。

特に，預金を引き下ろしたうえで，個人の懐（名義）に入れてしまうような場合はもちろん，架空名義の口座に移動させたような場合には，資産隠しとして，場合によっては，横領罪，背任罪や強制執行妨害罪等といった刑事責任を問われる事態が生じかねません。

そのため，避難させた現預金については，あくまで会社財産として厳に管理することが重要です。

(4) 常に預金避難を行うべきか

預金避難は，債務者会社が資金ショートを回避するために取り得る手段とし

て大変有効な方法ですが，一方で，金融機関債権者からすれば，会社名義の預金口座は，担保見合いとしての意義だけでなく，与信管理，経営監視の観点からも重要な位置付けを占める財産です。

　預金取引は当事者間の信頼関係の基礎となっている面があることから，一方的に債務者会社から預金避難を行うことによって，金融機関債権者との間の信頼関係がある程度害されてしまうことは避けられません。

　債務者会社からすれば，「返済猶予の申入れ＝再建への着手」と認識している場合でも，債権者側からすれば，「返済猶予の申入れ＝倒産」と受け取ってしまうこともあり，その際には，預金避難が財産隠しのための手段ではないかとの疑念を招くなど，不信感が積み重なるということもあり得ます。会社の再建にあたっては金融機関との相互信頼が必要であるにもかかわらず，預金避難によって信頼関係を壊しかねないというわけです。

　また，取引業者（販売先）についても，どうして売掛金の回収口座がメインバンク以外の金融機関に変わるのか不審に思うところもあるでしょう。場合によっては，そのことを端緒に信用不安が生じるリスクもゼロではないのです。このように，預金避難にはデメリットもあることから，常に最善の選択肢であるとはいい切れないのです。メインバンクとの間で倒産危機が表面化する以前の段階から，経営上の問題について親身に相談になってもらっており，十分な信頼関係が構築されているような場合には，正式に支払猶予をお願いしたとしても，直ちに預金ロックはせず，引き続き口座を利用させていただけるケースも多々あります。

　また，いったん預金を避難させたとしても，その後の債権者との協議の結果，預金ロックをしないことを確認のうえ，従前の口座に戻すといったケースもあります。

　いずれにせよ，非常にデリケートな問題ですので，結局は個々の事案における会社と債権者との信頼関係の程度，預金ロックのリスク等を踏まえた総合的判断によることになります。弁護士などの外部専門家と協議したうえで対応を決めるべきでしょう。

2　保証人が資産散逸をしていないかの確認

　わが国の中小企業においては，会社経営者が会社債務の保証人を兼任していることが一般的であり，経営者は，債権者に対して保証人としての責任をも負担しているのが常です。

　会社の経営の雲行きがあやしくなってくると，経営者等の保証人が，突然，自宅の名義を親族等に移すことが散見されます（贈与，売買だけでなく場合によっては離婚による財産分与を利用することすらあります）。しかし，このような行為は財産散逸行為に該当することが多いでしょう。

　また，経営者が親族から会社の運転資金を調達している場合に，個人財産を親族からの借入金返済に優先的に充てる行為については，偏頗行為に該当するといわざるを得ないでしょう。

　もちろん，いろいろなしがらみや財産を守りたいとの心情から，ついつい上記行為に及んでしまうことには理解できる面も否定できませんが，いずれも法律に違反する行為であり，正当化できる理由はありません。

　当然のことながら，財産散逸行為や偏頗弁済行為があれば，銀行の金融支援を期待できるはずもありません。万一，そのようなことがあれば，直ちに元の状態に戻しておくことが必要です。

　その意味で保証人の個人資産が散逸していないかのチェックが必要です。

3　従業員への説明を行うかの検討

　従業員に対し，私的再建の状況を説明するべきかどうかは慎重な検討が必要です。

　従業員に対しても窮境状態を知ってもらい，事業の再構築に力を貸してほしいと社長が頼み，それに応えてくれるのであれば，従業員に真摯に状況を説明することが必要でしょう。従業員との対話のなかで会社の窮境原因が明らかになることもあります。社内の一体化のために，従業員向け説明会を行うとの考えもあります。

しかしながら、従業員には守秘義務がありませんので、場合によっては、第三者に会社が窮境に陥っている事実が知られてしまう可能性（風評リスク）もあります。

そこで、口の堅い幹部社員を集めての従業員向け説明会や窮境原因除去のためのアンケート実施を行うこともあります。弁護士などの外部専門家が従業員との個人面接を行うケースもあります。

4 経営幹部や保証人との意思統一を図るべきか

私的再建手続を進めるうえでは、経営陣の意思統一は極めて大事です。社内がバラバラであれば、とても事業再生は不可能だからです。もっとも、私的再建手続を進めることは、一定のリスク、責任を伴うものです。そこで、きちんと取締役会を開催し、意思統一やリスクの洗い出しをしておくべきです。取締役会議事録も準備しておくべきでしょう。

また、私的再建手続を進めるにあたり、保証人には一定の影響が生じます。リ・スケジュールを成立させるためには、金融機関は保証人の同意を求めてきます。また、債権カットを伴う計画の場合には、保証人も保証責任を負うことになります。近時は、経営者保証ガイドラインも整備され、保証解除の交渉もできる時代になってきています。弁護士などの専門家を交えて、保証人としての責任や保証解除の見通しについて議論し、意思統一を図っておくことが大事です。他方で、第2章の3（16ページ参照）記載のとおり、私的整理着手前に安易に保証人に相談すべきかは悩ましいところです。

3 私的再建を進めるうえでの留意点

1 公正性・透明性ある処理が必要

私的再建手続は、法的手続に比べ、公正性、透明性が欠けると批判されることがありますので（第3章3参照）、公正かつ透明な処理が必要です。

そこで、私的再建を開始した後も、毎月、月次報告をすることが大事です。

毎月の試算表（損益計算書及び貸借対照表），資金繰り表，当時の事業面での改善事項，経営改善計画書で書いた計画と実績との対比表等を持っていくなどして会社の財務状況をオープンにして提示していくことが大事です。その他，金融機関から求められたら，財務関係の資料を出していきましょう。金融機関に誠意をもって情報提供することが大事なわけです。

2　債権者平等（公平性）への配慮を

　私的再建に着手後は，金融機関債権者との関係は，これまでの平時の関係から会社の再建のための特別な関係に移ることになります。

　民事再生手続が開始された場合には，再生債務者は，全債権者に対し，公平かつ誠実に権利を行使し，再生手続を追行する義務を負いますが（再生債務者の公平誠実義務。民事再生法38②），私的再建においても，債務者会社には，上記義務に準じて，債権者平等原則に反するような行為や財産を散逸させるような不誠実な行為を控えるべき信義則上の義務が発生すると考えるべきです。

　このように私的再建の局面でも公平性は大事ですので，例えば一部の金融機関だけに担保設定をするようなことは厳に控えてください。

　また，返済条件は，各行平等にしてください。一部の金融機関だけ約定どおり支払い，一部の金融機関には元本の支払，利息だけというように対応をまちまちにすることは止めるべきです。後々トラブルになることが必至です。

　ただし，金融機関からしても理由なく返済額を小さくすることに合意はできないでしょう。メインバンクなど他行も歩調を合わせていることを理解してもらうためにも，バンクミーティング等で仕切りを行うことが必要なケースも少なくありません。

3　財産減少行為の禁止

　会社は，その保有している財産を隠したり不当に安く処分したりして散逸させたり，また適正価格で処分した場合でも，その換価金を隠したりするといった債権者を害する行為（財産減少行為）は控えなければなりません。

仮に，既に上記のような処分を行っていた場合には，即時に財産を回復しなければならないというべきです。

かかる財産減少行為が発覚した場合には，債権者からの協力を得ることが難しくなるばかりか，場合によっては，横領や強制執行妨害罪，詐欺破産（再生）罪といった刑事責任を追及される事態を招きかねません。

また，民事的には，詐害行為取消権（民法424）や否認権（民事再生法127等，破産法160等）の行使によって，事後的に当該財産行為の効力が否定されることがあります[1]。

4 金融支援の申入れ方法（金融機関への連絡方法）

以上のとおり，私的再建には公正性，透明性，公平性が必要です。

そこで，私的再建の申入れ自体も，個々の債権者にまちまちに行うよりも，対象債権者を一同に集めて，共通の資料を用いて共通の説明，共通の申入れを行うという方法（バンクミーティング方式）を検討されるとよいでしょう。

しかし，金融機関との信頼関係も大事であり，一方的な返済猶予の申入れは反感を買うおそれがあることは否定できません。特に弁護士が一方的に受任通知を送ると，金融機関は身構えてしまうものです。そこで，主要行に社長と弁護士ら外部専門家が事前に面談に赴くケースは少なくありません。

訪問の順序は，メイン銀行を優先して訪問すべきです。下位銀行に訪問しても，メイン銀行はどのように考えているのかを聞かれるだけで，それ以上の話が進まないことが多いからです。

個別訪問の場では，①約定返済ができなくなったことのお詫び，②返済猶予等をせざるを得なくなった経緯（私的再建に至った経緯），③法的整理ではなく，私的再建であること，④資金繰りの見通し，⑤再生の見通し（取引先，従業員らの状況），⑥再生の大まかな方向性，⑦今後のスケジュール等を説明し，私的再建への協力を要請します。粉飾その他トラブルを抱えているケースでは，これら問題点を説明すべきこともあります。また，ケースによっては，再生支援協議

会などの公的機関の活用の要否，金融機関説明会の進行方法，グループ会社（関連会社）の処理をどうするか，経営者の経営責任，連帯保証人の責任問題についても協議することになります。金融支援の申入れを行う最初の段階で金融機関との間で信頼関係を構築できるかどうか（逆に言えば，ボタンの掛け違いが生じないようにすることが）大変大事になってきます。

　預金避難等の検討を終えることが前提になりますが，遅くとも説明会の2～3日前には「金融機関説明会開催のご案内」文書を発送（ファクシミリ）します。遅くとも前日までに出席の有無を確認してください。欠席の場合には，なるべく出席を促し，やむを得ず欠席の場合には，後で資料をお渡ししますと回答しましょう。

5　金融機関説明会

1　会場の手配

　風評被害を避けるため，会社会議室ではなく，付近の地味なホテル・商工会議所・公民館等の貸会議室にしてください。利用用途は，『経営懇談会』等でよいでしょう。

2　会場の大きさ

　各金融機関2～3名で来られることが多いと思います。念のため，会場の収容人数は，想定される金融機関の4倍程度（空席が目立つ程度）がよいでしょう。

3　当日の準備事項

　当日の準備事項は次のとおりです。
(a)　金融機関がスムーズに会場へ入場できるよう，会場用建物の1階ロビーに，案内板を立てるか，会場へ誘導する従業員を配置しましょう。
(b)　会場入口ドア又はその傍に，「㈱〇〇〇〇経営懇談会」といった掲示を貼り付けるとよいでしょう。

(c) 会場の机は，原則として『ロ』の字型（会議用）にしましょう。部屋のスペースとの関係で，『ロ』の字型が難しい場合は，教室型にしましょう。

(d) 机上に置く会議用名札プレートを準備しましょう。メインバンクは一番手前に置き，順次，債権額が大きい順にプレートを置くとよいでしょう（金融機関には『様』を付けるようにしましょう）。

(e) ペットボトル等の飲み物を準備して机上にセットしましょう。

(f) 受付は説明会開始30分前から入口前に机を出して行い，来場の債権者の方全員から名刺を頂戴し，出席者名簿に記名していただきましょう。

4　会議の進行

会議の進行は，会社の担当者が行うとよいでしょう。

始めに社長が挨拶します。ご迷惑をおかけしたわけですから，誠意をもってお詫びを述べる必要があります。

会社の再建に協力する専門家がいる場合は，以降は専門家の説明になります。専門家がいない場合には，社長自身が説明をする必要があります。

まずは，資金繰り表や決算書等を用いて，会社の現状を説明する必要があります。

その後，会社の財産状況や担保状況を説明し，会社の再建の絵を示すことになります。再建の絵を示すといっても，第1回の銀行説明会では，あまりに楽観的な発言は控えるべきです。数字を用いた客観的発言をするよう注意しましょう。

最後に，会社の依頼したい事項を伝える必要があります。リ・スケジュールの場合には，返済条件の緩和の依頼をします。それを超えた調査が必要な場合には，財務DDの実施を行うことなど今後のスケジュールを説明することになります。粉飾決算等をしている場合には，この段階でわかるだけの情報を説明すべきです。公認会計士の財務DDが始まってから，徐々に粉飾決算が明るみに出るような事態は避けるべきです。

銀行は守秘義務があるといっても，会社が窮境に陥っている情報は特別に配

慮が必要な事項です。そこで，念のため，本日の話は社外秘で口外しない旨求めることが必要です。

6 説明会後の金融機関との対応

　私的再建を進めるうえでは，何よりも公正性，透明性，公平性のある処理が必要です。

　そこで，私的再建を進める場合には，返済条件変更依頼書の提出や金融機関向け説明会を開催して，それで終わりにしないでください。

　毎月，月次報告（【参考書式6】参照）を出して，損益の状況，資金繰りの状況，計画と実績の対比を示すことが大事です。

　毎月，社長が銀行を訪問し，誠意をもって対応すれば，銀行の会社や経営者を見る目も変わってくるはずです。専門家任せにしていてはいけないわけです。2回目，3回目の金融機関説明会も実施します。その間も何度も個別訪問，質疑応答を行い，再生計画を練り上げていくわけです。

　ケースによって，それぞれの説明会の趣旨・目的は異なりますが，一般的には次のような流れで進めることが多いと思います（94ページ参照）。
・2回目の説明会
　　財務調査（財務DD）や事業調査（事業DD）の状況を報告します。あわせて，営業利益段階までの損益計画を示します。
・3回目の説明会
　　最終的な再生計画（第9章参照）を示すことになります。
・4回目の説明会
　　再生計画への同意を取り付けることになります。

第2部　私的再建の進め方

【参考書式6】　月次報告書

平成○年○月度月次報告書

平成○年○月○日
株式会社○○

第1　営業状況
　　※経営改善の状況その他重要事項で実施した事項を記載

第2　財務状況
　　1　損益

　　2　売上総利益について

　　3　販売費及び一般管理費について

　　4　損益について

第3　人員について

第4　資金繰り
　　※当初の収支計画表からかい離が生じた場合の説明や，それ以外に，資金繰り上，何らかの説明が必要となる事項が生じた場合に，簡潔にコメントする。
　　※滞納公租公課への弁済計画，

第5　その他報告事項
　　※その他報告事項のほか，今後，会社が取り組みたいと考えている事項などを記載する。

以上

添付資料

1　平成○○年○○月残高試算表（BS，PL）
2　月次資金繰り表（実績＋3か月分の予想を含む）

7　私的再建を進めるうえでしばしば問題となること

　金融機関への配慮は必要ですが，金融機関のいうことを何から何まで聞くべきといっているわけではありません。

　聞くべき話を聞くことが大事ですが，再建にマイナスの影響を与える依頼については聞くべきではありません。前述のとおり，手続の公正性，透明性，公平性を害するような処理や会社を窮境に陥らせるような要請まで受けるべきではありません。

　念のため確認しておきましょう。

1　一部金融機関からの支払の要請

　支払猶予の申入れをしたところ，一部の金融機関から，金額が小さいなどの理由で，当行だけは支払ってもらいたいと要請を受けることがあります。

　しかしながら，金融機関全てに対して支払猶予を申し入れる一方で，一部の金融機関に対してのみ，事情を秘して支払を続けるといった債権者間の平等を害する行為を行うことは，前述の債権者平等原則に反しますので，厳に控えるべきです。

　法的には，会社が倒産危機の状況にある場合には，特定の債権者のみに返済をしたり，債務者会社財産上に担保権を設定したりする行為を偏頗行為といいますが，会社（経営者）はこのような行為は控えなければなりません。

　専門家を入れていなかったなどの理由で，支払を止めている金融機関と支払が止まっていない金融機関があり，対応が区々になっていることがあります。この場合の解決策は一様ではありません。法的整理の場合には，再生手続開始決定日という明確な基準日があり，それをもとに対応すればよいのですが，私的再建の場合には，基準日をいつにするかも協議により決まるものだからです。このような問題が生じないよう，金融機関の足並みをきちんと整えることが重要です。

既に不平等が生じている場合の対応策は，第13章で検討していますので，そちらをご参照ください。

2 担保設定の要請

一部の金融機関から担保設定の要請を受けることもありますが，これも厳に控えるべきです。

確かに金融機関から新規融資を得るのと引き換えに担保を新規設定することは偏頗行為には該当しませんが，既存の借入債務について特定の債権者に対してのみ追加担保を設定することは偏頗行為に該当するからです。

このような偏頗行為についても，悪質な場合には刑事責任の問題となりますし（特定の債権者に対する担保の供与等の罪），民事上も，詐害行為取消権（民法424）や否認権（民事再生法127の3，破産法162）の行使によって事後的に効力が否定される可能性があります[2]。

金融支援を受けるためには，追加担保の要請等に最終的に応じざるを得ない場合があるかもしれません。その場合でも，一部の金融機関の要請だけに応じるのは控え，全行に説明のうえ，全行に債権額に応じて按分で担保設定をするなどの配慮が必要なことはいうまでもありません。

3 金利引き上げ・保証人追加の要請

金融機関から金利を引き上げてほしいとか，保証人を新たに追加してほしいとか，担保設定をしてほしいなどと要求されることがあります。

しかしながら，原則として，これらの申し出も断るべきです。

なぜなら，窮境に陥っているにもかかわらず，金利を上げてしまっては資金繰りが悪化し再建は困難になるからです。また，万一の事態になった場合には，保証人への迷惑を増すこととなり，本当に助けが必要な事態になった時に助けてもらえなくなってしまうからです。

そこで，金融機関のこのような求めに応じるべきではなく，きちんと再建する絵を示すことで，納得してもらう必要があります。

4 預金ロックにあった場合の対応方法

　会社が窮境に陥っているとして，銀行の方で会社の流動性預金（普通・当座）をロックして，預金の払戻しに応じないこともあります。そこで，返済条件の変更を申し出た場合にも，流動性預金を拘束されたという話を聞くことがあります。

　しかしながら，銀行は，流動性預金については，預金者たる会社から払戻しを求められれば，直ちにそれに応ずる義務を負っています。正当な根拠がないままに預金を拘束することは，民事上の債務不履行となるだけでなく，銀行法や独占禁止法上も問題となるといわれています[3]。

　この点，預金拘束を正当化する根拠として，期限の利益を喪失し，相殺適状にあるからと説明されることがあります。逆にいえば，期限の利益喪失の通知到着前であれば，預金拘束を正当化できる法的根拠は薄弱といえるでしょう。そもそも，リ・スケジュールなど金融支援の要請を根拠に預金ロックをされてしまっては，事実上，会社は，金融支援を要請することができなくなってしまいます。

　そこで，万一，預金を拘束されてしまった場合には，粘り強く解放を求めるべきです。

　具体的にどのように交渉するかですが，①預金拘束の法的根拠がないことを説明しましょう。次に，②流動性預金が使えなくなってしまっては，資金繰りが苦しく，それこそ倒産という事態になりかねないこと，③解放された預金をもとに事業の再構築を行うこと（預金の使途の説明），④私的再建が全ての債権者の協力のもと公正・公平に行われるべき手続であること等を説明して，即時に預金の解放を求めるべきです。それでも預金拘束を続ける場合には，⑤どうして預金の拘束をしているのかその法的根拠を明らかにするよう求めるべきです。

(注)
1）　もっとも，現実に詐害行為取消権や否認権行使が認められるためには，債務者会社及び行為の相手方について当該行為が債権者を害すること等の認識があることが必要です（ただし，財産減少行為が無償行為による場合は認識に関する要件も不要）。
2）　偏頗行為について否認権行使が認められるためには，取引の相手方が行為の当時に債務者会社が経営危機にあったことを認識していることが必要です。
3）　銀行法13条の3及び同法施行規則14条の11の3第3号は，「顧客に対し，銀行としての取引上の優越的地位を不当に利用して，取引の条件又は実施について不利益を与える行為」を禁止しております。正当な根拠がないままに預金拘束をすることは，これに該当する可能性があります。

Column 3　金融機関に情報提供してよいのか

　私達が金融機関への支払停止後に，会社の財務関係の資料を出すというと，驚かれる方がいます。おそらく，財務資料を出すことにより，差押えを受けることを気にされているのでしょう。

　しかし，差押えを気にしていたら，金融機関には提出できないことになってしまいます。私的再建には透明性が大事です。誠意をもって，情報提供を行い，金融機関の懐に飛び込んでいくことで私的再建手続に協力してもらうことが可能になるわけです。

　銀行員も会社が倒産すれば，大変な事態になることを知っています。よほど信頼関係が壊れているようなケースでもない限り，わざわざ倒産に追い込むようなことはしないものです。むしろ提出を拒むことで，いろいろと隠しごとをしていると疑念を抱かれることによって，私的再建に協力してもらえない弊害の方が大きいでしょう。

　仮に一部の金融機関から差押えを受けたらどうなるのでしょうか。

　結論からいうと，民事再生など法的手続を申し立てることになります。

　一部債権者のみの再建回収を認めてしまっては，債権者不平等となってしまい，再建ができないからです。法的手続のなかでは，債権者平等の原則が貫かれていますので，支払停止後，一部債権者のみが差押えによって債権回収を図る行為は取り消される可能性が高いのです（執行行為否認）（民事再生法130，127の3参照）。

　そう説明すると，今後は，私的再建をしたかったのにできないではないかと批判を受けそうです。

　しかし，一部金融機関から差押えを受けるような案件は，私的再建が無理な案件であり，そもそも法的再建になるべき案件だったともいえるでしょう。金融機関に財務資料を出さないで頑張っていても，遅かれ早かれ，法的手続に移行する可能性が高いと考えます。

第6章 私的再建の進め方①
リ・スケジュールによる再生

1 リ・スケジュールのメリット

　実際に私的再建を考える場合，最初に考えるのは，リ・スケジュールでしょう。

　当然のことながら，金融機関がドラスティックな手法である債権カットを積極的に望むはずもありません。リ・スケジュールで対応することを望むでしょう。

　会社にとっても，借入契約の巻き直しであるリ・スケジュールを行うことにより，資金繰りが安定し，期限の利益喪失という極めて不安定な状態に陥ることなく，安定して事業を継続できます。

　そこで，窮境に陥った会社は，リ・スケジュールが可能か否かを先に検討すべきでしょう。

第2部　私的再建の進め方

2　再生計画を立てることが必要

そもそも窮境に陥った会社がリ・スケジュールを検討するのは，直近の資金繰りが厳しいからです。

どうして資金繰りが厳しくなったのかといえば，十分な利益を生み出せていないのか（収益力低下），投資の失敗等による重い固定負債の金利支払があるとか（投資の失敗），取引先の倒産によって予定していた売掛債権の回収ができなくなった（取引先選定の失敗）など資金繰りが苦しくなった原因がいくつか考えられるはずです。

日本経済が右肩上がりの時代と違い，現在は事業自体の収益力が低いケースが多いといわれています（収益力低下型の増加）。そもそも事業自体の収益力が低く，その改善が難しいのであれば，リ・スケジュールをしたとしても結論が先延ばしになるだけですし，再び支払えなくなる事態も起こり得ます。**収益力低下という窮境に陥った根っこの問題を解決しなければならないのです。**

そこで，リ・スケジュールを検討する会社は，窮境に陥った原因を分析して，それを改善する事業計画（経営改善計画）を立てて，利益及びキャッシュが生み出せる体質を作る必要があります。

本来，窮境原因の除去の検討や事業計画の数字がなければ，将来，どの程度の金利支払能力があるかの検討も，リ・スケジュールが適当な手法なのかの検討すらできないはずです。

そこで，特に収益力低下型の会社の経営者ないし相談を受ける専門家は，第一に，窮境原因の除去が可能なのか，事業の再構築（経営改善）が可能なのかの検討をすることが大事であると考えます。再生計画の作成方法については，第9章をご参照ください。

第6章 リ・スケジュールによる再生

3 リ・スケジュールをするのが不適切な場面（過剰債務）

　以上を踏まえて，経営合理化をする再生計画を策定したとしても，どうしても合理的な期間内で借入金の返済をすることができないのであれば，リ・スケジュールを目指すことが適当ではない場面もあるでしょう。他の私的再建を検討するべきです。

　なぜなら，安易にリ・スケジュールをすることにより，結果として，いつまでも利息の支払に負われ，金融債務が減少しないことになってしまい，いつまでも資金繰りが不安定なままになってしまいますし，財務内容も改善されず，不安定な状態が続いてしまうからです。また，資金繰りが厳しいままのため，本来必要な設備投資や，従業員への投資（給与アップ等）ができず，そのうちに機械の経年劣化や従業員のモチベーション低下・離散を招き，ひいては商品やサービスの劣化を招いてしまうことにもつながるのです。

　そのため，資金繰りが不安定なままでは，事業の再構築をしたとしても，いつまでも「二次破綻リスク」が残ることになってしまいます。もはやそれは再建とはいえず，結論先延ばしに他なりません。金融機関の目線に立っても，いつまでも債務者区分が悪い状態のままの会社に対し，リ・スケジュールという手法での金融支援が妥当ではないことには気付いているものです。

　この合理的な期間内がどの程度なのか，若しくはどの程度の債務であればリ・スケジュールが可能なのでしょうか。

　12ページにおいて，債務償還年数が10倍を超える場合は相談に行きましょうと説明しましたが，この債務償還年数が15年（場合によっては20年）を超える場合には，リ・スケジュールが困難といえるでしょう。

　「有利子負債から現預金と正常運転資本部分（受取手形＋売掛金＋棚卸資産－仕入債務）を控除した部分（要償還債務といいます）がキャッシュ・フローの15倍（20倍）以内にあるか否か」で判断するわけです[1,2]。

77

例えば，10ページの図の案件ですと，返済可能額が3百万円しかありません。これがこの会社の返済できる限界の金額だと仮定すると，有利子負債が45百万円（60百万円）以上あれば，その超えた部分は過剰債務といえます。ここでは，有利子負債が210百万円あり，要償還債務が150百万円もあります。このうち45百万円（60百万円）を超える100百万円以上の債務は，いわゆる過剰債務といえるわけです。

このようなケースの場合には，財務内容を抜本的に解消できないリ・スケジュールは適切とはいえないでしょう。

4　過剰債務・債務償還年数の判断は慎重に

ただし，過剰債務・債務償還年数の判断は慎重にならざるを得ません。

なぜなら，収益力の改善が可能な場面もあるからです。現状の実績では債務償還年数が15年（20年）を超える場合であっても，債務額が大きいことが原因ではなく，収益力が低すぎることが原因の場合もあります。事業の再構築次第では収益性が回復し，15年（20年）を切れるケースもあるからです。金利引き下げの交渉もできるかもしれません。

また，増資や遊休資産の処分によって，過大な債務の圧縮が可能な場面もあるからです。

収益力の改善を図っても，（増資や）遊休資産を処分してもそれでもなお過大な債務の圧縮が不可能な場合で，債権カットを求めなければ事業の存続が難しい場合こそ，過剰債務のカットを要請する根拠があるわけです。

これらの検討もなく，安易に会社の負っている金融債務が過剰債務であると主張して債権カットを求めることは単なる債務逃れと誤解されかねません。そうなっては，金融機関の信用を損ない，それこそ再建手続がうまく進まなくなってしまいます。債権カットを求めるか否か，過剰債務か否かの判断はくれぐれも慎重に行ってください。

5 リ・スケジュールに必要な資料

　リ・スケジュールが可能と判断される場合，どのような資料を準備することが必要でしょうか。

　第5章1項で述べましたように，私的再建を進めるうえでは，①金融支援の依頼書，②資金繰り表，③決算書（残高試算表），④債権者一覧表，⑤担保状況一覧表，⑥経営改善計画書（事業計画書）等の資料が必要になります。

　粉飾等をしていない小規模の会社のリ・スケジュールの場合には，場合によっては，ここまでの資料が必要とされないこともあります。①金融支援の依頼書（返済条件変更依頼書）のほか，②資金繰り表と⑥経営改善計画書（事業計画書）程度で足りることもあります。しかも，⑥の経営改善計画書も1年程度の損益計画だけで足りることもあります。

6 モニタリング及び事業改善を忘れずに

　リ・スケジュールにあたり，返済条件変更依頼書等を出して条件変更を受けることで終わりにしないでください。毎月，月次報告を出して，損益の状況，資金繰りの状況，事業改善の状況，計画と実績の対比を示し，事業改善を着実に進めることが大事です。

7 リ・スケジュールを要請する場合に生じる諸問題

1 連帯保証人の同意が得られない

　金融機関は，リ・スケジュールを要請する場合，連帯保証人の同意書を求めてくることが多いです。これはリ・スケジュールをすることで元本返済が少なくなるので，保証人は不利益を受けると考えられるからです。

　しかし，経営者と連帯保証人の関係に問題があるケースだと，この同意が得

られないことがあります。このような場合には，まずは連帯保証人の理解を得るよう努めることが大事です。つまり，元本返済は減るものの，きちんと事業改善し，今後返済を進めていくこと，他方でここでリ・スケジュールができなければ，それこそ連帯保証人に迷惑を掛けかねないことを説明することになります。また，理論的には，金融機関と主債務者である法人の間で返済条件変更契約を締結すれば，その効力は連帯保証人にも及びますので，連帯保証人の同意は不可欠なものではありません。万一，連帯保証人の同意が得られない場合に備えて，金融機関とは事前に保証人の同意は不可欠なものではないことの理解を得るよう努めることも大事になります。

2 必要な運転資金や設備投資が必要な場合にはどのようにして運転資金を残してもらうか

　漁業，アパレルなど季節性の資金が必要な事業を営む会社，建設業など多額の運転資金が必要な会社の場合，運転資金を残す必要があります。このような場合には，運転資金を残してもらえるよう，キャッシュ・フロー計算書や資金繰り表などを活用して，月中の資金繰りのボトム等を説明することが必要になってきます。

3 返済猶予の期間，返済額はどう考えればよいか

　リ・スケジュールによる金融支援を受けることが合理的な案件の場合には，5年程度の返済計画を立案することになります。他方で，現状の収益力もつかめておらず，暫定的にリ・スケジュールを要請する場合には，数か月ないし1年程度の返済計画を立て，その間に事業改善に努めることになります。1年で事業改善が完了しない場合には，それを何度か繰り返すことになります。5年程度の返済計画を立てる場合でも，最初から5年の期限の利益がもらえるわけではありません。数か月から1年程度の期限の利益を得て，その間モニタリングをしながら，計画を進めていくことも多くあります。

4 一部金融機関が早期の返済を求めてきた場合にはどうするのか

　一部の金融機関が色々と理由を付けて,「リ・スケジュールには応じられない」と言ってくることがあります。原則的には,全行平等での対応を要請すべきですが,例えば,連帯保証人が信販会社,クレジット会社であり,担保資産（例えば自動車）が劣化してくるなど合理的な理由がある場合には他行の同意を取ったうえで,当該取引債務だけ対象債権から外し,リ・スケジュールの対象から外すこともあります。

5 金利はどうするのか

　金利は基本的にはこれまでどおりの約定金利を支払うこととし,再生計画では明確に定めないこともあります。他方で,抜本的な計画の場合には,金利についてもあらかじめ定めておくことがあります。この点は,ケースバイケースです。

6 新規融資を受けなければ資金繰りが回らない場合はどうするのか

　元本返済の猶予を受けても,運転資金が必要な事業などは,今後の仕入資金を考えると,資金繰りが回らない場合があり,取引先や金融機関から融資を受けたいことがあります。

　このように私的整理中の局面で受ける融資のことを「プレDIPファイナンス」と呼ぶことがあります。プレDIPファイナンスを受けると,新たな借財となり,新たな債権者が増加しますし,負債額も増加します。融資を実施しようとする金融機関は,プレDIPファイナンスが優先的に回収されることが保証されることを求めますし,万一,法的整理に移行することを考慮し,売掛金や在庫に担保設定を求めます。つまり,プレDIPファイナンスを受けることは,既存の金融債権者に重大な影響を与えますので,会社だけの判断で勝手に

進められる話ではありません。当然のことながら，既存の金融機関に事前に説明し，プレDIPファイナンス債権には優先性があること，担保設定がなされることについてきちんと同意を取ってから進めるべきです。既存の金融機関からは，本当にプレDIPファイナンスがなければ資金が回らないのか，どのような趣旨の借入なのか（つなぎ融資なのかそれ以外の目的か），どのように返済するのか，厳しく確認されることになりますので，十分に準備することが必要になります。

7　元本返済がほとんどできない

　多額の税金滞納や損害賠償債務を負っており，その返済を優先せざるを得ないなどの場合には，いくら利益を上げても，元本弁済はなかなか進まないものです。場合によっては，2～3年，ほとんど元本返済ができないケースもあります。このような局面の場合には，リ・スケジュールも簡単な話ではありません。

　しかし，きちんと事業改善に努めること，きちんと情報開示を行うこと，場合によっては協議会など公的機関を活用することで，多くのケースはリ・スケジュールが成立しています。元本返済がほとんどできないことを理由にリ・スケジュールをあきらめる必要はありません。

　ただし，ここまで厳しい局面の場合には，場合によっては，金融債務が過剰となっている可能性もありますので，専門家とも相談し，慎重に方針を検討すべきでしょう。

8　事実上の延滞になっても諦めないように

　返済条件変更依頼書，資金繰り表，経営改善計画書（事業計画書）等を出したとしても，さまざまな理由でリ・スケジュール自体を断られることもあるかもしれません。

　その場合には，資金繰りが厳しいわけですから，事実上の延滞状態に陥って

しまうでしょう。場合によっては，期限の利益喪失通知が来てしまうかもしれません。保証協会に代位弁済されてしまうかもしれませんし，サービサーに債権を売却されてしまうかもしれません。保有不動産が競売を受けることもあるかもしれません。

　それでも最後の最後まで，諦めないことが大事です。会社経営者が再建への強い意欲を示し，毎月，会社の月次の試算表や資金繰り表を持参して，金融機関担当者のもとを訪問すれば，担当者にもその思いは通じるはずです。

　延滞状態にはなりますが，事実上のリ・スケジュール（支払延滞）を認めてもらう間に，収益が回復すれば，その後，正式なリ・スケジュールができる可能性もあるのです。

　最後の最後まで諦めないことです。

（注）
1）　要償還債務＝有利子負債合計額－現預金－有価証券－正常運転資本部分
　　　　　　　　（売上債権＋棚卸資産－仕入債務）
　　　キャッシュ・フロー＝経常利益－税金支払＋減価償却費＋引当金増減
2）　ちなみに，協議会の基本要領では，再生計画の終了年度（原則5年以内）における有利子負債の対キャッシュ・フロー倍率が概ね10倍以内となることという要件が定められています（19ページ参照）。

第7章 私的再建の進め方② 第二会社方式による再生

CHAPTER 7

　どれだけ経営面の改善努力を行ったとしても，金融債務の負担があまりに重すぎて，どうやっても「要償還債務÷キャッシュ・フロー[1]＜15年（せいぜい20年）」にできない場合には，「過剰債務」状態に陥っている可能性がありますので，リ・スケジュールではなく，債権カットの検討をすることが必要です。

　そこで，本章では，債権カットによる私的再建の具体的実践方法を説明します。

1　債権カットスキームの概要

1　債権カットの手法

　債権カットの手法としては，「債務免除方式（直接免除方式）」と会社分割や事業譲渡等により会社の事業を別会社に移す，いわゆる「第二会社方式」があります。現在は，「会社分割」を利用した「第二会社方式」が主流になってきています。

2　「第二会社方式」とは

　では，「第二会社方式」とは，そもそもどのような手法なのでしょうか。

　「第二会社方式」とは，会社の事業のうち事業継続の見込みのある事業（good事業）を，会社分割や事業譲渡といった手法を利用して，現在の法人格（旧会

社）から新しい法人格（新会社又は受け皿会社）に切り離すことによって，抜本的に事業の再生を図る手法です。

この手法のミソが，事業分離後の既存の会社（旧会社）は，破産ないし特別清算といった法的清算手続により，その法人格自体を消滅させ，事実上の債権カットを求められる点にあります。新会社は，旧会社から資産だけでなく債務も承継しますが，新会社の承継債務は，旧会社の負担していた債務よりも少額となります。新会社は自分が承継した債務の範囲内で履行責任を負担しますが，旧会社に残っている債務（過剰債務部分）については，旧会社の清算によって，履行責任から解放されることになりますので，一連の現象を実質的にとらえると，ある会社について，事実上債権カットを受けた場合と同様の法律効果を生じさせることが可能となるわけです。

3　会社分割とは何か

では，「第二会社方式」においてよく利用されている「会社分割」とはどういったものでしょうか。

「会社分割」とは，会社が有する事業に関する権利義務の全部又は一部を他の会社に包括的に承継させる手法です。

会社分割には，新設分割と吸収分割の二種類があります。新設分割は分割に際して新たに設立する会社（新設分割設立会社）に対して分割会社の権利義務を承継させる分割であり，吸収分割は既存の会社に権利義務を承継させる分割のことをいいます。特に吸収分割は，既存の会社（受け皿会社）に対して事業を移転承継させる点において，経済的現象としては事業譲渡と大変類似します。しかし，会社分割は会社法上の組織再編行為であることから，事業譲渡にはないメリットが認められています[2]。また，会社分割によって自動承継が認められている許認可もあります[3]。そのため，第二会社方式の場合には，事業譲渡よりも会社分割の方が多く利用されています。

事業譲渡と会社分割の比較をすると，以下の表のとおりです。

第7章　第二会社方式による再生

事業譲渡と会社分割の比較

		事 業 譲 渡	会 社 分 割
	全般	個別の売買の集合体	包括承継
1	債権者保護手続	不要 ただし，個別の債務の承継には債権者の同意が必要	必要（公告＋個別催告，催告期間は1か月以上） ただし，定款で日刊新聞で公告する旨を定めれば，個別催告は不要 ←定款に定めがなければ，定款変更の株主総会特別決議が必要となる
2	労働者保護手続	不要 ただし，債権者に信用保証協会がいる場合は注意が必要※信用保証協会の求償権放棄の基準により，労働組合等の意見を聴くことが必要となっている 労働者の地位（雇用契約）を承継させるには，労働者の個別の同意が必要	必要 ①労働者との協議義務（新設分割計画書・吸収分割契約書備置開始日まで） ②労働者への通知義務（総会承認の2週間前まで） ③労働組合への通知義務（総会承認の2週間前まで） →承認事業に主として従事する労働者の雇用契約は当然に承認される ※信用保証協会の留意点は事業譲渡と同じ
3	権利義務の承継	包括承継ではなく，個別の手続が必要 個別の債務，契約上の地位の承継には相手方の同意が必要 ただし，自主再建型の場合で，新会社が同一商号の場合には，黙示の承諾で済ませる場合も多い	包括承継のため，個別の手続は不要 ただし，取引基本契約，賃貸借契約など個別の契約において事前同意のない会社分割が解除事由であったり期限の利益喪失事由となっている場合がある（チェンジオブコントロール条項）ので，注意を要する
4	事前の情報開示	法律上の定めはない	分割承認総会の2週間前の日又は債権者の異議に関する公告・催告の日等のいずれか早い日に，①新設分割計画書又は吸収分割契約書，②分割会社・設立会社・承認会社の債務の履行の見込みに関する事項等を本店に備え置き，株主・債権者の開示に備える必要がある
5	許認可の引継	個別に異なるが，会社分割なら許されるが事業譲渡では許されない場合があり得る（なお，食品衛生法53，建築基準法68の15参照）	
6	法人税上の取扱い	時価移転	時価移転となることが多い（事業再生局面で会社分割を行う場合，旧会社の整理が予定されているため，旧会社と新会社との間の支配関係の継続や新会社株式の継続保有が見込まれないことから，非適格分割となることが多いため）
7	消費税（資産負債の移転）	課税取引（消法2①八）	不課税取引（消法2①八，消令2①四）
8	消費税（新会社での納税義務）	課税事業者との届出，又は，資本金が1,000万円以上でなければ，原則，非課税事業者となる。しかし，新設の100％子会社に対して設立後6か月以内に設立時から予定されていた事業譲渡を行う場合には，課税事業者となる（消法12⑦三，消令23⑨）	原則，課税事業者となる。分割承継法人（新会社）のみならず，分割法人（旧会社）の課税売上高も1,000万円を下回らない限り，申告義務は免除されない（消法12①②⑤⑥）
9	不動産取得税	建物：固定資産評価額×4％ 土地：固定資産評価額×3％ （平成30年3月まで土地及び住宅用の家屋に限り，税率が3％に軽減）	非適格分割でも以下の要件を満たせば，非課税にすることも可能（ただし事業再生の場合は，非課税になることが多い） (1)分割の対価として分割承継法人の株式以外の資産が交付されないこと (2)分割型分割の場合，分割承継法人の株式が，分割法人の株主等の有する分割法人の株式数に応じて交付されること (3)分割事業に係る主要な資産及び負債が分割承継法人に移転していること (4)分割事業が分割承継法人において当該分割後に引き続き営まれることが見込まれていること (5)分割事業に係る従業者のうち，その総数の概ね100分の80以上に相当する数の者が当該分割後に分割承継法人の業務に従事することが見込まれていること
10	登録免許税	建物：固定資産評価額×2％ 土地：固定資産評価額×2％ （平成29年3月まで1.5％）	事業譲渡と同じ

4 再建の手法としての「会社分割」の活用

　再建の手法として，会社分割を活用する理由は，会社分割では過剰債務の切り分けや採算事業と不採算事業の切り分けができるからです。例えば，過去に多額の借入金を投資して展開した事業の失敗により不採算事業が生じ，過剰債務を負っているものの，採算事業はきちんと残っており，利息の負担が小さくなれば利益を出すことができる会社があるとします。

　そのようなケースで，会社分割によって採算事業を切り出したうえで，当該事業に関する資産，取引業者の債務，金融債務の一部を新会社に移転承継させて，不採算事業とそれに関連する過剰債務を従前の会社（旧会社）に置いていくことによって，以後，新しい器（新会社）で採算事業を存続させることが可能となります。この場合，金融債務については，事業価値（負債価値）に見合う支払可能な適切な金額だけを新会社に承継させることにより，新会社は過剰債務や不採算事業という重しを取ることができて，再生を目指すことができるのです。

2　「第二会社方式」を実行する際の留意点

　第二会社方式を実行する際に留意する点は何でしょうか。

　大義名分をしっかり説明し，公正，公平に進めるということです。

　我々は，私的再建は対象となる債務者会社の取引利害関係者全て（金融機関も当然含まれます）にとってメリットを有する合理的な手法であり，だからこそ私的再建の意義があると考えています。

　とはいえ，金融機関にとっては債権カットを受ける話になるわけであり，大義があるとの説明はそうたやすいものではありません。また，金融機関が会社側の対応に不信感を頂いているケースも少なくありません。そこで，以下の点に留意すべきと考えています。

第7章　第二会社方式による再生

1　リ・スケジュールが不可能な場合に限定すべきこと

　「第二会社方式」に限りませんが，債権カットは，リ・スケジュールが不可能な場合，つまり，どうやっても「要償還債務÷キャッシュ・フロー＜15年（せいぜい20年）」にできない場合，大幅な過剰債務状態に陥っている場合，許認可・登録などの関係で早期の債務超過解消が不可欠な場合などに限定すべきです。

　逆に，努力をすれば上記基準を達成できる可能性が高い場合，手許の現預金が多く債権カットをしなくても当面の事業継続に特段支障がない場合，自力で過剰債務問題を解決できる場合などは，安易に債権カットの手法を求めるべきではありません。なぜなら，本来は債権カットをしなくても再建ができる場面にまで債権カットを求めるのは，単なる債務逃れという疑念が出てくるからです（モラルハザード）。

　単なる債務逃れをしようとすると，当然のことながら，金融機関は，対抗措置として債権回収を急ぐことになるでしょう。仮に本業の継続に不可欠な権利，物件に対して担保権が設定されていたような場合（中小企業の場合には，主要物件に担保権が設定されているケースは極めて多いと想定されます）には，担保権の実行を受けることも考えられますし，預金や売掛金の差押え等を受けることも考えられるでしょう（第12章参照）。極端な話，債権者破産の申立てを受けるリスクもゼロではありません。こうした場合には，事業の存続どころではなくなってしまいます。

　そこまでいかないとしても，安易に債権カットの提案をすれば，金融機関から新規融資を受けることはできなくなりますし，預金拘束も受けます。また，手形割引等の金融支援を受けることも困難になります。保証人に対する即時の履行請求を受けることもあるでしょう。そのため，再建のために債権カットを試みたことで，かえって倒産のリスクを高めることにもなりかねないのです。

　そこで，安易に第二会社方式を試みるのは控えるべきで，どうやってもリ・スケジュールが不可能な場合（会社が「過剰債務」に陥っていると判断される場合

等）に限定すべきです。

そして，再建を目指す会社は，第二会社方式（債権カット）でしか生き残る道がないことを説得的に説明することが重要となってくるのです。

2 債権者平等への配慮

「乏しきを憂えず，等しからざるを憂う」という言葉がありますが，会社再建の場面，特に債権カットなしでは正常な会社運営が難しくなっている場面では，倒産法の理念が強く働く局面であるといえるでしょう。そのため，債権者間の平等がリ・スケジュールの場合以上に強く要請されることになります[4]。

そこで，窮境に陥った会社は，一部の金融機関に対してだけ担保を設定したり（新規融資に対する担保設定はこの限りではありません），あるいは，特定の金融機関に対してのみ有利に返済をすることは厳に控えなければなりません。このような行為（偏頗行為）が発覚した場合には，他の債権者が黙っておらず，金融機関の足並みをそろえるどころではなくなってしまう危険が高いでしょう。

また，協力を要請する全ての金融機関に対し，同一の情報を開示することが重要です（そこで，金融機関向け説明会は一堂に会する場を設定します）。

倒産法の規定でも，一部債権者に対してだけ優先的に弁済等の行為（偏頗行為）をした場合，その行為は後で取消しを受けることになりますので，絶対にやってはいけません（破産法162，民事再生法127の3参照）[5]。

3 経済合理性に十分配慮すること（適切な返済額とは）

「第二会社方式」の場合には，会社分割の手法を利用して，過剰債務部分について実質的に債権カットと同様の効果を生じさせるわけですが，一方で，新会社は，過剰債務部分以外の金融債務を会社分割によって承継した上で返済しなければなりません[6]。したがって，分割後の新会社の再生計画（返済計画）の内容が金融機関にとって，経済合理性のある内容でなければなりません。

では，経済合理性のある適切な承継債務額（返済債務額）はどのようにして算出されるのでしょうか。

第7章　第二会社方式による再生

経済合理性があるか否かについてはいくつかの基準がありますので、参考にしてください。

(1) 清算価値保障原則

「第二会社方式」での返済額（10〜15年）の方が、即時に破産等の法的清算手続があった場合の配当額（清算価値）よりも大きいことは最低限度必要な条件です。これは民事再生法においても最低限度の条件とされており、清算価値保障原則といわれています（民事再生法174②四参照）。破産手続での回収額の方が大きい計画であれば、債権者としては速やかに破産をしてもらう方を希望するはずで、当該計画に合理性がないことになるからです。

ですから、最低限度、清算価値を上回る計画を立案できるよう事業の抜本的再構築（合理化）を進めることが必要です。

このように清算価値保障原則が返済額の最低限を画することとなっておりますが、同原則は、必要条件を定めたものであって十分条件ではないことに注意が必要です。

(2) 実質資産超過にならないこと

後述のとおり、再生計画を策定するにあたっては、会社の資産・負債の時価評価を把握するためにも財務ＤＤ（第10章参照）を実施して、実態貸借対照表（時価貸借対照表）を作成します。この過程で対象会社の実質債務超過（簿価ではなく会社財産を調査基準時の時価で評価した場合における債務超過額をいい、会社の真の財務状況を表す指標となります）の有無、程度を把握することになります。この実態貸借対照表を踏まえて会社分割を実行して引き継ぎ債務額を確定することになるのですが、実質債務超過額を上回る債権カットをすることは問題があります。

なぜなら、そもそも、理屈上、当該会社が一定の時間をかけて正常に資産を換価すれば、債権者は当該資産に見合うだけの回収を期待できるわけです。実質債務超過額を上回る債権カットを行うということは、「実態資産＞実態負債」

ということになります。これは当該会社の保有する資産の実態価値を下回る程度の負債しか返済しないということを意味します。このことは金融機関から見れば経済合理性が乏しい計画といわざるを得ませんし、過剰支援となってしまうからです。

加えて、実質資産超過で切り分けをすることで新会社には「負ののれん」が計上されることになり、無用な税務リスクが生じることになります。金融機関にとってこのような不合理な内容で同意することは極めて困難でしょう。

(3) 企業価値程度の（有利子）負債額は引き継ぐこと（134ページ参照）

(2)の実質債務超過にならないことという要請は、貸借対照表の観点から（有利子）負債カット額を検討したものです。

この基準は客観的基準ですし、一時点をとらえた基準としては、優れているのですが、反面、将来の会社のキャッシュ・フロー獲得能力を考慮していないとの批判もあるところです。

通常、事業活動を継続する会社の場合に、当該会社の価値（企業価値＝事業価値＋余剰資産等）を算定する方法としては、将来のキャッシュ・フロー獲得能力を現在価値に引きなおすDCF法を採用することが一般的です。

そこで、過剰債務をカットする現場でも、将来のキャッシュ・フロー獲得能力を考慮し、DCF法で試算した企業価値を超える（有利子）負債額はカットを要請するものの、企業価値程度の（有利子）負債は分割対価として引き継ぐことが多いです。

このように相応に事業価値のある会社の場合は、返済可能額から引継債務額を算出するのではなく、企業価値の評価額をもとに算出するわけです。

第7章 第二会社方式による再生

[債権カット要請額の算定]（金額単位はいずれも百万円とする）

企業価値からの検討

有利子負債額（①）	3,300	
事業価値（②）	1,200	120M／年のＣＦから算定（割引率10％）
非事業用資産（③）	100	換価して返済に充てる
企業価値（④＝②＋③）	1,300	企業価値＝事業価値＋非事業用資産
債権カット要請額（①－④）	2,000	有利子負債額－企業価値

実質債務超過額の試算
現在の会社（金額はいずれも時価）

事業用資産 1,000	負　債＊1 3,600
非事業用資産 100	
債務超過 ▲2,500	

※1　負債の内訳
　①　有利子負債　　3,300
　②　事業用負債　　 300
　　　①＋②＝　　　3,600

新会社のスタートＢＳ（2,100百万円の債権カットの要請が認められた場合）

旧会社

非事業用資産 100	負　債＊2 2,100
債務超過 ▲2,000	

新会社

事業用資産 1,000	負　債＊3 1,500
のれん 500	

＊2　負債の内訳
　①″有利子負債　　2,100

＊3　負債の内訳
　①″有利子負債　　1,200
　②″事業用負債　　 300
　　　①＋②＝　　　1,500

　本書では，事業価値算定を極めて簡易に説明しており，割引率の説明なども割愛しますが，実は重要な点になります。

　通常のＭ＆Ａの場合，売り手と買い手が交渉し，譲渡金額を定めることになります。その際には，事業価値算定に基づいて，金額面の交渉をするわけですが，自主再建型の私的再建の場合でも，考え方はほぼ同じといえます。金融機

関としては，なるべく多く債務を引き継いでもらいたいという要請がありますし（M&Aの場合の売り主側と同じ発想），新会社で事業を続ける経営者側としてはなるべく債務を小さくしてもらいたいという要請があります（M&Aの場合の買主側と同じ発想）。譲渡金額の妥当性を示す意味で事業価値算定は極めて重要です。

のみならず，事業価値算定がないと，新会社で承継する資産と負債の差額の「のれん」の実在性に疑問を持たれることになってしまいます。単に多く債務を引き継いだだけでは，「のれん」の実在性に疑問が生じ，新会社が「のれん」（資産調整勘定）の損金算入ができない事態にもなってしまうわけです。

3　第二会社方式を利用した私的再建の進め方

1　スケジュール概要

では，第二会社方式を利用した私的再建は，具体的にはどのようなスケジュールで進められるのでしょうか。

私的再建の場合は，事案ごとにスケジュールが大きく違うことも珍しくありませんが，下記のような流れで進めることが一般的かと思われます。

【スケジュールの一例】

① 個別訪問
② 第1回金融機関説明会…会社の窮状報告（資金繰り等），弁済猶予の申込み，DDを実施すること，今後のスケジュール等の説明を行います。

　　不動産鑑定，財務・事業調査（DD），事業計画立案（2～3か月）

③ 第2回説明会…財務・事業DD・事業計画の発表等を行います。

　　再生計画，会社分割スキームの立案等を実施（2～3か月）

第7章　第二会社方式による再生

④　第3回説明会…再生計画，会社分割スキームの発表

　　　金融機関との交渉・説明（0.5か月〜）

⑤　再生計画の同意

　　…会社分割の実施[7]，モニタリング

2　個別訪問ないし説明会での説明内容

　個別訪問ないし金融機関説明会では，通常，元本部分の返済猶予等の申入れを行うことになります。金融機関は，返済猶予等の要請を受けた場合，これまでの説明と異なること（中小企業は実態よりも会社業績を良く説明していることが多い）や約定弁済を受けられないことなどから，債務者に対して不信感を持っていることが多いです。債務者の社長は，約定返済ができなくなった説明はするべきですが，言い訳と解釈されないよう説明の仕方には十分な注意が必要です。

　また，約定返済ができなくなったことを誠実に謝罪すべきでしょう。金融機関は，どうして私的整理が開始されたのか，他の金融機関は再生に協力的か，専門家が入る場合にはどうしてその専門家が選任されたのか，専門家は何を支援するのか（DD，事業改善への取組み，金融機関調整等でしょう），資金繰りが持つのかどうか，再生の見通しがあるのか，今後のスケジュール等について関心を持っているはずです。弁護士が専門家として入る場合には，破産や民事再生などの法的整理と誤解を受けることもありますので，その点の誤解を解くことも必要です（66ページ参照）。

　説明会の資料としては，①資金繰り表（約定版・改定版），②決算書3期分，③債務一覧表，④担保状況表等で会社の実態を説明します。そのほか，破産するよりも再建を目指す方が経済合理性のあることを説明するため，⑤清算貸借対照表や，⑥私的再建を進める場合の事業計画を準備することもあります。

　当然のことながら，個別訪問や説明会を開催してそれで終わりではありません。会社の再建に向けた取組みを説明するためにも，会社の状況を定期的に報告（月次報告）することが必要です（【参考書式6】参照）。経営者自ら，金融機関

第2部　私的再建の進め方

【参考書式7】　金融機関説明会式次第

平成○年○月○日

○○株式会社　第1回金融機関債権者会議

○○株式会社
代表取締役　○○　○○
代理人弁護士　○○　○○

日時　　平成○○年○○月○○日（○）　午前10時00分～
場所　　○○

会議次第
1．開会の挨拶

2．代表者陳謝

3．現況報告及び事業再生を私的整理で進めるべきこと
 (1) 会社の現況について
　・借入金の状況
　・財務状況の推移
　・資金繰りの状況
 (2) 経営改善の取組み状況の報告及び今後の方向性について
　・取引先の状況（信用不安等が生じていないこと）
　・経営改善の取組み状況は別紙記載のとおり
　・私的整理（事業再生）の可能性が高いこと

4．依頼事項
 (1) 平成○年○月末日現在での借入残高について，○月○日までに正確か否かご確認の上，代理人弁護士宛てにご連絡をお願いいたします（金額が間違っている場合には，正確な残高をご連絡いただきますようお願いいたします）。
 (2) 返済猶予等のお願い
　　本日以降，協議期間中（平成○年○月末日を目途とします。）は，借入金の元金の返済猶予をお願いいたします。この間は，約定利息をお支払いたしますが，延滞金利の適用は免除をお願いいたします。また，以下の行為を控えていただきますようお願い申し上げます。
　① 平成○年○月末日時点における与信残高（手形貸付・証書貸付・当座貸越などの残高）を減らすこと

② 弁済の請求・受領，相殺権の行使等の債務消滅に関する行為を行うこと
　③ 新たな物的人的担保の要求，担保権の実行，強制執行・仮差押え・仮処分・法的倒産処理手続の申立てを行うこと
(3) 預金口座の継続利用のお願い（流動性預金口座の非拘束のお願い）
　現在，金融機関債権者各位との間では預金取引をさせていただいておりますが，本日以降も，引き続き預金口座を利用させていただきますようお願いいたします。

5．会社への要請ないし注意事項
(1) 月次報告提出
　会社には，概ね翌々月15日頃までに，依頼会社に対し，月次報告をするよう要請しています。毎月の試算表（損益計算書及び貸借対照表），資金繰り表など会社の財務状況や事業改善の状況等の経営状況を明らかにする予定です。
(2) 金融債権者間の債権者平等（公平性）に反する行為の禁止
　会社には，金融債権者間の債権者平等に反するような行為，不誠実な行為をしてはいけない旨要請しています。
(3) 財産減少行為の禁止
　会社及び連帯保証人には，財産減少行為をすることがないよう注意しています。重要資産を譲渡するような場合には，ご説明の機会を持たせていただく予定です。

6．今後の進め方について

7．質疑応答

8．今後の問い合わせ窓口
　金融機関各位におかれましては，本件依頼事項及び今後の進め方について，ご意見・ご質問等ございましたら，恐れ入りますが，平成○年○月○日（○）までにご回答いただきたくお願いいたします。

【代理人弁護士】
　※本手続の進行，金融機関借入金に関する事項に関する問い合わせについては，代理人弁護士宛てにお願いいたします。

【提出資料】　略
　略

に足を運び，月次報告を提出して，再建の意欲を示すことができますし，現実に事業の再構築が進んでいることも説明できるのです。月次報告では，①試算表，②資金繰り表（実績と見込み），③合理化実施の取組み等を記載してください。

3　デュー・ディリジェンス（DD）の必要性

私的再建においては，DDや不動産鑑定の実施は不可欠です。

財務DDは，会社の資産・負債の実態面，債権の保全状況等を確認するためにも必要です。これによって会社が保有する資産の含み損益の有無，不良化した資産の有無，程度が判明することで，貸借対照表の観点からの会社の真の実力が把握できることになりますし，上記のとおり，実質債務超過額の確定あるいは清算配当率を算出するためにも必要です（第10章で具体的な作成方法を述べています）。

事業DDは，会社の窮境に陥った原因，窮境原因の除去可能性の調査，事業計画の策定をなすために必要となることが多く，事業DDの実施者は，業界に詳しい中小企業診断士等の専門家，コンサルタントに依頼することが多いです。

不動産鑑定は，会社の保有する不動産の評価額がどの程度かを調査するために必要です（財務DDの不動産評価の基礎資料になります）。継続保有不動産は正常価格で評価し，早期に処分する予定の不動産は特定価格（早期処分価格）で評価することになります。正式な「不動産鑑定」を実施する場合には，当然，不動産鑑定士に依頼することになりますが，売却処分予定の不動産（遊休不動産等）の売却見込額を算出する程度の目的であれば，不動産業者や信託銀行等による不動産価格査定で済ますこともあります。不動産鑑定を依頼する際には，「正常価格」のほかに早期に処分する場合の評価額たる「特定価格（早期処分価格）」を出してもらうことが必要です。

正常価格とは，市場性を有する不動産について現実の社会情勢の下で合理的と考えられる条件を満たす市場で形成されるであろう市場価値を示す適正な価格をいいます。特定価格とは，市場性を有する不動産について，法令等による

第7章　第二会社方式による再生

社会的要請を背景とする鑑定評価目的の下で，正常価格の前提となる諸条件を満たさないことにより正常価格と同一の市場概念の下において形成されるであろう市場価格と乖離することになる場合における不動産の経済価値を適正に表示する価格をいいます。また，担保物件を一体として評価する場合であっても，筆ごとに担保権者が異なっていることもありますので，地番，家屋番号ごとに評価額の内訳を出してもらうことを忘れないようにします。

4　事業改善取組みの重要性

　私的再建は，金融機関に対して，リ・スケジュールや債権カットなど，資金繰りや財務内容の改善を求めることが全てではありません。事業面の改善が不可欠です。
　会社の資金繰りや財務内容が悪化したことには，窮境原因が必ずあるはずです。その窮境原因を取り除かなければ，二次破綻になることは目に見ています。多くの企業の場合には，収益力が落ちていますので，事業改善を行い，キャッシュ・フローがきちんと出るように取り組まなければならないのです。キャッシュ・フローを出るようにするためには，不採算事業を停止すること，コストを削減することが考えられますが，このような無駄を省くという発想だけでなく，提供する商品の価値，サービスの価値を上げるという発想が必要になってくることもあります。いずれにしろ初動において，経営者や従業員の方々の考え方を大きく変えることが必要になるケースが多く，多大なエネルギーと時間を要することになります。事業改善の手法については，経営改善計画書の作成手法の箇所（第9章）に簡単に記載しましたので，参照してください。

5　第2回目以降の説明会

(1)　再生計画案の概要

　第2回目の説明会では，上記ＤＤの内容（詳細は第10章を参照してください）を踏まえ，返済計画を含む再生計画の策定発表を行うことになります（詳細は第9章を参照してください）。

(2) 金融機関に対する再生支援のお願い

　会社から金融機関に対して，会社再建のための具体的なスキーム（会社分割等の再建スキームの提示，金融機関に対する借入金の返済計画，経営責任の取り方，終局処理方法等）を作成して提案することになります。その際には，計画の立案段階からある程度主要債権者（メインバンク）との間で具体的な数字を示しつつ意見調整をして，債権者側の意向を織り込んだ再生計画を立案することを心がけます。また，再生計画案の提示後も，丁寧に債権者側との協議をはかり，理解を深めるよう努力する必要があります。特にメインバンク債権者の理解を得ることは，他の債権者の理解，協力を得るうえでも大変重要な要素となります。したがって，メインバンクとは十分なコミュニケーションをとることを心がけてください。

　また，債権者との間で，会社再建スキームに関するおおよその合意が得られた場合には（あるいは債権者との協議と平行して），会社分割による新会社（第二会社）設立の準備に入ることになります。

6　会社分割の実行へ

　会社分割では，会社分割に関する計画書（吸収分割契約書又は新設分割計画書）に定めた内容に従って，旧会社から新会社に対して，分割対象事業に関する権利義務の承継という効力が生じます（会社法759，764）。そのため，財務ＤＤの結果も踏まえつつ，新会社に移転させる権利義務を吟味してスムーズに新会社に事業承継できるよう準備をすることが必要となります。

　会社分割の手続期間としては，株主総会，債権者保護手続（会社分割を行う旨の官報公告，個別催告等），労働承継手続といった事項が必要となることから，概ね２〜３か月程度を要すると考えておいたほうがよいでしょう（ただし，いわゆる債権者保護手続を省略できる場合には，１か月もかからずに実行することも可能です）。

　会社分割の実行には，法定手続に関する知識，さらには法務局との関係で登記手続についての正確な知識が必要となります。そのため，実務に詳しい司法

書士を活用することが必要です（特に短期間で実行する必要がある場合には，会社分割実務の経験を有する司法書士の協力が不可欠です）。

会社分割の効力は，吸収分割の場合には分割契約で定めた効力発生日（会社法759），新設分割の場合には新設会社の成立の日（設立登記を行った日。会社法764）にそれぞれ生じます。新設分割の場合には，設立登記日に新会社が設立されると同時に，旧会社から分割対象事業に関する権利義務の承継が行われ，当該事業を行うことが可能となります。

会社分割の場合は，手続実行後も旧会社が存続することから，個別的な権利関係の移転について第三者に主張するためには，それぞれ対抗要件を取得することが必要となります。

7 会社分割後の旧会社清算手続について

会社分割の実行によって，事業を継続する新会社と，抜け殻になった旧会社とが残ることになります。

旧会社には，不良資産と債権カット後の金融債務（過剰債務部分）とが残っているはずですので，その終局処理＝法人の清算が必要となります。

債務超過会社を清算する手法としては，特別清算と破産手続の二つがありますが，特別清算手続は，破産手続に比べ，破産管財人費用等が不要なため，コストが低くできること，債権者の了解を得て清算手続を進めている印象があり，風評被害が生じにくいことから，特別清算手続で処理することが多いのが実態です。特別清算手続の場合には，債権者に対する弁済が債権者集会の決議及び裁判所の認可を経た協定によって行われることとなります。

他方で，破産手続の場合には，会社が倒産したという印象が知られてしまうこと，破産管財人コストが要することから，この手続を利用するのは，債権額の3分の2以上の同意を得られない場合に限定されます。小規模零細企業の再建案件など，金融機関の関心が低く同意を得ることは困難である場合，公租公課の滞納額が大きく，債権者への配当がほとんどできない案件の場合に破産手続で旧会社を清算することもあります。破産手続を取る場合には，信用不安が

生じますので，会社の商号を変更し，なるべく新会社と関連付けられないように配慮することもあります。また，破産手続では，裁判所から選任された破産管財人が清算事務を遂行することになります。破産管財人は，実質的に，私的再建手続の事後チェックを行うことになります。そのため，私的再建手続を進める過程で問題があった場合には，破産管財人の否認権行使によって，事後的に是正される可能性があることに留意が必要です。

なお，第2章3（20ページ）で示した特定調停スキームの場合，特定調停手続のなかで債権放棄を受けることも可能です。そこで，旧会社は特別清算や破産をすることなく，単純に会社を解散させ，清算することも可能です（Column 1参照）。

4　最後まで決して諦めない

以上のとおり，債務者会社主導で私的再建を進めていくとしても，当然のことながら，金融機関全ての理解を得ることは容易ではありません。

1　一部金融機関がどうしても債権カットに同意してくれない場合

小規模零細企業の場合，金融機関は当該企業の再生に関心を持たないことも少なくありません。また，そうでなくても，金融機関側の事情その他の理由により，債権カットに応じてもらえないことも多いのが実態です。

その場合にどうするかですが，時間をかけてでも誠実に対応していくことが基本になるはずです。債務者主導で一方的に会社分割等を進めることにはよほど急いで進めなければならない特殊事情がない限り，慎重であるべきと考えます。

それでも急いで進めなければならない場合には，当該金融機関と協議し，サービサーや再生ファンドに債権を譲渡してもらうように交渉し，その後，サービサーと交渉し，解決することも考えられます。金融機関としては，自主的に

債権放棄はできない場合でも，譲渡先のサービサー等に譲渡することは許容されるケースも少なくないからです。

そのほか，大部分の債権者が了解してくれるケースの場合には，特別清算手続で処理することも考えられます。特別清算を協定型で進める場合，協定の可決には，出席議決権者の過半数という頭数要件と総債権額の3分の2以上の債権者の同意という債権額要件が必要となり（会社法567），協定は裁判所の認可決定の確定により発効し（会社法570），全ての協定債権者を拘束します（会社法571）。このように少額の債権者が反対している場合でも多数決で清算手続を進められますので，特別清算での清算を念頭に置いて，会社分割を先行することも考えられます。

また，債権者と事前協議することが前提になりますが，特定調停を申立することも考えられます。特定調停により，裁判官や調停委員に説得してもらうことや積極反対でなければ，いわゆる17条決定により，調停成立を目指すことも考えられるからです。全行同意が難しい場合の対応策はColumn 6（149ページ）も参照してください。

2 期限の利益喪失や競売申立てを受けた場合

前述のとおり，第1回説明会にて，弁済猶予の申し込みをするケースが多いですが（元利停止を求める場合もなくはありません），リ・スケジュール前提ではありませんので，事実上の延滞で進むこともあるでしょう。そこで，期限の利益喪失通知が送付されることもあるかもしれませんし，競売申立を受けることもあるかもしれません。経営者の方は，引き続き，不安な毎日を送ることになるでしょう。

しかし，期限の利益喪失通知が送付されても本訴提起されるまでは，いきなり強制執行されるわけではありません。また，競売をされても，落札されるまでの間に不動産の任意売却で事業継続に不可欠な不動産を守ることができるかもしれないのです。

この点について，経営者のなかには，金融機関から法的な手続の申立てがあっ

第2部　私的再建の進め方

たことをもって，事業の存続を図ることを諦めなければならないのではないかとお考えになる方も多いのではないでしょうか。しかし，例えば競売ひとつをとっても，通常は半年から数か月単位で進む手続ですので，最終的な結論に至るまでの間に，話し合い等によって解決を図る余地は十分にあるのです。

金融機関の立場からすれば，情報の非対称性が存するため（例えば，これまでに開示してきた決算書等について，粉飾がなされていたような場合には，表面上は利益が計上されていることから，金融機関が債務者会社の窮境を正確に認識しきれていないケースもあるでしょう），債務者に対する不信感から，債権保全のために法的措置をとらざるを得ないという場合もあるでしょう。したがって，債務者としては，積極的に正確な情報を開示し，金融機関の担当者と面談を重ねることで，情報の共有と信頼関係の構築を図ることが不可欠なのです。

とにかく，経営者としては，最後の最後まで，事業の継続を諦めないことが大事です。本来的に私的再建は全ての利害関係者にとってメリットのある手法です。真摯かつ誠実に，諦めないで努力と説明を重ねれば，必ずや理解を得られ，再生（再建）の光は見えてくるはずです。

（注）
1) キャッシュ・フロー概念の説明については，83ページ(注) 1を参照してください。
2) 会社分割は事業譲渡と異なり，現金などの対価を支払わない方法が可能です。また，建物等の資産の移転の場合に消費税の課税取引に該当しないとか，不動産取得税が非課税となる場合があります。
3) 例えば，飲食店営業（食品衛生法53），クリーニング業（クリーニング業法5の3），旅行業（旅行業法16）では，会社分割による許認可の承継が認められています（ただし，事後の届出は必要）。もっとも，会社分割による承継を一切認めないもの（建設業許可，宅建業許可等）や，事前に会社分割の許可，認可，承諾が必要となるもの（ホテル営業・旅館営業，中央卸売市場における卸売業等）もあります。そのため，個々の案件において許認可の移転が問題になる場合には，行政書士などを入れて事前に十分な調査，確認が必要です。
4) 倒産処理の目的は，総債権者の満足の最大化，利害関係者の権利の公平な実現ですが，この目的を実現するための倒産法に共通する理念として債権者間の公平・平等が強く求められております。
5) その他，詐害行為もしてはいけません。窮境に至った局面は一種の非常時ですので，会社資産を少しでも隠匿・処分しようとする方もいるかもしれませんが，債権者を害

第7章 第二会社方式による再生

するような行為（詐害行為）は，詐害行為否認として取消の対象になりますし（破産法160），免責不許可の対象になるばかりか（破産法252①一），場合によっては詐欺破産罪という犯罪になり，刑事処罰を受ける可能性もあります（破産法265）。

6) あらかじめ有力なスポンサーが存在する場合には，スポンサーが，会社分割後速やかに旧会社から分割交付対価である新会社株式を有償取得したうえで，旧会社の金融機関に配当するというスキーム（一括弁済型）等もあります。この場合には，新会社は金融債務を引き継がずにスポンサーの傘下で事業再生を目指すことになるでしょう。ただし，本書では，新会社が一定の金融債務を承継するスキーム（自主再建型，分割返済型）を想定しております。

7) 会社分割の法定手続としては，株主総会の承認決議に加え，法定書面の備置き，労働承継法に基づく手続，分割公告及び知れたる債権者に対する異議催告，反対株主による株式買取請求手続といった各手続が必要となるため，事案によっては，手続実行までに数か月を要する場合もあります。

スポンサー型の第二会社方式の留意点

　後継者不在という問題を抱えていたり，経営者と金融機関との信頼関係が失われていたりといった事情によって自主再建が難しい場合には，スポンサーに事業を譲渡して事業再生を目指す方法が考えられます。
　スポンサー型の事業再生手法としては，会社の株式をスポンサーに譲り渡す方法もありますが，株式譲渡＝法人売買の方法では，金融機関の有利子負債が全額残り，過剰債務が残ってしまうという問題があります。そのほか，簿外債務リスクが切断されない問題があります。そこで，会社そのものではなく，事業をスポンサーに切り出す方法，すなわち事業譲渡・会社分割という手法を用いることが多いです（スポンサー型第二会社方式）。
　スポンサー型第二会社方式の場合，スポンサーは，再生会社（旧会社）から事業を譲り受けることと引換えに，譲渡代価を旧会社に支払うこととなります。旧会社は，スポンサーから受け取った事業譲渡対価を債権者に配当することになります。私的整理の場合，仕入先，外注先等への商取引債務はスポンサーに承継されるため，ここでの配当の対象となる債権者は金融機関に限られるのが一般的です。金融機関には，旧会社からの配当と引換えに，残った債権については，特別清算又は破産手続を通じて実質的に債権を放棄してもらうこととなります。
　スポンサー型第二会社方式のメリットとしては，
- 　スポンサーの知見を活用できる点で，事業再生の確実性が高まる
- 　上記と関連しますが，スポンサーの経営資源，得意先への販路拡大，信用補完，経費削減等による収益力改善効果（いわゆるシナジー効果）が得られるため，金融機関は自主再建の場合に比較して，回収額が高まる可能性がある
- 　後継者問題（事業承継問題）の解決を図ることが可能
- 　スポンサーへの事業移転後，旧会社は清算することになるため，経営責任，株主責任の明確化を果たしやすい

といった点が挙げられます。
　スポンサー型で進める場合には，スポンサーから支払われる代価が債権者に対する返済原資となり，債権放棄を伴うことも多いことから，債権者としては，誰が，どのようにしてスポンサーとして選定され，いくらの代価を支払ってくれるのかという点に最大の関心を寄せることになります。
　事業の譲渡代価を高めるとの観点からは，いわゆる入札（ビッド）を実施することも考えられますが，中小企業の場合，スポンサー候補が引手あまたということはあまり多くないですし，何よりも，広くスポンサーを募る場合には，信用不安が広がることで，事業価値が毀損してしまうリスクが高まります。現実的には，長年にわたって信頼関係のある取引先であるとか，メインバンクからの紹介先といった形で登場した候補先に対して，決め打ちでスポンサー支援交渉を行う（相対交渉）ことが多いよう

に思われます。相対交渉の場合には，債権者はスポンサーが拠出する事業の譲渡代価の合理性，公正性，妥当性について特に関心を有することになります。そこで，独立した立場のアドバイザーによる財務ＤＤの実施及び結果の開示であるとか，いわゆる事業価値（ＥＶ）算定を行ったうえで合理的な事業譲渡対価を示すといった方法によって，債権者の納得感を得られるように努めることが重要です。

　なお，金融機関に有利子負債の債権放棄を要請する場合には，保証債務問題が顕在化しますので，経営者保証に関するガイドライン7項を活用して保証解除の交渉を行うことが必要になります（第13章参照）。

第3部

会社再建に必要な道具

この部のポイント

・私的再建の交渉を行うためには，向こう半年程度の資金繰り表と経営改善計画（事業計画）が必要。
・支払の優先順位は，①手形決済，②従業員の給料，③買掛金の支払，④租税公課，⑤銀行返済である。金融機関（銀行）への返済を優先させることは，企業価値の毀損を自ら招いているようなもの。
・財務調査報告書（財務ＤＤ）は，会社の債務償還年数，過剰債務の年数，基準日の実態純資産，清算配当率等を調査した報告書。
・会社の事業価値を高め，金融取引の正常化（ランクアップ）のためにも再生計画作りは不可欠。社長及び経営者自身が損益計画を作ることが必要。

第8章 資金繰り表の作成手順
CHAPTER 8

1 資金繰り表が必要な理由

会社が倒産の危機に直面する直接的なきっかけは資金ショートの危険が顕在化,現実化する点にあります。

資金繰り表を作成しないと,将来,会社が資金繰りの危機にあるのか,手形不渡りの危険があるかの判断もできません(8ページ参照)。会社の危機状況を把握するために資金繰り表の作成が必要なのです。

私的再建を進める場合には,通常新規融資を受けることはできません(プレDIPファイナンスの留意点は,81ページ参照)。再生計画を策定するまでの間,資金繰りを維持することができ,再建の可能性があることを表するためにも資金繰り表の作成は必要です。

そのほか,仕入計画,売上計画,設備投資計画,経費削減計画など,会社が今後とるべき方策を検討するための判断材料にも影響します。

2 最低限度,向こう半年程度の資金繰り表が必要

私的再建の交渉を行うために,向こう半年程度の資金繰り表が不可欠です。早々に資金ショートが見込まれる会社は,金融債権者から再建の見込みがない

111

第3部 会社再建に必要な道具

【参考書式8】 日 繰 表　　　　月

(単位:千円)

	収入							支出								
	現金売上・売掛金の現金回収	受取手形の期日入金	手形割引	借入金増加	資産売却	その他入金	収入合計	手形決済	現金仕入	買掛金支払	給料手当・退職金支払	支払家賃	その他経費	現金・社会保険費	リース料	借入金返済(元金)	金利支出	その他支出	支出合計	資金残高	摘要
1日																					
2日																					
3日																					
4日																					
5日																					
6日																					
7日																					
8日																					
9日																					
10日																					
11日																					
12日																					
13日																					
14日																					
15日																					
16日																					
17日																					
18日																					
19日																					
20日																					
21日																					
22日																					
23日																					
24日																					
25日																					
26日																					
27日																					
28日																					
29日																					
30日																					
31日																					
合計																					

と評価され，再建に協力してもらえるはずもないからです。

3 月次資金繰り表と日繰り資金繰り表

資金繰り表には，1か月単位の「月次資金繰り表」だけでなく，「日繰り資金繰り表」(【参考書式8】参照) も必要です。1か月単位の「月次資金繰り表」の月末残高で資金繰りがついていても，月中に資金ショートしていてはいけないからです。

特に手形の決済日が月中にある場合，月中に資金ショートしてしまえば，不渡り倒産になってしまいます。

4 資金繰り表の作成手順

項目に関しては，各会社の事業特性にもよりますが，収入については，現金入金分と売掛金回収分（手形を利用している会社については，受取手形の期日入金及び手形割引による入金日まで記載すべきです）を，支出については，買掛金（及び支払手形），人件費，経常的な経費（備品，光熱費等の支出），その他経費（家賃等比較的大きな出費があるもの），リース料，公租公課（税金，社会保険料），そして金融債務（元金と利払い分は分けて記載する）といった項目を設けると便宜です。

売掛金の回収に手形を利用する会社については，上記に加え，手持ち手形の残高，期中の増減及びその用途がわかる一覧表を追加で記載するとよいでしょう。

月次資金繰り表を作成する際には，おおまかに経常収支（本業に密接に関連する収支），経常外収支（臨時の収支），そして財務収支（主に金融に関する収支）といった区分を設けておくと，その後の検討に有用です。

第3部 会社再建に必要な道具

【参考書式9】 売掛金回収サイト

【売掛先】

No.	客先名	締日	サイクル	支払日	条件	サイト	12月売上			1月回収			1月売上		
							12月売上計	12月相殺	12月末売掛残	1/1〜10回収	1/11〜20回収	1/21〜末回収	1月売上計	1月相殺	1月末売掛残
1		末	翌々月	末	手形	90									
2		末	翌月	末	手形	90									
3		末	翌月	末	現金	0									
4		末	翌月	末	現金	0									
5		末	翌月	10	現金	0									
6		20	翌々月	5	手形	90									
7		末	6か月後	15	現金	0									
8		末	翌月	末	現金	0									
9		末	翌月	末	手形	120									
10		20	翌月	20	手形	120									
11		10	翌月	10	現金	0									
12		末	翌々月	15	現金	0									
13		末	翌月	末	手形	120									
14		末	翌月	末	手形	120									
15		20	翌月	10	手形	120									
16		末	翌々月	10	現金	0									
17		20	翌月	末	現金	0									
18		20	翌月	末	現金	0									
19		末	翌月	20	手形	120									
20		20	翌々月	15	現金	0									
21		末	翌々月	10	現金	0									
22		末	翌月	末	現金	0									
23		末	翌々月	末	現金	0									
24		末	翌々月	15	現金	0									
25		末	翌月	末	現金	0									
26		末	翌月	末	現金	0									
27		20	翌月	末	現金	0									
28		末	翌月	末	現金	0									
29		末	翌月	末	現金	0									
30		末	翌月	10	現金	0									
31		末	当月	末	現金	0									
32		末	翌月	末	現金	0									
33		末	翌月	末	現金	0									
34		末	翌月	末	手形	120									
35		末	翌月	末	現金	0									
36		20	翌月	15	手形	120									
37		末	翌々月	15	現金	0									
38		末	翌月	15	現金	0									
39		末	翌々月	20	現金	0									
40		20	翌々月	25	現金	0									
41		末	翌月	25	現金	0									
42		20	翌々月	5	現金	0									
43		末	翌々月	末	現金	0									
44		末	翌月	末	現金	0									
45		末	翌々月	末	現金	0									
46		末	翌月	末	現金	0									
47		末	翌月	末	現金	0									
48		末	翌月	末	現金	0									
49		末	当月	末	現金	0									
50		末	翌月	末	現金	0									
51		末	翌月	末	現金	0									
52		末	翌月	末	現金	0									
53		末	翌月	末	現金	0									
54		末	翌月	末	現金	0									
55		末	翌々月	末	現金	0									
56		末	翌月	末	現金	0									
57	その他	末	翌月	末	現金	0									

5　資金繰り表の精度

　各資金繰り表の精度としては，お金の出入りを可能な限り正確に把握したものにすべきです。本来，会社の側で，日々の営業活動を正確に把握していれば，それなりに正確な資金繰り表を作成することもそれほど難しくはないのですが，取引先（仕入先，得意先）が多く，かつ経営管理が不十分な会社では，資金繰り表の作成すらままならないということもあるでしょう。そのような場合でも，少なくとも，売掛金の回収，買掛金，給料の支払といった大きなお金の動き，入金日，支払日については，通常把握しているでしょうから，直近数か月の資金繰り実績データ等を参考にすることである程度の内容のものが作れるはずです。

　そのほか，過去の月次損益の数字と比較して，資金繰り表の精度を見ることも有用です。月次損益の売上高や売掛金残高や受取手形残高を確認し，その回収サイトを確認すれば翌月以降の回収額もわかるはずです（【参考書式9】参照）。同様に仕入についても，仕入債務の支払サイトを確認すれば，資金繰りで織り込むべき支払額もわかるはずです。可能であれば，請求書どおりに売掛金が入金されているか，在庫の仕入量が適正かなどを日時ベースで検証するべきでしょう。

　ちなみに，資金繰り表の収入の欄で手形割引による収入が多い場合には，要注意です。私的再建を進めていくなかで，金融機関が手形割引に応じてくれないことも多いからです。そのような場合に備えて，手形割引業者の手配を行っておくことが大事になります。

6　約定資金繰り表・改定資金繰り表

　まずは，買掛金や金融債権者への支払など全ての支払を契約条件どおり支払う資金繰り表（月次・日繰り）を向こう半年程度作成してみてください。これ

を「約定資金繰り表」といいます。

　窮境に陥っている会社の場合には、「約定資金繰り表」では、手形不渡りが生じてしまう、あるいはどこかで資金ショートが生じてしまうことが多いでしょう。

　資金ショートを回避するために、リ・スケジュールなどが必要となり、そのための資料として、「改定資金繰り表」が必要になるのです。

　「改定資金繰り表」は、「約定資金繰り表」の一部の支払を修正（未払）したものです。まず、返済停止を検討すべきは、金融機関への支払です。銀行返済のうち、元本部分の返済額を減らしてみましょう。場合によっては元本部分の返済を０円にすることを依頼せざるを得ない場面もあるでしょう（元本部分の残高維持要請）。元本部分の返済額を減らす（ないしは０にする）ことで資金ショートが回避できるのであれば、それを説明して、元本部分の返済緩和を依頼できるのです。

　ちなみに、元本部分の返済額を０円にすることは、債権カット案件では一般的な手法です。なぜなら、債権カットを求めなければならない案件の場合には、債権放棄の基準となる債権残高がいくらになるかが大事になります。債権残高が変動すると、いつを基準日にするかによって、金融機関ごとに有利不利が生じかねず、金融機関調整が難航しかねないからです。

　他方で、利息はなるべく支払い、期限の利益喪失をしないように留意することが一般的です。

　しかし、元本の返済を猶予（停止）してもらっても、資金ショートしてしまうようなケースでは、利息の支払についても猶予してもらうことが必要です。利息の返済を猶予してもらうよう交渉することもなくはありませんし、暫定金利と題して、支払可能な金利（例えば0.5％）を支払うこともあります。この暫定金利を元本部分と利息・損害金のいずれに入れるかも議論になりますが、元本部分に入れてしまうと、債権カットの基準となる債権額が減少することになりますので、基本的には利息・損害金に充当するよう交渉することが考えられます。

元金のみならず，利息の猶予（停止）まで依頼しなければならない事案では，基本的にはリ・スケジュール（返済条件変更の合意）はできません。事実上の不払となり，金融機関の反発は強いですが，元利停止で時間を作ってもらい，その期間で収益改善を実行することによって，それ以上の回収額があると説明して待ってもらうほかありません。

7 支払停止の優先順位
（企業価値の維持を第一に考える）

経営者の多くは，金融機関（銀行）への支払を優先させ，税金，従業員，取引先への支払を遅らせることを考えるようですが，これは間違いです。

手形不渡りが生じると一気に信用不安が表面化しますので，手形決済は優先すべきです。また，従業員や取引先への支払を遅らせると，信用不安が起こったり，従業員の仕事へのモチベーションの低下を招いたり，退職者が続出するなど企業価値の毀損が著しいといえます。税金の支払を滞納すると，税務当局から売掛金や不動産の差し押さえを受けてしまい，一気に倒産に陥ることもあります。

そこで，支払の優先順位は，①手形決済，②従業員の給料，③買掛金の支払，④租税公課，⑤銀行返済（利息→元本）の順序です（個別の事情により，多少，順序は変わるでしょう）。

金融機関（銀行）への返済を優先させ手形不渡りを生じさせたり，給与遅配を生じさせる行為は，企業価値の毀損を自ら招いているようなものです。

8 事業計画との整合性

資金繰り表の計画では，後述のように事業計画で合理化する点を踏まえて，資金繰りが改善するように作成してください。事業計画では合理化を予定しているのに，資金繰り計画では合理化を予定していないのでは辻褄が合いません。

第3部　会社再建に必要な道具

　資金繰り改善に役立つ計画があれば資金繰り表に反映させるべきでしょう。売上債権（売掛金，受取手形）や在庫を減らすことができるとか（資金化が速くなる），仕入サイトを長くできれば，資金繰りは改善しますので，それも検討してください。

　例えば，小売業にもかかわらず，商品の大部分が寝ていて，回転していないという会社もあります。どの商品が売れているのか把握すらできていない会社もあります。小売業であれば，経営者や発注担当者は当然として，その他の従業員にも，会社の売れ筋商品100点程度は把握させ（ＰＯＳレジ導入してのＡＢＣ分析等），売れない商品の仕入をしないように注意を喚起すべきです。

　設備投資が必要な事業については，事業計画に沿って，必要な設備投資を資金繰りに織り込むべきです。また，公租公課の滞納，従業員給与の未払いが生じており，それを解消することが必要な会社は，それらの解消も資金繰りに織り込むことが必要です。

第9章 再生計画の作成方法
CHAPTER 9

1 再生計画作成の意義

そもそもどうして再生計画を立てる必要があるのでしょうか。

1 事業価値を高めること，金融機関の理解を得ること

第一の目的は，事業価値を高め，キャッシュ・フロー獲得能力を高めることにあります。

私的再建においても法的再建においても，スポンサー型でない限り，会社は，自ら生み出す収益力で弁済計画を立てるほかありません。弁済を行うための弁済原資をどのように調達するか（生み出すか）を把握するためにも，再生計画の策定は不可欠です。

計画の読み手である金融機関は，再生計画に応じてもよいかどうかを判断する材料にします。つまり，計画が実行可能か（二次破綻を起こさないか），弁済額（弁済率）が適当か（経済合理性があるか）を検討するためにも，非常に重要な資料となるわけです。

会社にとっても，計画を策定することで毎月いくら売らなければならないのか，いくらまで仕入れてよいのか，いくらまで経費を絞るのかなどという明確な基準が見えてきます。

事業の収益改善，キャッシュ・フロー改善の指標にするためにも再生計画策定は不可欠です。

2 金融取引を正常化させること

第二の目的は，金融取引を正常化させることです。金融機関は，債務者会社の債務者区分がランクアップするか否かに関心を寄せています。債務者区分がランクアップするような計画を目指すことが大事になってきます。そのためにも再生計画が必要であり，このような再生計画のことを「実抜計画」とか「合実計画」といいます。「実抜計画」とは実現可能性の高い抜本的な経営再建計画をいい，「合実計画」は合理的かつ実現可能性の高い経営改善計画をいいます。

中小企業再生支援協議会での再生計画では，次の3項目が要件となります。具体的には，①3年以内の経常利益黒字化，②5年以内の債務超過解消，③計画終了時点での債務償還年数が10倍以内になることの3点を満たすことが必要です（19ページ参照）。ちなみに，債務償還年数の計算式は，要償還年数＝有利子負債合計額－現預金－有価証券－正常運転資金（83ページ脚注1）参照）になります。また，正常運転資金の計算式は，正常運転資金＝売掛金＋受取手形＋在庫－買掛金－支払手形になります。

再生計画を立案する多くの会社は，実質破綻先か破綻懸念先になりますが，計画終了年度の5年後に債務超過を解消し，債務償還年数が10倍になるなどの数値基準を満たす計画を立てられれば，将来的な正常化が見込め，金融取引の正常化を目指すことができ，金融機関にとっても受け入れやすい計画となるわけです。

2 計画の全体像

「敵を知り，己を知れば，百戦危うからず」といいますが，再建するためには，自社のこと，自社以外の外部環境の両方を知ることが必要です。

第9章　再生計画の作成方法

　会社が窮境に陥ったのは、「外部環境の変化」があったにもかかわらず、「内部的問題点」があって、それに対応できなかったからでしょう（過去の分析）。

　ですから、これらの窮境原因をきちんと把握することが必要です。また、外部・内部の事情を踏まえて会社の「戦略」を立てて、その「戦略」を実行するための計画を立てる必要があります（将来の計画）。

　戦略を立てるためには、①事業環境（外部環境）を分析すること、②経営資源を分析すること（内部環境）、③経営課題を明確化すること、④改善プログラム（アクションプラン）を固めることが重要です。

　どこまで踏み込んで書くかですが、再建の手法（リ・スケジュールか債権カットまで求めるのか）や会社の規模・能力によってさまざまです。暫定的なリ・スケジュールを要請する場合には、再生計画までは立案せず、損益計画と返済計画程度でよいこともあります。

事業計画策定の手順モデル（全体像）

```
1   社長の謝罪・決意表明
2   会社の概要
3   過去数年間の損益，財務状態，資金繰りの分析及び現状の実態的
    な財務状態の説明等
4   窮境原因及びその除去可能性
5   会社の強み・弱み，外部環境及び経営課題の分析
6   会社の取るべき戦略，具体的施策，行動計画（アクションプラン）
7   損益計画の見通しや返済計画を含む財務三表の見通し
8   金融機関への依頼事項
9   経済合理性の説明
10  今後のモニタリング方法の説明
11  株主責任・経営責任・保証責任
```

3 計画の策定手順

1 社長の謝罪，決意表明と会社の概要

計画の冒頭には，社長の謝罪と決意表明を書くことが必要でしょう。

なぜ経営が失敗したのか，真摯に反省を示すことが大事です。他人や外部環境の影響を受けていることもあるかもしれませんが，その点を強調しすぎると，言い訳ばかりをしているように見えてしまいますので，注意が必要です。また，決意表明も大事です。どのように経営改善していきたいのか，どのような決意を持っているのかを社長なりの言葉で具体的に熱意をもって記載することが大事です。何が何でも会社を再生させるという強い思いを示すことが大事な訳です。再生への熱意は，読み手である金融機関にも伝わるものです。

次に，会社の概要を記載することが必要です。

会社概要の冒頭では，経営理念を改めて確認することも検討してみると良いでしょう。経営理念は，他社が使っているものをそのまま使えばよいというものではありません。社長自身が本当にそうなりたいと心から思っていることにすべきです。経営者がこうなりたいと思っている理念を常に社員に話をすることで，社員にもそれが浸透し，会社の雰囲気，社風を作ることになります。

計画は金融機関の担当者だけでなく，会社のことをよく知らない人も見るものです。そこで，担当者だからわかっているだろうという気持ちで書くのではなく，誰が読んでも理解できるようにわかりやすく書くことが大事です。

会社の概要のなかでは以下の8点を書きましょう。

① 名称，所在地，事業内容，創業時期と創業経緯，会社の設立，資本金，従業員，経営者の陣容（代表者，取締役，監査役），株主構成，取得している許認可
② 会社の沿革
③ 創業者と現在の経営陣が異なる場合にはそのつながり
④ 組織の概要（部門長，部門ごとの正職員パート比率，男女別人数，平均年齢等）

⑤　設備の概況
⑥　保有資産の状況
⑦　子会社・関連会社があれば，その状況
⑧　ビジネスモデル

組織図，関連会社の状況，ビジネスモデルは図表で示すことができれば望ましいでしょう。

2　過年度分析及び現状分析

　窮境に陥った原因は，環境や時代の変化に対応できなかったとか，多店舗展開，過剰設備，本業以外への進出等，投資の失敗等によると思います。過去を踏まえて今後どのように改善させるべきか検討するためにも過去の（失敗の）分析は必要です。

　最低限度，過去3期の損益計算書と貸借対照表の推移を記載し，これらを添付する必要があります。しかし，窮境に陥っている企業の原因は過去3期以前にあることも多いです。そこで，10期分程度を時系列で比較することも多いです。

　貸借対照表推移では，なぜ在庫が増えているのかとか，土地や借入金が減っているのかなどを説明しましょう。借入金残高推移も書き，金融機関ごとにその金額の推移を示せるとよいでしょう。

　損益計算書推移では数値の羅列で終わらせず，数値の変化が起きた原因についても説明しましょう。例えば，売上減少の数値があるとすれば，店舗閉鎖に伴っていくらの売上が減ったとか，主要取引先の契約が打ち切られたので売上が減ったなど，どうして売上が減少したのか具体的に書きましょう（キャッシュ・フロー計算書もできることであれば，付けるとよいでしょう）。

　最後に，現状の実態的な財務状態も確認します。財務DDで明らかになっている債務超過額，過剰債務額，収益力を確認します。債務超過額等を確認することは，債務超過解消の年数や目安を確認し，将来の金融取引の正常化を目指す目線を得るためにも不可欠でしょう。ちなみに中小企業の場合には，経営者

の資産を加味して検討することも可能です。このことを中小企業特性といいます。

3 窮境原因の除去と戦略論

(1) 窮境原因の除去

窮境原因はいろいろあると思います。

毎年売上が減っていったとか，過去の投資の失敗で固定費の負担が大きいなどありますが，外部環境が変化したことと，内部に問題があることの二つの観点で検討してみましょう。外部環境の変化とは，①会社がターゲットとしている市場自体の縮小，②強力な競合の出現，③得意先の喪失，④為替変動などが挙げられます。経営が厳しくなる会社は，このような外部環境の変化に対して，適切な対応が取れていないことが多いのですが，どうして適切な対応が取れないかというと，結局は会社内部に問題があるから，問題に気付かなかったり，気付いたとしてもそれに対応できなかったことが多いといえます。

会社内部の問題としては，原価管理をしていない，取引先別・商品別・事業別の利益管理をしていない，労務管理ができていないなどの問題があります。このような目に見えるものも大事ですが，経営理念，経営陣の考え，社風など目に見えないものが会社の業績に与えている影響も多いことが事実です。平たく言えば，従業員が会社のために頑張ろうという意識が低い会社，不平不満を有している会社であれば，会社が衰退に向かうのは必然といえます。目に見える原価管理体制や労務管理だけ整えても，なかで働く従業員の心が変わらなければ，真の再生はできないことは事実だと思います。そのためには，社長をはじめとした経営者の意識を変えてもらうことが一番大事と考えます。財務・事業ＤＤを実施している際には，それらで指摘された窮境原因を確認して，一つずつ除去できないか検討するわけです。

近時は環境変化のスピードが速いので，何も（内部環境を）変化できなければ，事業が衰退に陥るのも当然です。窮境原因を除去しないことには再建はできませんので，できるだけ具体的に策定し，早期に着手することが必要がです。

(2) 戦略論

過去の問題である窮境原因の除去だけでは再生計画としては不十分なケースも少なくありません。その場合には，戦略を立てるためには，外部環境と内部環境双方を分析することが必要です。外部・内部環境の分析のことをSWOT分析といいます。

SWOT分析をする場合には，まずは外部環境を調査し，事業機会がないか探してみてください。顧客の声，取引先の声，政府の施策によって，新たなニーズやニーズの増加（事業機会）を把握する必要があります。

そのうえで，この事業機会をとらえるために，自社の強みを活用できないか検討しましょう。うまく自社の強みを維持・強化することで事業機会をとらえることができれば，他社と比較して，競争優位のある戦略を立てることが可能になります。

また，中小企業の場合には，ヒト・モノ・カネ・ノウハウといった経営資源

戦略のイメージ図

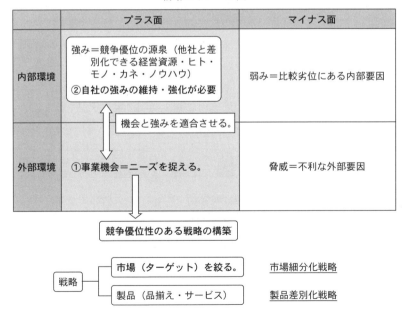

に限りがあります。そこで，産業全般を対象とする戦略は立てるべきではなく，ターゲットを絞ったり，扱う製品（サービス）を絞ることが必要です。

SWOT分析を用いて戦略を立てるイメージ図は，前ページのとおりです。

(3) 具体的施策

上記窮境原因の除去やこれから取るべき戦略論を踏まえて，具体的施策を書くことになります。

①経営面の再構築，②営業面の再構築，③コスト面の再構築，④財務面の再構築，そして⑤人事・労務面の再構築等を記載することが必要でしょう。

① 経営面の再構築では，会社が取るべき戦略を書きます。場合によっては，ビジネスモデルの大幅転換を目指すこともあるでしょう。遊休不動産の処分のほか，経営者の交代論にまで踏み込むこともあります（経営責任については，第13章参照）。

② 営業面の再構築は，SWOT分析を踏まえて，会社の提供している商品やサービスがニーズを読み違えていないか。他の市場や他の顧客に営業できないかを確認します。

中小企業の場合には，経営資源に限りがありますので，焦点を絞ることが大事です。

例えば，地域を絞る，対象顧客の年齢，性別，家族状況を絞ることなどが大事になってきます（市場細分化戦略）。また，製品（サービス）についても，大手と同じ製品を大手と同じように作ってもブランド力，コスト面ではかなわないはずですから，それに注力するのではなく，会社の強みを生かした，大手ではできない独自の製品（サービス）を展開できないかを検討することになります（製品差別化戦略）。

③ コスト面の再構築は，後述する経費計画の骨子を書くことになります。不採算店舗の閉鎖，役員報酬カット等です。売上原価，販売管理費を全てゼロベースで洗い出し，事業継続に不可欠なコストか，より低減できないか，一つ一つ丁寧に見ていくことが必要です。

具体的なアクションプランについては、後述します。

④　財務面の再構築は、事業価値に見合うまで有利子負債をどう圧縮していくかというかという話です。

　事業性資産であっても遊休施設、過剰な設備については、事業規模にあわせて処分を検討すべきです。また、投資有価証券等の事業価値に寄与しない財産は、基本的には早期に売却すべきです。これらの換価金から金融機関への返済を行い、有利子負債を圧縮することを検討する必要があります。

　また、売掛金・在庫が増加すると運転資金が増加し、資金繰りを圧迫することになります。そこで、売掛金・在庫が増加しないように、また、減少できるようどう取り組むかを記載することが大事になります。なお、売上増加に伴って運転資金が必要となる場合には、金融機関等からの借入、増資といった手段で資金調達を検討する必要も生じます（詳細は資金計画の項目を設けて記載することになります）。

⑤　人事・労務面の再構築は、人員整理を検討することになります。事業部門の統廃合を実施する場合には、余剰人員が発生することが想定されるため、人員整理計画を検討しなければなりません。人事・労務面の再構築を実施する際には、単純な人員整理、給与削減だけでなく、人事・評価体系の見直し、インセンティブ制度の創設といった、従業員、組織に活力を与えることができるような取組みの導入を併せて検討するべきです。

4　損益計画の見通し

　以上の改善措置を踏まえての損益計画が経営改善計画の一番の肝です。

　この損益計画を立てるのは、コンサルタントの助力を得るとしても、基本的にはこの計画を実行する会社（経営者）自身であるべきです。少なくとも経営者が損益計画の数字及び根拠を認識していなければなりません。

第3部　会社再建に必要な道具

(1) 部門別採算

　適切な損益計画を立てるためには部門別採算が必要です（ブレークダウンが必要です）。会社はさまざまな商品・サービスを多様なチャネルを用いて提供しています。そのため，売上高，原価，販管費を一つにまとめて示すだけでは，損益計画の実現可能性，合理性が相手に伝わりにくくなります。

　事業のなかには高収益事業と不採算事業がある場合があります。不採算事業がある場合には，そこからの撤退や改善の意思決定に役立つ場合もあります。

　そこで，企業全体としての損益計画のほかに「部門ごとの損益計画」を立てることが必要です。製造業であれば「工場別」「商品別」，卸売業・小売業であれば「営業所別」「店舗別」，運送業であれば「車両別」「得意先別」，建設業であれば「建設現場別」といったものが考えられます。

(2) 売上計画

　売上計画については，売上高の構成要素が数量と単価であることを意識する必要があります（売上＝数量×単価）。

　売上を数量と単価に分解することで，現在の売上減少が起きている要因として，どちらのインパクトがより大きいのかを把握できるのです。それぞれの要因ごとに対応を検討することができれば，説得力が増します。具体的には，以下の点に留意して売上計画を策定されるとよいでしょう。

① 数量（客数）について

　ほとんどの会社において，売上減少は販売数量（客数）の減少によるところが大きいと思います。だからこそ，数量（客数）の減少を食い止めることが重要なわけですが，どうすれば客数が上がるのか，客単価の減少を食い止めることができるのかは，できれば分解するとよいでしょう。

　例えば，販売数量（客数）は「既存客（販売先）＋新規客（販売先）－離反客（販売先）」や「入店客数×買上率」（小売店の場合）等に分けられます。どこに問題があるのかをきちんと分析をし，改善策を施すと説得的な計画になります。

② 客単価について

客単価は「買上点数×商品単価」等に分けられます。現在のデフレの状況下では，単に商品単価を上げる戦略は容易ではないでしょう。

付加価値を高めるとか関連購買を促す接客をするなどして，買上点数の増加を目指すなど具体的に施策を書くべきです。

(3) コスト計画の立て方

コスト計画においても，部門別に詳細に示しておく必要があります。会社全体の経費を示すだけでは，大雑把過ぎます。コスト削減の努力のためには，売上高を分けたように，コストも事業別，商品別等に細かく分けて分析するべきです。

例えば，小売業で店舗別に計画を策定する場合は，店舗ごとに商品の仕入高を記載することになります。ちなみに，本部賃料とか役員報酬等全店舗に影響を及ぼすような支出については，本部管理の表を別途作成し，そこに経費を見積もる形で作成してください。

① コスト削減のポイント

いかなる理由で幾ら削減できるのか，具体的に説明することが大事です。ですので，事業別，商品別に削減額を書くとよいでしょう。

比較的容易に削減が可能なものとしては，広告宣伝費，販売促進費，接待交際費，役員報酬，生命保険料などでしょう。特に社長の役員報酬は，経営状態が苦しい以上，真っ先に落とすべきでしょう（生活できる水準を下回る必要がないのは当然です）。特に債権カットを前提とする計画の場合には，経営者の役員報酬を削減することが経営責任の一環として必要になってくることが多いはずです。業界相場，世間相場から見て高い役員報酬を掲げたままで，債権カットを要請することは容易ではないでしょう。業種地域にもよりますが，600万円以上の役員報酬を支払う計画を立てることは難しいことが多いでしょう。

また，賃借物件で店舗展開している事業については，昨今の賃料相場と比較して，会社の賃料が高くないか検討し，できるだけ賃料減額の交渉を行うべき

② 人件費削減の注意点

一般に経費削減というと従業員の人件費削減を安易に考えがちですが，何のために会社の再建を目指すかを踏まえて，慎重に判断すべきです（4，34ページ参照）。

整理解雇をすれば，その従業員は生活の糧を失ってしまいます。また，会社の技術，ノウハウが失われるかもしれません。特に社長の首を守るために従業員の首を切ると思われてしまうと，従業員のモチベーションは極度に低下してしまうことでしょう。

事業を担っているのは，現場で働く従業員ですので，従業員のモチベーションがなくなってしまっては，会社の事業価値が大きく低下してしまい，再建どころではなくなります。

やむなく解雇や賃金減額をする場合でも，当該従業員に対し，十分に説明し，割増退職金制度や成功報酬制度の導入をするなどの配慮もして，納得をしてもらってから，賃金減額等の措置を実施するようにしましょう。

(4) 行動レベルまで落とし込むことが必要（担当者制）

売上計画やコスト削減計画の具体的施策については，単に合理化後の数字を記載して満足するのではなく，「誰が」「何を」「いつまでに」「どうやって」「どこまで」やるか，各人の具体的行動レベルまで落とし込むことまでできればよいでしょう。

逆にこれが明確でないと進捗状況のチェックや目標をどこまで達成したかという業績評価ができません。モニタリングもできませんし，さらなる業務改善もできないのです。そこで削減額が大きいものとか重要な施策については，責任者を決めて目標額を全社一丸となって達成する必要があります。例えば，次ページ【参考書式10】のように決めます。

このことをアクションプランということもあります。アクションプランを基礎として，それが数値計画とどのように結び付いているかを示すことができれ

第9章 再生計画の作成方法

【参考書式10】 アクションプラン例

＊到達ランク→○実施している，▲着手したが中途段階，×着手していない

事項1	番号	要確認事項	到達ランク	責任者	現　状	今後の施策	スケジュール
基本事項		業務日誌など定型的な報告様式を策定し実施している。					
		稟議事項は規程化し，決裁権限も明確である。					
		幹部会議を定例的に開催し，議事録を作成している。					
		部門間の連携を図っている。					
		経営幹部において，不正が生じた原因について把握ができた。					
		照査，検印など業務の複眼チェック体制を整備した。					
PDCA		得意先を地域別，業態別に分類し，売上，利益等の資料を定期的に準備できている（セグメント分析）。					
		赤字事業の廃止ないし単価増加，経費削減を検討実行した。					
		廃止事業の撤退コストも分析した。					
		過去の戦略の成功要因，失敗要因を整理できている。					
		上記計画を年度別，月別に落とし込めている。					
		上記計画のアクションプランを達成できている。					
		毎週定期的に会議を開催し，予算と実績の進捗状況をチェックできている。					
		上記チェックのためのチェックリストを完備した。					
		会議ごとに予算と実績の再原因を把握し，改善策を立てて実行している。					
総務		部門別損益実績を確実にアウトプットし確認している。					
		経費支出について，翌月の計画を前月に立案し管理している。					
		買掛等の支払の管理を確実に行っている。					
		売上回収のスケジュールを作成し管理している。					
		未払いがないことを確認している。					
		仮払いを行っていないことを確認している。万が一発生した場合は月内に精算している。					
		資金繰り表を6か月先まで作成している。					
		日計集計を毎日確認している。					
		現預金残高を毎日確認している。					
人事		目標管理制度を策定し面接を実施している。					
		従業員から出される意見について話を聞く体制，システムが構築できている。					
		過去の不正について従業員に原因を説明した。					
		不正防止策について対策を従業員に説明した。					
		目標管理制度に連動した客観的な役割給体系の制度を策定し人事考課を実施している。					
		降格，減俸，減給の場合にはきちんと理由を説明している。					
		身上調査（自己申告）を定期的に実施している。					
		賞罰規程を整備し運営している。					

(5) 減価償却費の計算

減価償却費の計算は，今後の投資計画も踏まえ，適切に策定することが必要です。これが正確でないと，税金の計算を誤ることになってしまい，将来の資金計画にも大きな影響を与えることになってしまうからです。

5　貸借対照表の見込みなど財務三表を適切に策定すること

損益計画と貸借対照表計画とキャッシュ・フローの見通しは，財務三表といわれます。投資計画を反映させたうえで，繰越欠損金の活用などのタックス・プランニングにも留意し，それぞれが適切に連動するよう策定することが大事になってきます。また，財務三表を策定することで，債務超過解消年度や債務償還年数を説明することができ，将来の金融取引の正常化を意識していることを示すことができます。

貸借対照表の見込みは，①処分予定の不動産の換価見込みと，②運転資本（売掛金，棚卸資産，仕入債務）に留意して計画を立てることが必要です。

①　処分予定の不動産があるのであれば，その処分時期，売却見込額を踏まえて，損益計算書と貸借対照表に反映させることが必要です。

②　運転資本とは，売掛金，棚卸資産，仕入債務等ですが，これらについても，売上高の回転率（回転日数）等を踏まえて計画を立てることが必要です。

6　投資計画及び返済計画の立て方

(1) 設備投資計画

設備投資計画については，必要な額を計上する必要があります。窮境に陥っている会社は，設備投資が不十分なことが多いです。旅館のような「箱物産業」

第9章　再生計画の作成方法

においては，設備投資は非常に重要です。ところが，「設備投資が不十分→顧客満足の低下→売上減少→資金減少→設備投資額の減少」という悪循環に陥っている会社が非常に多いのです。

このような事態に再び陥ることがないように設備投資計画についても織り込むことが大事です。

(2) キャッシュ・フローの見通し

損益計画の推移，貸借対照表の推移に加えて，設備投資計画を踏まえれば，キャッシュ・フロー計算書の見通しができます。

具体的には，税引後経常利益に減価償却費を足して，運転資本の増減などを加味して算出します。

このキャッシュ・フロー計算書を見れば，どの程度の資金が生み出されるのかを把握することができます。これにより，どの程度の返済ができるかが算定できます。税務上の繰越欠損金額も正確に算出することが大事になってきます。これが正確でないと，将来の税金の負担額が計算できないからです。

(3) 返済計画の考え方

返済計画を考える際は，以下の4点を意識して計画策定を行うことが大事です。

①　企業価値相当額の支払を行うこと（92ページ参照）
②　金融取引の正常化を意識した金額とすること（135ページ参照）
③　経済合理性がある計画であること（90, 138ページ参照）
④　金融機関への返済条件が平等であること（65, 90, 139ページ参照）

これらの点はいずれも重要なので，それぞれ項を改めて説明します。

(4) 数値計画の年数

再生計画の年数は5年程度が一般的です。5年後の債務超過解消を見込むことが重要であり，債務を完済させることが第一の目的ではないからです。

もっとも，案件によっては，債務完済までの計画を求められることがあり，その場合には10年超過の再生計画を立案することもあります。

7　企業価値相当額の支払を行うこと（92ページ参照）

民事再生の場合には，10年間の損益計画から導かれる返済可能額がどの程度かを算定し，それを超える額が債権放棄の対象となり，通常，事業（企業）価値算定の議論は行わないものです。

しかし，私的再建のなかでも，債権カットが必要となる案件では，事業（企業）価値算定の考えを強く意識して，返済計画を策定します。債務者の（継続）企業価値を評価したうえで，これに比して過大である部分のみが債権放棄の対象となるわけです。決して，10年間の返済可能額から算定するわけではありません。

企業価値の評価方法には，時価純資産法やＤＣＦ法などの方法があり，その両面からチェックを行うことが一般的です。

時価純資産法とは，会社の貸借対照表上の純資産額の観点から，企業価値を評価する方法です。この点は，財務調査（財務ＤＤ）を実施して，実態債務超過額を確認していますので，それで確認することが可能です。この実態債務超過額が債権放棄額の上限（実質債務超過額よりも債権放棄額が大きいと過剰支援）になります。

ＤＣＦ法とは，会社が将来生み出すであろうフリー・キャッシュ・フローを一定の割引率で現在価値に割り戻した額の総和（事業価値）をベースにして企業価値を評価する方法です。ＤＣＦ法に基づく企業価値相当額を収益弁済での返済額（第二会社方式でいうところの承継債務額）とすることが一般的です。第二会社方式を採用するケースでは，新会社が資産価値を上回る有利子負債を承継し，実態資産と実態負債の差額を「のれん」として計上することになりますが，「のれん」の実在性を確認するために企業価値算定を実施することが必要です。

Column 5　事業価値がなかなか見いだせない会社（赤字会社）はどうするか

　現状，赤字で事業価値が乏しい会社には，売上向上，経費削減など，収益改善が図れないか（黒字化ができないか）最大限努力させることが必要になります。最大限努力して，それでも事業価値が出ないケースでは，ＤＣＦ方式による企業価値算定は適当でないと判断し，時価純資産法で承継債務額を決めることもなくはありません（つまり，実態債務超過額相当額を債権放棄の対象とするわけです）。通常，このようなケースでは，事業価値が高いとはいえないため，再生支援協議会の活用も無理でしょうし，資金繰りも厳しく，会計士費用も捻出できないこともあるでしょう。金融機関には，資産価値相当額しか負債を承継（返済）できないことを説明し，それでも破産時配当を上回っていることを説明し，再生計画への理解を得るように努めることになります。

　経営者の方のなかには，第二会社方式の場合には，承継する債務額が低ければ低い方がよいと考える方もいるかもしれません。しかし資産価値相当額よりも承継する負債が少ない場合（要は残す資産よりも，返済額が少ない場合）には，いわゆる逆のれんとなり，税務上のリスクが高くなります。そのような計画を立案しても，過剰支援との非難を受け，金融機関の同意を受けることはできないでしょう。無理に会社分割等を実行しても，詐害行為の問題が生じ，承継した資産の限度で新会社が責任追及を受けるリスクが高いといえます。

8　金融取引の正常化を意識した金額とすること

　金融機関は，債務者会社の債務者区分がランクアップするか否かに関心を寄せています。なぜなら，金融機関は，この債務者区分に応じて，貸付金の引当率を設定しており，債務者区分がランクダウンすることを防ぐことができれば，引当金の積み増しが不要になるからです。

　会社側としては，債務者区分がランクダウンせず，むしろ将来的にランクアップするような計画を目指すことになります。債務者区分は，次の五つの区分に分けられます。

第3部　会社再建に必要な道具

区　　分	説　　　明
1．正　常　先	正常先は，業況が良好であり，かつ，財務内容に特段の問題もなく，延滞もない企業のことです。
2．要 注 意 先	要注意先は，その他要注意先と，要管理先に分けられます。 　要注意先とは，業況不調で財務内容に問題がある，若しくは融資に延滞がある企業のことをいいます。 　要注意先のなかでも，特に融資の全部又は一部が要管理債権である企業は要管理先となります。 　ちなみに要管理債権とは，3か月以上の延滞となっている融資，若しくは貸出条件緩和債権である融資のことをいいます。 　貸出条件緩和債権とは，債務者の経営再建又は支援を図ることを目的として，金利の減額や免除，利息の支払猶予，元本の返済猶予，債権放棄などを行った融資のことをいいます。 　要は，3か月以上の延滞，若しくは貸出条件緩和債権にあてはまる融資のことを要管理債権といい，要管理債権がある企業は要注意先のなかの要管理先となり，そうではないが業況不調で，財務内容に問題がある，若しくは融資に延滞がある企業はその他要注意先になります。
3．破綻懸念先	破綻懸念先は，経営難にあり，改善の状況になく，長期延滞の融資がある企業のことです。
4．実質破綻先	実質破綻先は，法的・形式的には経営破綻の事実は発生していないが，自主廃業により営業所を廃止しているなど，実質的に営業を行っていないと認められる企業です。
5．破　綻　先	破綻先は，破産などの法的手続が開始されていたり，手形の不渡りにより取引停止処分となっている企業のことです。

　再生支援協議会などの公的機関では，債務者区分のランクアップを意識した数値基準を制定しており，この数値基準を意識することは大事です。具体的には，**①3年以内の経常利益黒字化，②5年以内の債務超過解消，③計画終了時点での債務償還年数10倍以内になることの3基準**であり（19ページ参照），再生支援協議会案件以外でもこの基準を満たしているかは計画の策定過程で常に意識しておくべきです。

　しかし，数値基準を満たせば，よい再生計画になるわけではないことにも留意が必要です。多額の債務超過状態であり，過剰債務状態に陥っている会社の

第9章　再生計画の作成方法

場合，本来的には債権カットが必要になってくるはずです。それでは金融機関の理解が得られにくいという理由で安易にリ・スケジュールの計画を立案すると，5年後の債務超過解消を目指すために，どこかにほころびが出てくる計画になります。例えば，会社所有の不動産価値を高めに設定するとか（例えば不動産鑑定を取らないで簿価上の数値を使うとか），具体的に根拠なく，売上が増加したり，経費が削減できる計画を立てて，高い収益力を描くような計画を立てることになるのでしょう。このような計画は，鉛筆を舐めて策定しただけのものであり，実現可能性が高い計画とはいえません。数字だけ繕っても真の意味での実抜計画とか，再生計画とはいえないことに留意が必要です。

再生計画を立案する会社は，破綻懸念先に近いランクが多いと思われますので，計画終了年度の5年後に債務超過を解消し，債務償還年数が10倍になるなどの数値基準を満たす計画を立てることで，要管理先以上になるようランクアップができるような計画を立てることを目指すことになります。図で示すと，次のとおりです。

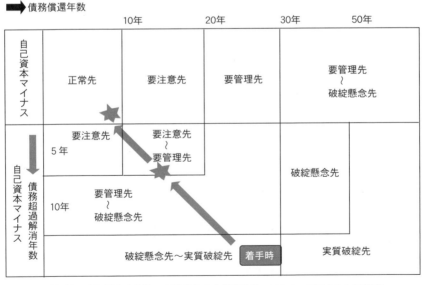

（出典）　改訂版中小企業　実践的中小企業再生論　109ページ図をもとに作成。

9　経済合理性がある計画とすること

(1)　清算価値保障原則を満たしていること

　私的再建による再生を目指す以上，破産による場合よりも，金融機関の債権回収額が増えることは当然の前提です。このことを清算価値保障原則を満たす計画ということがあります。

(2)　法的整理よりも経済合理性があること

　私的再建を目指すことが民事再生に比べて，債権回収額が多く，経済合理性があることを説明することが必要です。

①　取引債権保護を通じた事業価値毀損の回避

　民事再生は，全ての債権者が対象となり，原則として，商取引債権者の債権も権利変更の対象になります。その結果，事業に必要な取引先を失うことが多く，この弊害を如何に具体的に説明できるかが肝になります。これに対し，再建型私的再建は，金融機関のみが対象のため，事業価値の維持が図れることを説明することが多いです。

②　倒産の烙印の回避による信用維持

　民事再生の場合には，新聞，テレビ等により，取引先や顧客に対して，倒産の事実が広く知れ渡ることになります。倒産と報道されるか否かによって，仕入サイドだけでなく売上サイドにも大きな影響が出ることが多いです。これに対し，私的再建は，信用が維持され，事業価値の維持が図れることになります。ブランドが重要な事業であれば，私的再建の合理性を説明できることは多いでしょう。

③　手続コスト

　民事再生の場合には，民事再生予納金など多額のコストを要します。仕入先からは，現金決済を求められることが一般的であり，資金繰りに堪えられない会社も多いです。これに対し，私的再建の場合には，弁護士や会計士等の費用は必要ですが，予納金は必要ありません。信用不安が生じないので，現金決済

を求められることもありませんので，この点を説明することも多いです。

(3) 広義の経済合理性

私的再建により，単純に金融機関の債権回収額が増える以上の合理性があります。私的再建の場合には，①地域経済への悪影響が生じないことに加え，②債務者会社が民事再生となった場合，従業員のなかには解雇になるものも出てくるでしょう。その場合の従業員向け住宅ローンへの影響が生じないこと，③取引先への連鎖倒産による自行先向け融資の回収等に悪影響が生じないというメリットも無視できないものがあります。

10　金融機関間の平等性

金融機関間の債権者平等は非常に重要です。

(1) 債権カット案件の場合には，原則，非保全債権残高プロラタ方式で進めること

債権カット案件の場合には，非保全債権残高プロラタ（信用残高按分）方式が原則になります。非保全債権残高プロラタとは，金融機関の債権額のうち相殺や担保や保証（信用保証協会等）で保全されていない信用残高で返済額等を按分することです。なお，プロラタ弁済の基準となる債権残高は，基準日における元本残高を基準とする方法と，基準日前日までの利息及び遅延損害金を加算した金額を基準とする方法があります。後者の方が法的整理に準じた扱いとはいえますが，ケースによっては，遅延損害金等が過大になっていることもあり，かえって実質的公平性を害することもあり，その場合には，前者を採用することもあります。

以下，実務上問題となるポイントをいくつか指摘します。

① 担保不動産の評価

担保不動産の評価ですが，保有継続不動産は不動産鑑定士の「正常評価」で，売却予定物件は「早期処分価格」で評価することになります。売却予定物件は，

第3部 会社再建に必要な道具

再生計画立案前に売却できれば，当該売却額をもって担保評価額とできますので，できれば早めに換価できることが望ましいといえます。もっとも，再生計画立案時までに物件を売却できない場合には，売却予定物件の評価額を鑑定評価額の「早期処分価格」で固定化させるのか，売却時に再度見直すのかは一つの論点になります。以下は私見ですが，(自主再建型の)第二会社方式の場合には，不動産評価額は固定化させることが合理的と考えています（そうでないと第二会社の承継債務額が確定しないことになってしまいます）。他方で，スポンサー型の第二会社方式を採用し，新会社に金融機関の債権を承継させない場合には，必ずしも固定型にしないでも問題ないと考えます。なぜなら，事業譲渡代金は旧会社に残ります。売却予定物件を売却し，清算業務が完了した後で，債務額に応じて弁済すれば足りると考えられるからです。

② 売掛金や在庫担保の場合の留意点

担保不動産が売掛金や在庫物件が担保に入っている場合には，その評価方法如何で非保全債権額に大きな影響が生じますので，財務DD策定時からその評価方法が適正か，十分な確認が必要です。また，これらの担保権者は，売掛金や在庫が今後大きく減ってしまうことを恐れていますので，その点に十分な留意を行うことが必要です。担保設定しているのが自動車など，時間の経過とともに担保価値が目減りしていく資産と異なり，売掛金や在庫は事業継続している限り，通常は目減りしないものになります。会社側としては，資産価値が目減りしないことを合理的に説明することが大事になってきます。

③ 預金の取扱い

固定性預金（定期預金等）は，担保設定されていないものも保全部分として扱うことがあります。これに対し，流動性預金は，保全部分として扱わないことが一般的です。

流動性預金の残高は日々変動するところ，偶然に相当額の残高があるときに私的整理が開始したとして，これに対する相殺の期待は，固定性預金に比べ低いことから，保全として認める必要性は低いからです。どこまでを保全扱いにするかは難しい議論が必要ですし，預金ロックのリスクも否定できませんので，

私的整理前に預金避難を行っておくこともあります（第5章2項の1参照）。

(2) リ・スケジュール案件の場合には，残高プロラタ方式が多いこと

リ・スケジュール方式の場合には，残高プロラタ方式で要請することが多いです。

これには債権者平等との大義があります。また，貸付時は，各金融機関が，独自の審査・判断に基づいて担保条件を決めたにもかかわらず，会社の財務状況が悪化した後に，無担保部分や有担保部分を特別扱いすることとなり，合理性が乏しいといえます（担保なしでも融資をした以上，そのリスクを取るべき）。また，リ・スケジュール方式で非保全プロラタ方式を採用してしまうと，無担保債権者のみに優先的に返済することになり，担保評価によっては担保権を有する金融機関への返済額がゼロとなるケースがあり，その意味でも現実的ではありません。

他方で，有担保債権者分を優先的に返済することは，担保物件の評価額が早期に低下しかねない物件の場合（例えば，車輛）は格別として，返済が進むにつれて，担保権者の保全割合が徐々に増えていくため，合理性が乏しいといえます。

(3) 少額債権部分を特別扱いすること

少額の債権しか有していない金融機関からは，自行の債権分だけは保全扱いにしてほしいとか，優先的に返してほしいといわれることがあります。いくらまでを少額扱いにするかは非常に難しいですし，金融機関の貸出債権は相応に高額であることから，原則的には応じるべきではありません。

例外的に一定額（例えば1,000万円部分）までを保全扱いにするなどと対応することがあります。ここで注意が必要なのは，例えば1,000万円までの債権者は保護して，それ以上の債権者は保護しないということではないことです。1,000万円部分までの債権部分は全額保全扱いにするということです。例えば，

1,000万円を超える部分については20％弁済の計画の場合，2,000万円の債権を有する金融機関に対しては，1,000万円以下部分…1,000万円全額弁済，1,000万1円～2,000万円部分…200万円（1,000万円×20％），以上，合計1,200万円を支払うことになります。一定の債権部分までを保全対象とすることは，民事再生法でも実質的債権者平等として許容されており，一定の範囲では合理性があるといえるでしょう。

11　金融機関への依頼事項

金融機関に何を依頼するのか，依頼事項を明確に記載すべきでしょう。一般的には次の事項に触れることが多いです。

(1)　再生計画に対する同意

期限を明確にして，再生計画への同意書提出を要請することになります。

(2)　本再生計画に従った弁済

第二会社方式の場合には，旧会社は，遊休資産の売却方針を示し，新会社については，再生計画にしたがって返済することを説明します。

(3)　約定金利及び遅延損害金等についての取扱い

①　旧会社に残る利息・損害金

第二会社方式の場合には，事業譲渡や会社分割が実行された場合には，会社分割前後に生じている未払利息・遅延損害金の取扱いを記載することが重要です。通常，旧会社は特別清算等を予定しているでしょうから，同手続のなかで処理してもらうよう要請することが一般的です。

②　新会社の利息・損害金

新会社が負担する利息をどのように規定するかは案件により区々です。従前の約定利率を維持するように要請することもあれば，個別に新たな金利を要請することもあります。それぞれの金融機関の短期プライムレートに沿って計算

してもらうこともあります。

短期プライムレート連動型の場合は，次のように規定することが考えられます。

「再生計画ご同意後，実際に会社分割が実行された場合には，分割後，新会社は承継した債務の借入金利息につき，それぞれ毎月末日にお支払いします。新会社の支払利息の利率は短期プライムレート○％＋3年超スプレッド0.5％を適用させていただきますようお願い申し上げます。」

(4) 預金についての取扱い

流動性預金については，相殺・弁済対象としないよう要請することが一般的です。これに対し，固定性預金については，担保扱いにすることがありますし，借入金への充当を要請することもあります。

(5) 信用保証協会の求償権について

信用保証協会の代位弁済が完了していない場合，第二会社方式で債権を移転させるために，信用保証協会に代位弁済をしてもらい，求償権化させることが必要になってきます。そこで，期限の利益を放棄して，代位弁済を実行するよう要請することが必要になります。代位弁済には一定の時間を要することもありますので，信用保証協会へは事前の根回しが必要になってきます。

また，信用保証協会付き融資の場合，代位弁済前は信用保証協会は債権者ではなく，決算書の債権者欄にも出てきません。しかし，代位弁済が行われ，求償権化してしまいますと，債権者となり，決算書に信用保証協会が出てくることになります。決算書を外部の取引先等に開示せざるを得ない会社の場合，これ自体が信用不安を惹起しかねないとの問題がありますので，当該求償権を従前の金融機関の保証に変更してもらうことが合理的です。このことを「求償権消滅保証」といいます。これにより，新会社の決算書の債権者欄から信用保証協会という記載を消すことができ，信用不安を解消することができます。求償権消滅保証を要請する場合には，再生計画において，次のとおり記載すること

が考えられます。

「当社の借入金を，今後，○○県信用保証協会様が○○銀行様に代位弁済することにより同信用保証協会様が取得する求償権○○円（ただし，平成○○年○○月１日時点の残高見込み）については，当社が今後予定している吸収分割（平成○○年○○月１日を予定）により承継される吸収分割承継会社に一部債務承継（○○円）がなされることを予定しております。同信用保証協会様におかれましては，求償権消滅保証によって，上記吸収分割承継会社（新会社）の保証を頂き，○○銀行様におかれましては，吸収分割承継会社に対し，同額のご融資を頂きますようお願い申し上げます。」

(6) 新規融資

今後の運転資金融資などを要請する場合には，その点も記載することが必要です。この場合には，新規融資となるため，その債務の取扱いについては，既存の債務とは別扱いとなることが一般的と思われます。売掛金や在庫にも担保設定を行うことも考えられます。例えば，次のように記載することが考えられます。

「運転資金に充てるため，○○の条件が履行されることを前提として，○○銀行様に対し，毎年○月頃，新規融資を要請する予定です。その場合の担保として，○○を担保設定することを予定しております。」

12 モニタリング

モニタリングを実施するよう記載することも大事です。その内容，程度，頻度は案件により区々ですが，一例としては次のように定めます。

「再生計画の管理・検証を担うため，各金融機関様及び再生支援協議会様と協議のうえ，当面の間，年間２回，フォロー会議の開催を検討しており，代表取締役，取締役，外部専門家（顧問含む），幹部従業員により，再生計画のモニタリングをしてまいります。その他，下表のとおり，モニタリング関係資料を送付ないし持参させていただきます。

区　　　　分	説　　　　明
毎　　　　月	概ね各月20日までに，前月分の残高試算表及び月次資金繰り表を送付ないし持参いたします。
3か月に一度	概ね各月20日までに，前月分の残高試算表及び月次資金繰り表を送付ないし持参いたします。
6か月に一度	試算表と共に，本計画に基づく改善計画の実施状況について説明資料を送付ないし持参いたします。
決算期（両社）	決算書を送付ないし持参したうえで，フォローアップ会議開催します。

　その他，当社に生じる諸問題及び重要事項については，顧問の専門家に適切な助言を受けながら対処してまいります。計画との差異が著しく生じた場合で，定期的な文書送付だけでは十分な情報伝達がなされないと判断した場合は，必要に応じ説明会を開催させていただきます。」

13　株主責任，経営者責任，保証責任

(1)　株主責任

　債権カットを伴う計画の場合には，株主責任にも触れることが不可欠です。なぜならば，株主は会社清算時には，債権者への配当を全て完了して初めて配当にあずかれる立場に過ぎず，債権者よりも債権回収の順序は劣後するところ，債権者の債権の一部をカットしておきながら，株主が事後的に利益を受ける余地を残すことは適当ではなく，モラル上の問題もあるからです。

　この点，債権カットの場合にしばしば用いられる第二会社方式の場合には，旧会社は特別清算等で清算しますので，この株主責任が問題となることはありません。「旧会社は清算予定であり，これにより責任を果たす。」と記載すれば足りることが一般的です。

(2)　経営者責任

①　経営責任とは

　会社の再建について金融機関から理解いただき一定の金融支援を得るために

は，必ずといってよいほど経営責任の問題を解決することが必要となります。

一般に，「経営責任」という言葉は，いろいろな文脈のなかで語られ，その場面に応じて意味内容に幅がある概念ですが，会社再建の文脈のなかで問われる経営責任とは，会社再建が必要となる事態を招いた責任，すなわち会社を倒産の危機に追い込んでしまったことに対する法的，道義的非難ということになるでしょう。特に，会社再建のために金融機関から金融支援を受けるということは，債権の経済的価値を毀損することを意味します（債権カット方式の場合は顕著です）ので，金融機関からは，この点からの責任について厳しく問われることになります。以下では，債権カットを伴う金融支援を得た場合の経営責任の問題について言及したいと思います。

② 経営者の続投に関する是非について

中小企業の場合には，従前の経営者あるいはそのご子息が，会社の再建に向けて引き続き会社を引っ張っていきたいという希望をお持ちになられることが多いですが，金融機関債権者からは，債権カットの責任として経営者続投に疑問を投げかけられることがあります。

債権者からすれば，自分たちが債権カットを迫られているのに，会社を倒産状態まで追い込んでしまったことに責任のある経営者が，引き続き会社の経営を続けることは許されないとする主張です。また，倒産状態になるような経営をしていたというのは，経営者としての資質，能力を欠くのではないかという疑問もあるでしょう。

確かに，倒産危機までの間に明らかな放漫経営，非行があったり，あるいは最優先で自己保身を図ったりしていた事実が発覚したような場合には，当該経営者は退陣するほうが妥当といえます（そのような場合には，損害賠償責任等の法的責任[1]が生じることもあります）。

しかしながら，会社が窮境に至ったとしてもその原因はさまざまです。経営者である以上，一定の責任を免れ得ないことはもちろんですが，だからといって常にその全てを経営者本人に負担させてしまうことは必ずしも適切とはいえないでしょう。また，現経営者が退任してしまっては，事業の存続が不可能に

なるケースもあります。特に、中小企業の場合には、経営者自体が当該会社のビジネスモデルであり、経営者（社長）の個性、ノウハウと事業とが一体となっているため、経営者から切り離して事業の存続を観念することが難しいということが多々あります。また、現実論としても、現経営者に代わって再生会社の建て直しに尽力したいという意欲と能力を有する人材を確保することが困難という事情も無視できません。

そうした場合にまで常に経営者が退任しなければならないとすると、かえって事業価値を毀損させる場面もあるのです（特に、中小企業の場合、地域特性や業種にもよりますが、突然、経営者が交代することによって、一気に信用不安が広がってしまい、二次破綻を引き起こしてしまうリスクも無視し得ません）。経営者が続投することで、事業の存続が可能となり、金融機関債権者に対する返済額を極大化できるという面があるわけですから、そのような場合には、経営者続投を粘り強く主張するべきです。

経営者の続投の是非については、会社側と金融債権者側とで、最も見解が対立する事柄の一つですので、非常にタイトな交渉になることが多いと思われます。粘り強く協議を続けることで、経営者続投が双方にとって有意義であるということを理解してもらい、信用してもらうほかありません。

ちなみに、民事再生法では、経営者続投が原則ですし[2]、中小企業再生支援協議会の策定する「中小企業再生支援協議会事業実施基本要領」Q＆A28を見ても、経営責任の明確化は求められているものの必ずしも経営者退任を必須とするものではないと規定されています[3]。中小企業の会社再建の実情を考えれば、現実的な運用であると考えます。

③ 経営者の交代以外の経営責任の取り方について

前述のように経営者が続投するかどうかにかかわらず、再建会社の経営者が、会社の経営危機の事態を招き、利害関係人に多大な負担を及ぼしたことについての責任から免れるわけではありません。

退任以外にどのような責任を取るべきかについては、経営責任の度合いや金融機関の考えにより区々といえますが、例えば、事業規模に比べ役員数が過大

になっている場合には，役員数を減らすこと，役員報酬を大幅に削減する（生活できない水準まで下げないように留意する），役員からの貸付金等を放棄することが多いといえます。そのほか，個人名義の資産を会社に提供することも考えられます。また，会社内に親族などの後継者候補がいる場合には，当該親族を代表取締役に変更することを約束させ，現経営者は会長や顧問などに退いてもらうこともあります。さらに，経営責任というよりもガバナンス確保の意味合いも強いですが，取引先や幹部従業員に株主や取締役に就任してもらい，現経営者の好き放題にさせないことでけじめを示すことも考えられます。

（注）
1） 会社法423条は取締役らの会社に対する損害賠償責任を，同429条は取締役らの第三者に対する損害賠償責任をそれぞれ規定しています。
2） 会社更生法においては，従来は，手続開始決定とともに，裁判所が選任した管財人に経営権が交代する運用が主流でしたが，現在では，従前の経営者の続投を前提とした運用（DIP型）も行われるようになっております。
3） 同要領では，「『経営者責任の明確化』とは具体的にどのようなことですか。経営者の退任が求められるのですか。」との問いに対し，「協議会スキームにおいては，経営者の退任を必須とするものでは」ないとしたうえで，経営者の退任の是非について，「窮境原因に対する経営者の関与度合，対象債権者による金融支援の内容，対象債権者の意向，相談企業の事業継続における経営者の関与の必要性など種々の事情を考慮して，個別に対応すべきであり，経営者責任の明確化の内容としては，役員報酬の削減，経営者貸付の債権放棄，私財提供や支配株主からの脱退等により図ることもあり得ると考えます。」との判断基準を示しております。協議会関与でない場合でも，実務上，大変参考になります。

(3) 保証責任

中小企業の場合には，経営者が連帯保証人になっていることが一般的です。平成26年2月に施行された「経営者責任に関するガイドライン」が施行されており，保証解除も認められやすくなっています。第13章で詳しく説明することにします。

第9章 再生計画の作成方法

全行同意が取れない会社はどうすべきか

　事業規模があまりに小さい個人事業，零細企業でどうやっても再生計画を立案できない会社の場合，金融機関も関心が高くありませんので，下位銀行など少額の債務しかない金融機関がどうしても同意してくれません。
　このようなケースでは，全金融機関から同意を得て，私的再建を進めることは容易ではありません。全行同意を得られないなかで，どのように私的再建を進めるべきでしょうか。
① 主要銀行に一定の負担をしてもらうこと（141ページ参照）
　原則として債権額に応じて按分で計算すべきですが，一定の少額部分については保全対象にするなどの取扱いをすることが考えられます。
　また，主要銀行にリスクをとって融資（DIPファイナンス）してもらえれば，主要銀行が支えていることを一つの理由として，下位銀行を説得することができるケースもあります。
② 特定調停スキームの検討
　小規模零細の個人事業主の場合でも，特定調停というスキームを活用することが考えられます。特定調停スキームは，再生支援協議会が対応できないような小規模案件でも受け付けてくれますので，そのような案件でも対応できることがメリットです。
　特定調停スキームは，裁判官や事業再生の専門的知識経験を有する調停委員（特定調停法8）という公正中立の第三者の仲介を受けることができます。さらに，金融機関との事前協議も義務付けていますので，全行同意を取りやすい手続といえます。しかも，調停の内容は公正かつ妥当で経済的合理性を有するものでなくてはならないとされており（特定調停法15，17②，18），その意味でも金融機関の納得感を得やすいといえます。
　加えて，民事調停法17条の規定に基づく決定（いわゆる「17条決定」）を得ることは，他の私的整理手続にはない特徴といえます。民事調停法17条は，裁判所が，民事調停委員の意見を聴き，当事者双方のための公平に考慮し，一切の事情をみて，職権にて，当事者双方の申立ての趣旨に反しない程度で事件の解決のために必要な決定をすることができると規定しています。この決定の告知から2週間以内に異議がなければ当該調停条項は裁判上の和解と同一の効力を生ずることから（民事調停法18⑤），調停条項に対して積極的な賛成もできないが，積極的に反対をするつもりもないという債権者がいる場合に大きな威力を発揮することが期待されます。
　そのほか，事業譲渡を先行させたうえで，残った旧会社の処理を特定調停手続のなかで債権放棄を受ける事例も報告されています（堂野達之弁護士の報告，事業再生と債権管理154号に掲載予定）。
③ 全金融機関の同意を得ないなかでの第二会社スキームの検討
　金融機関の関心が高くなく，第二会社方式への賛同が取りにくい場合でも，特別清

算での同意であれば，得られるケースもあります。特別清算手続の場合には，債権者に対する弁済が債権者集会の決議及び裁判所の認可を経た協定によって行われることとなりますが，協定の可決には，出席議決権者の過半数という頭数要件と総債権額の3分の2以上の債権者の同意という債権額要件が必要となります（会社法567）。協定は裁判所の認可決定の確定により発効し（会社法570），全ての協定債権者を拘束しますので（会社法571），必ずしも全債権者の同意を得なくても手続を進められることが大きなメリットです。裁判所への予納金は，申立時点で債権者から特別清算手続への同意がなされている場合は極めて少額で済む点が破産手続にはないメリットといえます（債権者3分の2以上の同意があり，協定で終了予定の場合，5万円で足ります）。

特別清算の同意までは難しくても，破産手続となった場合に，破産管財人に詐害行為との非難を受けないように適切に譲渡対価を設定すれば問題ないケースも少なくありません。そのようなケースでは，単純な破産をするのではなく，事業譲渡や会社分割を実行したり，一部の資産を譲渡した上で，残った旧会社を特別清算か，破産することが考えられます（Column 7参照）。

ちなみに，事業規模が小さく，継続的な事業継続を考えにくいケース場合（社長一人で経営しているような会社）には，ＤＣＦ方式による企業価値算定は適当ではないでしょう。そのような場合には，時価ないし処分価値に沿った形での純資産法で承継債務額や事業譲渡対価を決めることも適切なことがあるでしょう。このようなケースでは，再生支援協議会の活用も無理でしょうし，資金繰りも厳しく，会計士費用もねん出できないでしょう。金融機関には，資産価値相当額しか返済できないことを説明し，それでも破産時配当を上回っている（少なくとも下回っていない）ことを説明し，計画への理解を得るように努めることになります。

④　サービサーの活用その他

金融機関が同意してくれない理由の一つとして，債権額が少額すぎて，検討することすらできないというケースもあります。そのようなケースでも，サービサーや再生ファンドへの債権譲渡であれば進めてくれることがあります。事前にサービサー等と話を付けておけば，サービサーに債権を買い取ってもらい，その後，サービサーに再生計画に同意してもらうことも考えられます。

第10章 財務デュー・ディリジェンス(財務DD)

1 はじめに

　いわゆる『失われた10年』以降，事業会社の倒産が相次ぎました。これを受け，法的手当てとして平成12年に民事再生法が施行され，実務上の手引きとして，翌年には私的整理ガイドラインが制定されました。平成15年には，産業再生機構が設置され，各地に，中小企業再生支援協議会が設定されました。このように，事業再生に向けて，さまざまな手立てが確立されるなか，再生を目指す企業の実態はどうなっているのかを調査すべく，財務デュー・ディリジェンス（以下，「財務DD」という）の必要性が叫ばれました。世の中には，いわゆるwin-winの財務DDに関する書籍は大手監査法人系の事務所から多数出版されています。しかし，破産や倒産を目前とした会社の事業再生財務DDに関する書籍は，ほとんどなく，あっても，私的整理ガイドラインをなぞらえた記載に過ぎず，実際にどのように事業再生型財務DDを進めていけばよいのかが，いまひとつよくわかりませんでした。そこで，本章において，事業再生型財務DDについて説明します。

　我々，德永事務所は，共著の弁護士と多くのProjectを行いますが，そのスタンスは，債権カットによる私的再建が可能か否かについて，公正不偏の第三者として独立の立場から，財務調査を行っていることはいうまでもありません。

第3部　会社再建に必要な道具

債権者寄り，若しくは債務者寄りの報告書では意思決定に資する情報を提供できないからです。本書では，再生型財務DDの中身だけではなく，我々が実際に作成している財務調査報告書の構成要素，作成するうえでの苦悩，及び債権者の反応を説明します。

2　財務調査報告書って，なに？

財務調査報告書は，クライアントの財政状態及び過年度の経営成績の実態をつぶさに調査し，調査結果をまとめた報告書です。法定監査をはじめとする監査とも，また税務署の実施する税務調査とも異なる手続です。クライアントの財政状態及び経営成績の実態は，決算書とは異なることが常で，決算書上は剰余金があっても，財務調査報告書では大幅な債務超過ということが多々あります。債権者からすれば，決算書を入手したり，経営者から財政状態をヒアリングして大丈夫だと思ってたのに…と，財務調査報告書を見て，愕然とすることも少なくありません。我々のように事業再生を専門とする公認会計士が財務調査を行うことで，実態を明らかにしていきます。また，実態を明らかにするだけではなく，弊事務所では，事業再生に向けて経営管理面で必要な提案を行っています。

3　財務調査報告書の様式

財務調査報告書の様式は，会計事務所やM＆A会社によりさまざまですが，弊事務所では，大きく分けて，以下のような構成で作成しています。

1　前　　文
2　窮境の状況
3　窮境の原因
4　正常収益力
5　今後に向けての検討事項

第10章 財務デュー・ディリジェンス（財務DD）

6　クライアントの概要
7　過年度の財務推移及び増減分析
8　基準日以降の状況
9　貸借対照表の項目毎詳細内容
10　そ　の　他
11　清算価値の仮判定
12　実施した財務調査手続

1　前　　文

　前文には，業務範囲と業務内容の性質，報告書の目的と利用に関しての制限，及び報告書の留意事項を記載します。

　業務範囲と業務内容の性質に関して特に重要なのは，監査ではないことです。財務ＤＤは監査等と異なり，意見表明や保証をしていません。また，債権者が意思決定をするうえでの唯一の参考資料ではありません。もちろん，債権者の意思決定に有用な情報であるのですが，さまざまな要素を勘案して，債権者は独自に意思決定する必要があります。

　報告書の目的と利用に関しての制限については，極めて機密性の高い報告書であること，利用目的を知らない者が誤った判断をする危険性が高いことから，記載を要します。そして，クライアント以外の第三者に対して，財務ＤＤの内容や報告書から生じた結果については一切責任を負わないことも意味します。

　報告書の留意事項として，まず，調査基準日を記載します。債権者はできる限り直近の状態を知りたがります。日に日に財政状態が悪化していくことが想定されるため，最新の情報に基づいて意思決定を下す必要があるからです。他方，債務者は最新の情報を提供するべく，仮決算をする必要があります。決算時以外は，売上，仕入，人件費の支払といったルーチン的な仕訳しか入れていないためです。中小企業の場合，多くが決算作業を税理士事務所等に丸投げしていることが多く，彼らの協力を仰ぐ必要があるため，ことさら大変です。つい最近，とある税理士事務所から，確定申告で忙しくて対応できないといわれ

たこともあります。クライアントが会社として生きるか死ぬかの状況で，こういう対応がなされるのは，いかがなものでしょうか。また，粉飾に加担していた場合もあり，粉飾内容についてのヒアリングに対して非協力的な場合もあります。実態を明らかにするために趣旨を理解してもらうべく，粘り強く説得する必要があります。

次に，公認会計士又は監査法人の監査を受けているかを記載します。できれば，監査法人名（公認会計士事務所名）も記載するのが望ましいです。監査を受けているから，そのまま監査後の決算書が財務DDに利用されることはありませんが，監査を受けているかいないかは，モニタリングの観点からは債権者からしてみれば，有益な情報となります。監査も大手監査法人か個人事務所かによって監査水準に高低がある場合もあります。延監査日数，監査指摘事項一覧を閲覧することも，会社の財政状態を把握するうえで，有用な情報となります。

そして，金額表示単位について記載します。報告書全体の読者に報告書自体の単位がいくらであるのかを明記します。もちろん報告書内の表やグラフ等において，金額単位を明記してはいますが金額単位をあらかじめ頭に入れておいていただき，財務調査報告書を読んでもらうことが大切だからです。

最後に，調査概要についても記載します。クライアントの誰に対するインタビュー内容に基づいて記載しているのか？ いつまでに生じた事象に基づいて報告書が作成されているのか？ を記載しています。企業再生は待ったなし！なので，刻一刻と深刻化する恐れがあるため，どの時点までの情報が反映されているかが極めて重要な情報となるからです。

2　窮境の状況

(1) 実質的な純資産額

調査基準日現在の実態純資産額を記載します。実態純資産額は，会社の決算書上の純資産額に，修正事項，財務調査で検出された修正事項を反映することで算出されます。修正項目は多岐にわたることが多く，下表に掲げた修正事項は，あくまで一例に過ぎません。一番下の欄のC「修正事項反映後の純資産額」

第10章　財務デュー・ディリジェンス（財務DD）

がマイナスになっていれば，債務超過を表します。会社が金融機関をはじめとする債権者に提示していた決算書をそのまま鵜呑みにしていると，修正事項反映後の純資産額は債権者にとって非常にショッキングであるケースも少なくありません。そういった債権者は財務調査報告会において，ときに感情的になり，会社や我々調査報告者に対して敵意をむき出しにする場面も少なくはありません。

（単位：千円）

	修正事項の内容等	参照頁	金	額
A	帳簿上の純資産額			
B	修　正　事　項			
1	滞留売掛金の評価減	51		
2	棚卸資産の架空在庫	56		
3	長期滞留棚卸資産の評価減	56		
4	有形固定資産の減価償却不足額	67		
5	不動産の含み損益（時価－簿価）	68		
6	会員権の評価額	70		
7	未払人件費（残業代含む）の計上	79		
8	賞与引当金の計上	79		
9	退職給付引当金の計上	80		
	Bの合計額			
C	修正事項反映後の純資産額（A＋B）			

　さらに，中小企業の場合，上記修正純資産に会社代表者の個人資産の内容を加味する場合があります。中小企業の場合，代表取締役自身が会社の債務を保証していることがあるからです。また，個人の財産と混同している可能性もあるため，資産内容を開示して修正事項反映後の純資産額に加味します。債権者から見れば，会社に不利な取引を強いて，代表取締役が私腹を肥やしているのではないかという疑念を持っています。そういった疑念を晴らす目的もあります。一般的に，当該加味後の純資産額を中小企業特性反映後の実質純資産額と

いいます。

(2) 修正後貸借対照表

　財務ＤＤにて検出された内容に基づく修正金額を，各勘定科目に反映させた貸借対照表をいいます。クライアントが作成した決算書のどの勘定科目がいくら修正されて修正後残高がいくらになったのかを一目で把握できます。報告書の１ページを使って作成すると概観性も高まります。具体的なイメージは次表のようになります。参照項を入れることで，詳細な内容を閲覧する際の利便性を担保しています。

第10章　財務デュー・ディリジェンス（財務DD）

（単位：千円）

a／c	参照項	基準日時点残高	修正額	修正後残高
流動資産				
現　　　　　金				
預　　　　　金				
受　取　手　形				
売　　掛　　金				
未　収　入　金				
製　　　　　品				
原　　材　　料				
仕　　掛　　品				
貯　　蔵　　品				
前　払　費　用				
仮　払　消　費　税				
貸　倒　引　当　金				
流　動　資　産　合　計				
固　定　資　産				
有　形　固　定　資　産				
建　　　　　物				
建　物　附　属　設　備				
機　械　装　置				
車　輌　運　搬　具				
工　具　器　具　備　品				
土　　　　　地				
減　価　償　却　累　計　額				
無　形　固　定　資　産				
電　話　加　入　権				
投　資　そ　の　他　資　産				
投　資　有　価　証　券				
出　　資　　金				
保　険　積　立　金				
保　証　金　預　託　金				
破　産　更　生　債　権				
固　定　資　産　合　計				
資　産　の　部　合　計				

第3部　会社再建に必要な道具

(単位：千円)

a/c	参照項	基準日時点残高	修正額	修正後残高
流動負債				
支払手形				
買掛金				
短期借入金				
未払金				
仮受金				
未払消費税等				
預り金				
未払法人税等				
流動負債合計				
固定負債				
長期借入金				
退職給付引当金				
固定負債合計				
負債の部合計				
資本金				
利益準備金				
別途積立金				
繰越利益剰余金				
純資産の部合計				
負債・純資産の部合計				

(3) 債務償還年数

　財務DDを実施した時点（調査基準日）における金融機関に対する有利子負債を返済するのに，クライアントの収益力に基づくキャッシュ・フローから何年かかるかを推定します。具体的には，金融機関に対する有利子負債残高から，運転資金等に相当する金額を控除して要償還債務を算出します。運転資金等には，①売上債権，棚卸資産，仕入債務といった運転資金，②現金預金，③換金性のある有価証券が含まれます。

　要償還債務をクライアントの収益力に基づくキャッシュ・フローで除して，債務償還年数を算出します。収益力で除する理由は，クライアントの収益力に

第10章　財務デュー・ディリジェンス（財務DD）

基づくキャッシュ・フローが有利子負債の返済原資となるからです。クライアントの収益力に基づくキャッシュ・フローが金融機関に対する有利子負債残高に比べて，極めて小さい場合，債務償還年数が天文学的数値になることもあります。クライアントの収益力に基づくキャッシュ・フローがマイナスの場合，債務償還年数が測定不能となるケースも実際にあります。収益力に基づくキャッシュ・フローは，推定経常利益（過去数期の経常利益の平均値等），みなし法人税額（法人税が発生した場合，キャッシュ・アウトを伴うため），減価償却費（毎期規則的に償却計算した場合の減価償却額の平均値）を用います。減価償却費はキャッシュ・アウトを伴わない費用のうち利益に与えるインパクトが大きいため，キャッシュ・フローに調整する必要があります。

　さらに，年間あたりの最低限の設備投資額も加味して算定します。事業活動を継続していくには最低限の設備投資は不可避です。設備投資予定額は，今後の事業計画いかんによって大きく変化するため，過去の設備投資実績を考慮します。企業再生を検討している企業は資金不足から，設備投資もままならないため，実際に現場視察して設備投資額の検討をする必要があります。債権者のなかには，借りた金も返さないで設備投資するなんてけしからん！　設備投資する金があるなら返済に回すべきだと主張する人もいるのは事実です。

　上記内容を表にすると，下記のようになります。

第3部　会社再建に必要な道具

債務償還年数　　　　　　　　　　　　　　　　　　　　　　（単位：千円）

	項　　目	金　額
a	金融機関に対する有利子負債	
b	運転資金	
	売上債権	
	棚卸資産	
	買掛金，未払金	
c	現金預金	
d	換金性のある有価証券	
e	要償還債務（a－b－c－d）	
f	ＣＦ（借入金返済原資）	
	経常利益	
	みなし法人税（減算）	
	減価償却費（加算）	
g	債務償還年数（e÷f）	
h	年間に必要な最低限の設備投資概算額	
i	設備投資控除後ＣＦ（f－h）	
j	設備投資控除後債務償還年数（e÷i）	

(4) 過 剰 債 務

　過剰債務は一般的にフリー・キャッシュ・フローの10～15倍を超える金額と考えられています。

　過剰債務の算定式は，下記のとおりです。

　　　過剰債務＝要償還債務（＝有利子負債―運転資金等）
　　　　　　　　　　　　　－フリー・キャッシュ・フローの10倍
　　　フリー・キャッシュ・フロー＝経常利益－みなし法人税＋減価償却費
　　　　　　　　　　　　　　　　－年間設備投資概算額

　過剰債務の金額は過剰債務より運転資金等に相当する部分を控除して要償還債務を算出します。運転資金等の内容は，債務償還年数算出の際と同様に，①

売上債権，棚卸資産，仕入債務といった運転資金，②現金預金，③換金性のある有価証券が該当します。クライアントのフリー・キャッシュ・フローを算定し，当該算出額に10を乗じます。要償還債務からフリー・キャッシュ・フローの10倍を乗じた金額を控除後の金額が過剰債務となります。フリー・キャッシュ・フローがマイナスの場合は，要償還債務全額がそのまま過剰債務となります。過剰債務は金融機関からしてみれば，回収可能性が極めて乏しい貸付金というメッセージになります。

上記内容を表にすると，下記のようになります。

過剰債務　　　　　　　　　　　　　　　　　　　　　　　　　（単位：千円）

	項　　　　目		金　　額	
a	金融機関に対する有利子負債			
b	運転資金			
	売上債権			
	棚卸資産			
	買掛金，未払金			
c	現金預金			
d	換金性のある有価証券			
e	要償還債務（a－b－c－d）			
f	ＦＣＦ			
	経常利益			
	みなし法人税（減算）			
	減価償却費（加算）			
	年間に必要な最低限の設備投資概算額			
g	fの10倍			
h	過剰債務金額（e－g）			

(5) 資金繰りの状況

直近3期程度のキャッシュ・フローの状況を，営業活動，投資活動，財務活動のキャッシュ・フローの状況に区分して記載します。有価証券報告書等にあ

るキャッシュ・フロー計算書の簡易版のイメージです。投資活動，財務活動のキャッシュ・フローが大きく変動している場合は，主な内容に言及します。クライアントの多くは，キャッシュ・フロー計算書を見たことも，作ったこともないので，資料依頼や内容の説明にも注意が必要です。特に間接法でキャッシュ・フロー計算書を作成した場合，その内容，構造を全く理解してもらえない経営者もいます。キャッシュ・フロー計算書ではなく資金繰り表にて代替する場合もあります。資金繰り表の方が中小企業の経営者，金融機関が小規模な場合は，理解しやすくウケがいいからです。

(6) 非保全額の仮試算額

各金融機関の非保全額の試算をします。金融機関ごとに非保全額つまり，いくら回収できないことになるかを試算するのです。担保の設定状況や保証協会の保証の有無により，金融機関のなかには，ほぼ回収できるところもあれば，債権のほとんどが回収不能となるところもあります。

具体的には，金融機関ごとの有利子負債残高に対して，クライアントが担保提供している不動産，連帯保証人が担保提供している不動産等，担保資産の合計額を算定します。有利子負債残高から担保資産合計額を控除した金額が，第一段階における非保全残高となります。第一段階における非保全残高から保証協会等の保証額を控除した金額が最終的な非保全残高になります。

非保全残高を算定したあとに，$\dfrac{担保＋保証協会等の保証}{有利子負債残高} \times 100\%$ で保全率を算定します。

算定式は以下のとおりです。

　非保全残高＝有利子負債－担保資産合計額－保証協会等の保証額

ここは複雑な計算となるので下表のようにまとめると，財務調査報告書の利用者も理解しやすいと思われます。

第10章　財務デュー・ディリジェンス（財務DD）

（単位：千円）

物件名等	評価額	調査基準日現在の保全状況			
		○○銀行	△△銀行	××信用金庫	◇◇公庫
a 有利子負債残高					
b 不動産（会社）					
c 不動産（連帯保証人）					
d 担保資産合計額（b＋c）					
e 非保全残高（a－d）					
（担保による保全率）（d÷a×100）					

（ＳＯ：債務一覧表，担保状況一覧表）

　担保資産の評価額は不動産鑑定評価書によります。担保のついている不動産を仮に処分した場合，いくら回収できるのかを示します。事前に不動産鑑定士に不動産鑑定評価を依頼しておく必要があります。固定資産税評価額や路線価では，債権者が合意できる根拠としては説得力に欠けるからです。

　通常，正常価格を用いますが，場合によっては早期処分価格（特定価格）の方が実情にマッチすることもあります。

3　窮境の原因

　ここでは，クライアントが私的整理等再生支援を受けなければならなくなった原因を分析して記載します。会計監査人や顧問税理士のように継続的にクライアントに関与してきたわけではなく，短時間での調査で窮境の原因を把握し分析する必要があるため，調査する側も，洞察力と経験による勘どころが必要とされます。窮境の原因を究明していくことで，今後の再生への手がかりが検出されることも多々あるので，重要な記載事項となります（124ページ参照）。

　過去の経験から，代表的な窮境原因としては，以下のようなものが考えられます。

第3部　会社再建に必要な道具

① **クライアントの属する業界自体の大幅な低迷【売上の減少】**

　クライアントの属する業界自体が大幅な低迷にあるため，売上高が大幅に減少して，営業赤字を続けることとなった。特に中小規模の会社は，景気の変動の煽りを最も受けやすく，景気が回復するまで我慢できるだけの財務体力もないのが実情です。粗利段階でマイナスが引き続き，私的整理等再生支援を受けなければならなくなるということも珍しくありません。クライアントの属する業界の有価証券報告書や業界専門誌等を入手検討して，業界の現状や動向について知識を身に付けておくことが大切となります。書店で売っている業界地図等も業界の商流や収益構造を理解するうえで，とても参考になります。

　類似企業のデータを以下のように表にするとわかりやすいと思われます。

売　上　高　　　　　　　　　　　　　　　　　（単位：百万円）

会　社　名	H26／3期	H27／3期	H28／3期
A　　社	70,000	60,000	50,000
B　　社	40,000	42,000	30,000
C　　社	25,000	22,000	20,000

（ＳＯ：有価証券報告書）

経　常　利　益　　　　　　　　　　　　　　　（単位：百万円）

会　社　名	H26／3期	H27／3期	H28／3期
A　　社	2,000	1,800	600
B　　社	3,000	2,000	△200
C　　社	900	900	△900

（ＳＯ：有価証券報告書）

第10章　財務デュー・ディリジェンス（財務DD）

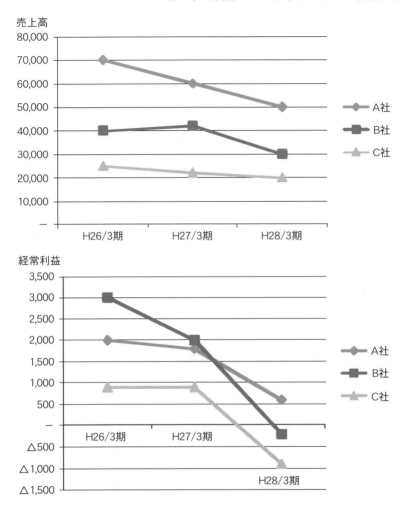

② 不良在庫の増加

①とも関係しますが，売上高の大幅減少に伴い，不良在庫が増加して資金繰りを悪化することも窮境原因となります。在庫の製造若しくは仕入に費やした資金が回収されずに，棚卸資産勘定に滞留してしまうからです。スロームービング在庫（在庫回転期間が大幅に長い在庫）となり資金化が遅くなるならまだしも，不動在庫に関しては売れないため投下資金を回収できないばかりか，保管料と

第3部　会社再建に必要な道具

いった管理コストもかかるので企業の財務体質を悪化させます。行きあたりばったりの生産や将来需要予測の見込みの甘さが招いた結果です。

③　原材料価格の継続的かつ大幅な高騰【売上原価の増加】

①と異なり，売上高自体は大幅な下落はないものの，売上原価を構成する原材料の価格が継続的に高騰している場合，窮境原因になります。例えば，小麦，鉄鋼石やプラスチック原料等があたります。原材料の高騰を販売価格に転嫁できればいいのですが，販売価格に転嫁した場合，需要が落ち込むため，なかなかしづらいところです。そこで，原材料価格の高騰を徹底した工程管理や歩留の減少等といった品質管理を行うことで原材料価格の高騰分を吸収しようと努力しますが，それにも限界があります。原材料の単価推移を表にするとわかりやすいと思われます。

キロあたり材料単価推移　　　　　　　　　　　　　　（単位：円／キロ）

会　社　名	H23/3期	H24/3期	H25/3期	H26/3期	H27/3期	H28/3期
A材料　主原料	190	245	245	265	280	335
B材料　主原料	340	390	390	430	470	495
C材料　副原料	200	235	245	275	270	300
D材料　添加材	170	205	225	260	267	310

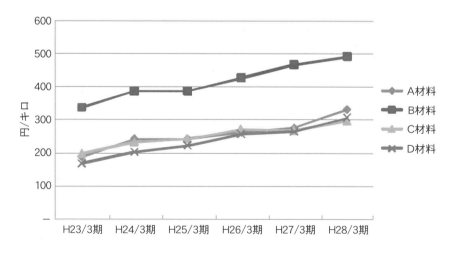

第10章　財務デュー・ディリジェンス（財務DD）

④　過去における過度の設備投資負担【減価償却費，固定資産税の増加】

バブル期や景気動向が上向きの頃には，金融機関からの融資もおりやすかったため，過剰な設備投資をすることがあります。過剰な設備投資の資金源を借入で賄った場合，後述する金利負担が大きくのしかかります。固定資産税の負担もキャッシュ・アウトを伴うため，負担となります。減価償却費はキャッシュ・アウトを伴いませんが，製造原価又は販売費及び一般管理費として計上され，営業利益を圧迫します。税務上，減価償却を止めることもできるため，再生支援を必要としている多くの企業が減価償却を止めて，少しでも損益計算書をよく見せようとしています。財務調査報告書では，当然に過去に遡って減価償却をし直します。その結果，損益計算書，及び貸借対照表は修正されることになります。

過去の設備投資実績，特に大規模設備投資の内容とその後の利益の相関図を作成するとわかりやすいと思われます。

⑤　海外展開の失敗【投資損失】

経営者のなかには，安価で大量の労働力を求めて生産拠点をアジア地域に移したり，あるいは，海外での新規市場獲得のために海外展開を図る人も少なくありません。海外事情に精通していないと，取り返しのつかないしっぺ返しが待っています。特に中国市場は日本をはじめとする海外出資に対して規制等が厳しく，資金の移動やあるいは撤退等にも大きな制約が課されています。安易な海外展開は，大きな痛手となりやすいです。

⑥　不動産，有価証券等，デリバティブ取引といった財テクの失敗【大幅な含み損】

④と同様に，バブル期や景気動向が上向きの頃には，金融機関からの融資もおりやすかったため，経営者は新規事業や財テクに手を出そうとしがちでした。④の設備投資は本業に対する投資に対して，⑥は本業とかけ離れた財テク，いわゆるマネーゲームに投資して投下した資金が回収不能となるケースです。特にバブル期に首都圏のマンションや土地に不動産投機した場合，バブル崩壊後の大幅な価格下落により多額の含み損を抱え，売るにも売れない状況のままになっているケースが多く見受けられます。

⑦　オーナーによる経営の公私混同【ワンマン経営の暴走】

オーナーによるトップダウンの経営は，他の取締役や監査役といった参謀役の意見を聞かずに独走する経営スタイルがよく見受けられます。高景気時には大きく飛躍する反面，不況期には，過去の成功体験にとらわれ，周囲の意見を全く意に介さずに経営を進め，会社をミスリードして窮境に陥ることがあります。また，会社は自分のものと勘違いしているため，個人的な経費を会社に付ける等，会社の財産的基礎を害しています。

経営能力に乏しい同族関係者を経営陣に配置しているケースも多く，経済的合理性からかけ離れた経営が行われることもあります。窮境に陥る多くの企業において，ガバナンス（企業統治）が機能していません。

⑧　過大な他人資本（借入）の金利負担【支払利息等の増大】

借入資金を在庫や設備，あるいは財テクに投資したものの，投下資本を上回る回収が行われない場合，借入資金の金利負担は企業の財政状態を圧迫します。窮境に陥った企業の多くが，営業利益（多くの企業が営業赤字であるが）を上回る支払利息が計上されています。ついには金利負担に耐えきれず，元本の返済，利払ができない状況に陥ります。

利息に対する支払負担能力の指標に，インタレスト・カバレッジ・レシオがあります。インタレスト・カバレッジ・レシオの算定式は以下のとおりです。

　　　インタレスト・カバレッジ・レシオ
　　　　＝事業利益（営業利益＋受取利息＋受取配当金）÷支払利息

インタレスト・カバレッジ・レシオ　　　　　　　　　　　　　（単位：円／キロ）

		H24/3期	H25/3期	H26/3期	H27/3期	H28/3期
a	修正後営業利益	18,000	8,600	2,000	△2,100	△5,000
b	受取利息	400	50	50	20	10
c	受取配当金	200	200	150	100	50
d=a+b+c	事業利益	18,600	8,850	2,200	△1,980	△4,940
e	支払利息	16,000	17,000	16,000	15,000	15,000
f=d/e	インタレスト・カバレッジ・レシオ	1.16	0.52	0.14	△0.13	△0.33

＊A）：H28／3期の支払利息には延滞利息は含まれていません。延滞利息を加味した場合，インタレスト・カバレッジ・レシオはさらにマイナスになります。

第10章 財務デュー・ディリジェンス（財務DD）

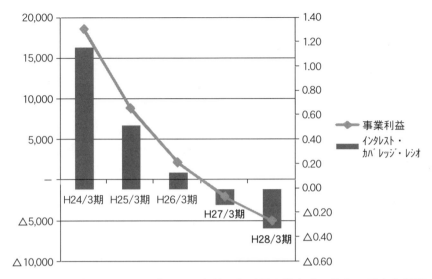

インタレスト・カバレッジ・レシオが1を下回る場合は，借入の元本を返済する原資がないどころか，利息の支払すら行えないことを示しています。

4 正常収益力

(1) 修正後損益計算書

実際のところ，クライアントはいったいいくら儲かるのか，つまりいくら利益を計上できていたのか，債権者にとってはいくら返済する能力があるのかを把握することは重要です。そこで，過去の損益計算書に本来会計上必要とする項目を反映させて修正損益計算書を作成します。少なくとも過去3期，できれば過去5期分作成して収益力の趨勢をつかむ必要があります。

下記の項目は頻繁に調整項目としてピックアップされます。

① 計画規則的に減価償却した場合の影響額

再生を必要とする多くの企業が税務基準で作成しているため，減価償却を止めたり，減額したりすることで，決算書上，見せかけの利益を出そうとします。毎期計画規則的に償却した場合の影響額を会計期間ごとに計上して，恣意的な利益操作要因を排除します。

② 退職給付引当金繰入額の計上

退職給付引当金の繰入額が税務上損金算入を認められていないため、再生を必要とする多くの企業は、退職金規程があるにもかかわらず退職給付引当金を計上していません。退職給付引当金繰入額を計上するとその分損益を圧迫するからです。支出時に費用処理していることがほとんどです。また、規程どおりに払われていないことも多々あります。退職金は勤続年数に応じて発生すると仮定して、事業年度末ごとに退職給付引当金残高を算出して、前事業年度との差額を毎期、損益計算上の修正項目として反映させる必要があります。

③ 名目人件費の調整

同族会社にありがちな項目で、形式的には会社に所属しているため給与は支給しているものの、実質的には会社に貢献していない（働いていない）従業員の人件費を損益計算書から除外します。会社の財政状態がガタガタになっても、パラサイトしている同族社員が、給料を当然の顔をしてもらっているケースも珍しくありません。当該調整は収益力を増加させる調整項目になります。

④ 架空取引

例えば、循環取引です。懇意にしている会社同士で、伝票上、仕入と売上の計上を繰り返し、お互いに売上高のボリュームを上げていきます。決算書上は、売上が増加しているように見えるからです。他の取引に比べて単位当たり価格が異常に高い、仕入先と得意先が同一である場合には、ヒアリングを実施し、関連する証憑をチェックする必要があります。

⑤ 在庫評価損

会計上棚卸資産に関して、低価法を適用すると評価損が計上されます。ただし、中小企業の多くが、減価法を採用しています。市場価格等客観的な時価がある場合は、比較的平易に含み損（＝取得価額－時価）を把握できます。しかし、客観的な時価がない場合、毎期時価を仮定して在庫に関する評価損を計算して、損益計算書に織り込む必要があります。

⑥ ポイント引当金

小売店等を展開している事業会社によっては、購入時に次回以降の買い物に

第10章　財務デュー・ディリジェンス（財務DD）

使用できるポイント制度を採用しています。会計処理上は，当該ポイントを使用時に販売費及び一般管理費として処理している場合が多いです。財務調査報告書上，将来において売上値引として使用されるため，ポイント引当金を計上します。付与したポイントの将来使用見込額を，過去の使用実績等から算定してポイント引当金繰入額として計上する必要があります。

　修正項目を反映後の損益計算書は，全然違う会社の決算書になることも少なくありません。見かけ上は利益が出ていたのに，「毎期営業赤字じゃないか!!」とか，「社長が言ってたことと違うじゃないか!!」と，一波乱あるところです。金融機関のなかには，「大幅債務カットを狙って意図的に収益力を落としている!!」といったイチャモンをつける方もいます。

⑦　**在庫評価の水増しに**

　中小企業の多くが，期末時点における在庫評価方法として，実地棚卸法を採用しています。会社法の監査対象会社をはじめとする経営管理がある程度行き届いた会社では，継続記録法を採用し，かつ期末に実地棚卸法を採用して理論在庫と実際在庫を把握します。理論在庫と実際在庫の差が，棚卸減耗損として把握されます。実地棚卸法しか採用していないと，期末の実際有高しかわからず，あるべき在庫数つまり，理論在庫数が把握できません。これを逆手にとり，期末の実地棚卸数を水増しすることで，売上原価を圧縮します。売上原価を圧縮すると，売上高と売上原価との差が，売上総利益なので，売上総利益を不当に過大表示させることになります。実態と異なる棚卸高を用いることで，あたかも経営成績が順調に推移しているように，金融機関をはじめとする利害関係者に提示するのです。

第3部　会社再建に必要な道具

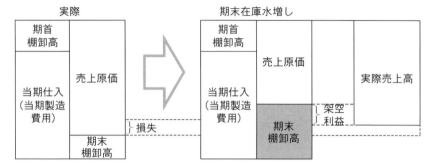

期末在庫の水増しとしては，
数量の水増し
単位の水増し
が，考えられる。

(2) EBITDA

EBITDA（イービットダー，イービットディーエー）は損益計算書の経常利益や営業利益と並んで，企業評価の際に重視されるようになった指標の一つです。経済環境の異なる企業間の経営成績を評価するのに用いられますが，事業再生においても重要な指標となります。

算定式は以下のとおりで，キャッシュ・フロー概念の一つです。

　　EBITDA＝税引前利益＋減価償却費＋支払利息

上記式からわかるように，償却前営業利益に近似します。

弊事務所の財務報告書では，

　　EBITDA＝営業利益＋減価償却費

で算出しています。

（単位：円／キロ）

	EBITDA	H24/3期	H25/3期	H26/3期	H27/3期	H28/3期
a	修正後営業利益	18,000	8,600	2,000	△2,100	△5,000
b	減価償却費（理論値）	18,000	17,000	15,000	12,000	10,000
c＝a＋b	EBITDA	36,000	25,600	17,000	9,900	5,000

第10章　財務デュー・ディリジェンス（財務DD）

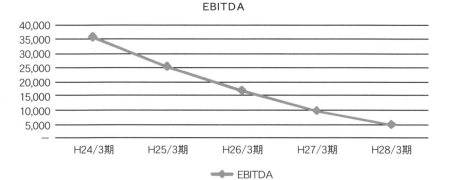

　税引前利益を用いるのは，各国の税率が異なるため，利益に影響を除外するためといわれています。税引前利益に減価償却費をプラスするのは，減価償却費はキャッシュの流出を伴わない費用で利益に与える影響が大きいことから，これをプラスすることで，キャッシュを伴う利益の金額に近づけます。さらに，支払利息をプラスするのは，金利差による利益への影響を除外する狙いがあるのです。弊事務所では，税引前利益ではなく，営業利益を使っているのは，営業利益こそが利益の本質であり，事業再生を目指している会社が営業外損益や特別損益項目で利益補填した結果を用いるのは望ましくないと考えているからです。

　EBITDA指標が，プラスか若しくは，将来1年以内に黒字化の見込みが合理的に説明できるかが企業再生上必要となります。過年度の実際の損益計算書において，EBITDAが大幅なマイナスであるにもかかわらず，再建に向けての事業計画書ではEBITDAが一変してプラスである場合，その根拠を合理的に債権者に説明する必要があります。絵にかいた餅では，債権者はリ・スケジュールや債権放棄には応じられません。

5　今後に向けての検討事項

　今後に向けての検討事項として，企業再生に向けて最低限必要な管理体制の構築を提案します。再生にはもちろん，売上の増加，利益拡大は必要です。し

第3部　会社再建に必要な道具

かし，再生支援を必要としている企業の多くに，経験上，管理体制の不備が見受けられます。

代表的な具体例としては，以下の項目が挙げられます。

① 資金項目

金種別現金実査表を用いた定期的な現金実査の実施

元帳残高と金融機関残高との間に差異があった場合，銀行勘定調整表の作成

資金繰り表の作成（日次，月次）

② 販売関連

売掛金の滞留把握

得意先別の粗利分析

製品（商品）ごとの損益分析

損益獲得の源泉となっている製品（商品）の把握

③ 在庫関連

在庫年齢表の作成による不動在庫，スロームービング在庫の把握と処置

実地棚卸の実施（在庫数量管理資料（理論在庫数量）と実際有高の数量把握，及び原因分析，その結果として新たな在庫管理手法の確立）

年間使用実績からの必要最低限数量の把握

④ 固定資産関連

固定資産実査の実施

設備投資計画の算定（修繕あるいは取替更新といったことも含む）

6　クライアントの概要

クライアントの概要においては，有価証券報告書のいわゆる前段部分（企業の概況，事業の状況，設備の状況，提出会社の状況）に該当する箇所を記載します。債権者は融資はしているものの，全体像を把握しているとは限らないからです。

具体的には以下の項目を記載します。参考までに表を記載しています。

第10章　財務デュー・ディリジェンス（財務DD）

① 設 立 日
② 資 本 金
③ 代 表 者
④ 本店所在地
⑤ 主な事業内容
⑥ 沿　革

時　　期	沿　　革
1970年　11月	茅場町にて卸問屋を創業
1980年　5月	桜田商事を設立　資本金1千万円（中央区茅場町で本店登記）
1988年　5月	日本橋営業所を開設
1994年　4月	中国との貿易の開始
12月	京橋卸売市場の買受人として承認
1996年　9月	銀座店開店
2000年　3月	銀座店閉店
8月	本社移転
9月	本社移転登記（神奈川県横浜市）
2004年　9月	増資により資本金を4千万円に
2007年　3月	日本橋営業所廃止
4月	川崎支店社屋新築，川崎支店開設
4月	茅ヶ崎流通センターを取得，開設
2010年　4月	上海営業所開設
11月	香港営業所開設
12月	第1回私募債発行10億円

第3部　会社再建に必要な道具

⑦　株主構成（企業との関係まで記載）

(単位：株)

氏名（敬称略）	主な職業，続柄	株　式　数	持分比率(％)
	代表取締役会長／父	20,000	25.0％
	代表取締役社長／本人	16,000	20.0％
	常務取締役	8,000	10.0％
	常務取締役・工場長	8,000	10.0％
	取締役経理部長／妻	1,000	1.3％
	－／子	1,000	1.3％
	課　　長	1,000	1.3％
	得意先	1,000	1.3％
	仕入先	8,000	10.0％
自　己　株　式		16,000	20.0％
合　　計（10名）		80,000	100.0％

⑧　組　織　図

⑨　事業拠点の名称，所在地，所有不動産の簿価及び時価

第10章 財務デュー・ディリジェンス（財務DD）

⑩ 役員の変遷

氏名（敬称略）	H24/3期	H25/3期	H26/3期	H27/3期	H28/3期	H28/7時点
織田 信長	◎	◎	◎	◎		
羽柴 秀吉	◎	◎	◎	◎	◎	◎
明智 光秀	○	○	○	○	○	
柴田 勝家	○	○	○	○	○	○
丹羽 長秀	○					
滝川 一益	○	○	○	○	○	○
森 蘭丸	△	△	△	△	△	
池田 恒興						○
山内 一豊						△

◎は，代表取締役
○は，取締役
△は，監査役

⑪ 従業員の状況

（単位：人）

区分	H24/3期	H25/3期	H26/3期	H27/3期	H28/3期	H28/7時点
正社員	40	38	28	26	20	21
契約社員	27	31	31	31	37	37
パート	29	40	50	44	96	84
外国人研修生	6	8	10	12	12	12
合計	102	117	119	113	165	154

⑫ 商流

　商流は，ヒアリングに基づき，クライアントの取引の流れをまとめます。商流が見えてくると，新たな問題点も浮かび上がってくることもあります。

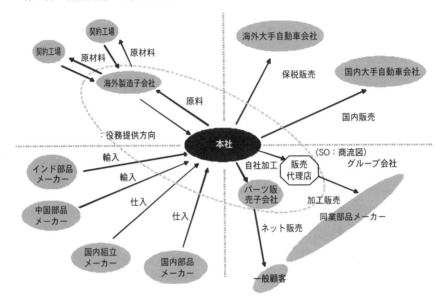

7 過年度の財務推移及び増減分析

　直近5事業年度における貸借対照表，損益計算書，販売費及び一般管理費明細の増減分析をします。もちろん，分析対象期間は長ければ長いほどいいのですが，クライアントの負担になること，我々も時間的経済的制限のあることから，弊事務所では5事業年度を分析していきます。窮境の原因が財務数値に表れてきて現状に至るのはおおよそ直近5事業年度に起きている傾向にあります。つまり，急激に企業の財政状態及び経営成績が悪化しているケースが増加しているのです。5事業年度は多くの会社で中期利益計画期間としていることも多く，5年というスパンは会社の変化が端的に表れると思われます。また，窮境原因が生じてから5年も経つと多くの会社は持ちません。

　過年度の財務推移及び増減分析は，骨の折れる作業です。5期分の比較資料を入力作成し，勘定内訳や総勘定元帳をひっくり返して分析します。増減分析を行って不明な点は，クライアントの経理にインタビューしますが，経営が傾き始めると，会社に見切りをつける人も多いため，過去の内容を把握している

第10章 財務デュー・ディリジェンス（財務DD）

人がいないことも珍しくありません。入社して間もない方や，簿記の専門的な知識がない方が担当されている場合もしばしばです。さらには，増減の原因が全く突き止められないことや，そもそも仕訳が間違っていることも珍しくありません。ただ単に財務調査手続を進めていくのではなく，会社にとってあるべき会計処理を学んでもらうことも念頭に置いています。直近5事業年度の推移を眺めていると，会社の趨勢を把握でき，「9 貸借対照表の項目（科目）」ごとについての記載項目のヒントがいくつも見えてきます。クライアントもみずからを振り返ることで，将来への糧とすることができます。

また大きく増減している項目は，窮境の原因の一つであったり，若しくは，不正の表れの可能性もあります。

フォームは以下のものが参考になります。

第3部　会社再建に必要な道具

B／S

（単位：千円）

a/c	H24/3期	H25/3期	H26/3期	H27/3期	H28/3期	H28/7時点
流動資産						
現　　　　　　金						
預　　　　　　金						
受　取　手　形						
売　　掛　　金						
未　収　入　金						
製　　　　　　品						
原　　材　　料						
仕　　掛　　品						
前　払　費　用						
貸　倒　引　当　金						
固　定　資　産						
有形固定資産						
建　　　　　　物						
建物附属設備						
機　械　装　置						
車　輌　運　搬　具						
工具器具備品						
土　　　　　　地						
減価償却累計額						
無形固定資産						
電　話　加　入　権						
投資その他資産						
投資有価証券						
出　　資　　金						
保　険　積　立　金						
保　証　金　預　託　金						
破　産　更　生　債　権						
資産の部合計						

B／S

（単位：千円）

a/c	H24/3期	H25/3期	H26/3期	H27/3期	H28/3期	H28/7時点
流動負債						
支　払　手　形						
買　　掛　　金						
短　期　借　入　金						
未　　払　　金						
預　　り　　金						
未払法人税等						
固　定　負　債						
長　期　借　入　金						
負債の部合計						
資　　本　　金						
利　益　準　備　金						
繰越利益剰余金						
純資産の部合計						
負債・純資産の部合計						

第10章　財務デュー・ディリジェンス（財務DD）

P／L

(単位：千円)

a／c	H24/3期	H25/3期	H26/3期	H27/3期	H28/3期
売　上　高		＊C		＊H	
売　上　原　価					
期首製品棚卸高					
当期製品製造原価					
期末製品棚卸高	＊A			＊I	
売　上　総　利　益					
販　管　費					
営　業　利　益					
営　業　外　収　益					
受　取　利　息					
受　取　配　当　金					
雑　　収　　入			＊F		
営　業　外　費　用					
支払利息割引料				＊K	
雑　　損　　失		＊D		＊L	
経　常　利　益					
特　別　利　益					
前期損益修正益	＊B		＊E		
貸倒引当金戻入益					
特　別　損　失					
貸　倒　損　失				＊J	
固定資産売却損		＊E			＊E
固定資産除却損			＊G		
税引前当期純利益					
法　人　税　等					
当　期　純　利　益					

増減コメント
　＊A：
　＊B：
　＊C：
　＊D：
　＊E：
　＊F：
　＊G：
　＊H：
　＊I：
　＊J：
　＊K：
　＊L：

第3部　会社再建に必要な道具

SGA

(単位：千円)

a/c	H24/3期	H25/3期	H26/3期	H27/3期	H28/3期
役員報酬					
退職金					
法定福利費					
福利厚生費					
消耗品費					
事務用品費					
地代家賃					
賃借料					
保険料					
修繕費					
租税公課					
減価償却費					
貸倒引当金繰入					
旅費交通費					
通信費					
水道光熱費					
支払手数料					
運賃					
広告宣伝費					
接待交際費					
管理費					
諸会費					
雑費					
計					

CR

(単位：千円)

a/c	H24/3期	H25/3期	H26/3期	H27/3期	H28/3期
原材料費					
労務費					
製造経費					
外注加工費					
当期総製造費用					
期首仕掛品棚卸高					
期末仕掛品棚卸高					
当期製品製造原価					

第10章 財務デュー・ディリジェンス（財務DD）

8 基準日以降の状況

　財務調査報告書は調査基準日を定めて，基準日時点の財政状態を説明します。基準日から，仮決算仕訳をクライアントが入れて，各種資料を作成し，それに対して我々が財務調査を実施します。それから，報告会となると，最低でも約2か月程度は要します。経営危機に陥っている企業は，わずか2か月でも財政状態が悪い方に一変している可能性もあるため，基準日以降の直近の財政状態等を債権者にアナウンス・状況説明する必要があります。債権者はできる限りの直近の情報を知りたがります。

9 貸借対照表の項目（科目）ごとについての詳細内容

　ここで，項目（科目）ごとに純資産にマイナス影響，若しくはプラス影響を与えた内容を説明していきます。説明する順番は，資産，負債，オフバランス項目の順です。基本的に，貸借対照表に記載されている順に説明していくと，債権者も理解しやすいと思います。

(1) 現金及び預金

　基準日時点の現金及び預金の内訳を説明します。通常のM＆Aでは単なる明細に過ぎませんが，再生案件では重要な情報となります。金融機関（債権者）からすれば，預金はクライアントから預かっている資産であり，借入金（金融機関からすれば貸付債権）であり，清算価値を判定するうえで，借入金と相殺することで回収でき，清算配当率を増加させることができるからです。クライアントからすれば，借入残高のある金融機関の口座に預金を預け入れておくと自動的に引き落とされる可能性もあります。運転資金として最低限必要な分が自動引き落としされないよう手立てが必要です。

第3部　会社再建に必要な道具

(単位：千円)

	基準日残高
現　　　金	304
郵 便 振 替	943
Ａ　銀　行　当座	**13**
Ｂ信用金庫　当座	**24**
Ｂ信用金庫　普通	**49**
Ｃ　銀　行　普通	2,616
Ｃ　銀　行　普通	14,862
Ｄ信用金庫　普通	1,382
計	20,194

（ＳＯ：総勘定元帳，残高証明書）
（注）太字の預金は相殺対象となる可能性があります。

(2) 売上債権

売上債権には，受取手形，売掛金が含まれます。

受取手形には，不渡手形，割引手形が含まれている可能性もあるので注意が必要です。不渡手形は，手形自体はあるものの，資産価値がほぼないため，貸倒引当金等を設定していない場合，全額回収可能性がないとして減額修正する必要があります。割引手形は，金融機関等で割り引いた手形で，手数料相当額を控除した金額が，既に現金及び預金に振り替わっています。そのため，割引手形の額面額が受取手形勘定に含まれている場合，減額修正する必要があります。

売掛金に関しては，滞留している売掛金があるか否かが，財務調査報告書上，重要な情報となります。上場企業や会社法上の大会社等管理の行き届いた会社では，「売掛金の滞留明細をください」といえば資料が提示されますので，滞留原因をヒアリング等で把握して，回収可能性を検討します。ただし，再建中の中小企業は，そこまで管理が行き届いているとは限らず，売掛金の総勘定元

第10章 財務デュー・ディリジェンス（財務DD）

帳で，クライアントと頭をつき合わせて，一つずつ消し込みしていくこともあります。地方ではいまだに盆暮払といった風習が残っており，滞留管理そのものが馴染まないこともあります。

　売掛債権の回転期間を算出することも，財務指標を重んじる金融機関にとっては「知りたい」情報といえるでしょう。

回 転 期 間

（単位：千円，日数）

		修正後 H26/3期	修正後 H27/3期	修正後 H28/3期
a	売上高	100,000	90,000	80,000
	受取手形	3,000	2,200	2,000
	売掛金	9,000	9,500	10,000
b	営業債権計	12,000	11,700	12,000
c=b/(a/360)	回転期間	43	47	54

営業債権回転期間

（ＳＯ：合計残高試算表）

Aging リスト

（単位：千円）

	H28/5残高
2か月以内	7,000
2か月超	2,000
1年超	1,000
計	10,000

第 3 部　会社再建に必要な道具

得意先内訳

(単位：千円)

得 意 先 名	主な売上製品名	基準日残高
A		785
B		562
C		441
D		233
E		179
F		156
G		131
H		124
I		119
J		112
他35社		790
計		3,632

(ＳＯ：得意先管理簿)

(3) 棚卸資産 (在庫)

　棚卸資産には，商品，製品，仕掛品，原材料，貯蔵品が含まれます。棚卸資産でポイントとなるのは，ズバリ「果たして売れるのか」，「売れるのなら，いくらで売れるのか」です。まずはその商品が，売れるのか，売れるのはどんな種類で，いくつくらい売れるのかを，合理的な仮定に基づいて検討します。在庫年齢表，受払管理表を入手し検討します。

　・いつ仕入れた在庫が何か月間若しくは何年間残っているのか？
　・年間実際にどれだけ売れているのか？
　・在庫数量は年間販売数量に比して適正水準か？
　・陳腐化等していないか？
　・帳簿数量が本当に実在するか？

など，棚卸資産は論点の宝庫なのです。

第10章　財務デュー・ディリジェンス（財務DD）

　会社のなかには，仕入時期を管理していない会社も珍しくありません。「管理より営業の方が大切だ」と言い切る経営者もいます。もちろん営業も大事なのですが，何がいくつあって，いつ仕入れたのかを把握することは，経営の基礎となる部分です。杜撰な管理が会社をじわじわと悪化させていったともいえます。

　会社の試算表上（期の途中での状況）は，期首の在庫金額がそのまま残っていることも珍しくありません。「小売はみんなそうだ（毎月末の残高なんてわからない）」とおっしゃった経営者がいます。しかし，このままですと売上原価＝仕入高となり，仕入高を抑えた月は儲けが出るなどというのはおかしな話ではないでしょうか？　会社は，ここ数か月資金不足から仕入できなかったことにより在庫を消化しているに過ぎないのに，利益が出てきたと，勘違いしていたということです。

　在庫の評価，特に時価評価が一番難しいところです。株式や金，若しくは土地のように客観的な時価があればよいのですが，そうもいかないのが実情です。なかでも高級生鮮食品はやっかいです。大きさ，身入り（どれだけ身がつまっているか），どこでとれたか（太平洋かインド洋か），サイズにより市場価格は千差万別です。しかも，時期があるので，シーズンを過ぎると価格は暴落します。とある金融機関の担当者が，在庫回転期間が90日と算出されたのだから，2年以上の在庫なんてないはずだ，在庫回転期間が90日ならば在庫のほとんどは3か月くらいで一回転してるのだから滞留なんてあるはずがない，1年前の時価対比による下落率を取得価額に乗じるなんて，でたらめではないか，と財務調査報告書を突き返されたときもありました。

　これが，事実なのです。例えば，高級生鮮食品の場合，お正月シーズン前に，一気に販売が加速します。その一方で正月ムードが去れば，来年まで商品はほとんど動かないのです。また，高級生鮮食品は鮮度が命で，とれたての方から売れていきます。表面の数字だけでは会社の実態を追うことはできません。沈みそうな船（会社）と共に歩き回らないとわからないことばかりです。沈みかけた原因を究明，除去して再建を目指していかねばなりません。

第3部 会社再建に必要な道具

　金融機関（債権者）は債務者の事業内容，状況，取り巻く経営環境を実感しなければ，債権回収不能のリスクはいつまでもついて回ると思われます。

(単位：千円)

製品名	基準日残高	製造後1年以内	製造後1年超	年間販売実績数	含み損
A					
B					
C					
D					
E					
計					

（ＳＯ：製品管理簿）

(単位：千円)

製品名	基準日残高	時価	含み損
A			
B			
C			
D			
E			
計			

（ＳＯ：製品管理簿）

(4) 固定資産

　固定資産のなかで最もポイントとなるのはやはり不動産です。不動産に対する別除権を行使して回収を図るか否かを検討している金融機関注目の的です。財務調査報告書上は，不動産鑑定士の不動産鑑定評価書に基づいて評価します。継続企業を前提とした場合は正常価格を用います。金融機関も独自にお抱え鑑定士に簡易鑑定等させている場合もあるので，財務調査報告書に用いた鑑定評価書の金額に差異があると，ここでも喧々囂々始まります。

第10章 財務デュー・ディリジェンス(財務DD)

　財務調査報告書の正常価格をそのまま用いるのではなく，内容を検討して財務調査報告書に織り込みます。不動産以外の機械装置，構築物，什器備品は残存耐用年数を調べ，使用に耐え得るのかどうか，ヒアリング等実施して評価します。台帳には計上されているが，実在しないものもあります。固定資産の視察，テストカウントの実施も必要となる場合があります。ときには高級外車が台帳に載っていることもあります。会社が成熟期に購入したのでしょう。最近では中古自動車をインターネットで評価してくれるサイトもありますので，利用するのも一つの手です。

　ソフトウエア，電話加入権といった無形固定資産についても残存耐用年数を調べ，使用に耐え得るのかどうか，ヒアリング等実施して評価します。電話加入権は相場が5千円程度で金券ショップ等にて取引されています。

　リース資産について有無をヒアリングして，リース会計基準に照らして重要性のあるものは，オンバランスする必要があります。対応するリース債務も忘れずに計上します。

(単位:千円)

a/c	H28/3時点	償却不足額	規則償却後 H28/3時点	現物なし	実在している資産	含み損	現在進行中 工　　事	修　正　後 H28/8時点
建　　　　物								
建物附属設備								
構　築　物								
機 械 装 置								
車 輌 運 搬 具								
工具器具備品								
建設仮勘定								
計								

(SO:固定資産減価償却内訳明細書，過年度の償却不足額認書)

(5) 投資その他の資産

　投資その他の資産には，投資有価証券，子会社株式，貸付金，保険積立金，ゴルフ会員権，差入保証金，長期前払費用などがあります。投資有価証券は，

第3部　会社再建に必要な道具

上場株式等時価のあるものは時価にて評価し，時価のない有価証券は純資産法等合理的な方法で評価します。

　子会社株式も時価のない有価証券同様，純資産法等で評価します。親会社が子会社に対して不当に廉価な価格で取引をしている場合もあります。子会社との取引については，内容を把握し，取引自体の必要性も検討します。子会社に重要性がある場合（特に資産超過で，子会社を処分すると回収可能性が高まる場合）には，連結ベースでの財務調査報告書の作成の必要性を検討する必要があります。

　貸付金は，貸付先の資料を鑑みて評価します。同族会社の場合，同族役員に貸し付け，既に回収不能となっている場合が多いのです。保険積立金は，解約返戻金の情報を入手して評価替えします。

　特に，ゴルフ会員権は会員権相場の買値と売値の間の合理的な価格でもよいですが，買値で評価します。経営が傾いてるのに，ゴルフ会員権なんて持ってるのか!?　と思うかもしれませんが，バブル期に購入して，名義変更停止や二束三文になり売るに売れないケースが多いのです。

　差入保証金は，店舗等を賃貸している場合の保証金です。地域によっては敷引といって，契約書上，保証金の一部を返還しないことが明記されている場合もあるので注意が必要です。原状回復費用を合理的に見積もって回収されるであろう保証金を算出する必要があります。

　長期前払費用には税務上の繰延資産や借入に関するアレンジメントフィーといった借入事務手数料等が計上されています。税務上の繰延資産の多くは費用を将来発現するであろう効果と対応させるための費用の繰延べです。財務調査報告書上，資産性の有無をよく吟味する必要があります。借入事務手数料は支払手数料（実質的には利息の一部とも考えられる）であるため，弊事務所としてはゼロ評価しています。

第10章 財務デュー・ディリジェンス(財務DD)

(単位:千円)

銘　　柄	株数/出資口数	H28/5残高	@時価(円)＊A	H28/5時価	評価損益
計					

(ＳＯ:勘定内訳,日経新聞株価欄)
(＊A):平成28年5月31日の株価終値

(6) その他資産

　その他資産には,仮払金,未収入金,前払費用などがあります。仮払金は仮払いの内容に注目する必要があります。多くは経費の仮払いが精算されていないものです。ところが,社長の住宅ローンを仮払い(立替)していたり,社長の投機資金,中国に子会社を作ったが仮払いのままにしている,友人に貸したなど,信じがたい状況の会社もあるのです。経営が傾く原因の一つに,コンプライアンスが欠如していることがあります。オーナー会社ですと,「俺の会社だから何しようが勝手だ」という間違ったリーダーシップが会社を傾かせる場合も少なくないのではないでしょうか。

　未収入金には,営業活動以外の債権,例えば,滞留している貸付金の利息や不正をして解雇された従業員に対する請求権等があります。前述したように,コンプライアンスが機能していないため,従業員も隙をついて不正をしている会社もあります。不正が発覚した際に,会社の被った損害を損害賠償請求権と

して資産計上している場合があります。債権回収可能性を検討して評価する必要があります。

(7) 仕入債務

　仕入債務には，支払手形，買掛金があります。負債側は，簿外負債がないかどうか，負債の網羅性がポイントとなります。例えば，給与関連の簿外負債があります。支給対象期間が前月の16日から当月15日であった場合，財務調査報告書上，当月16日から月末までの未払賃金を算定して負債計上する必要があります。そもそも経理部門が弱い会社では，例えば3月決算である会社，4月に到着した請求書等のなかに3月分の請求内容があっても反映されていません。

　金融機関から借りている元本と利息を返済できないばかりでなく，固定資産税や社会保険料も滞納していることが多いのです。いつから滞納しているのか，時期及び金額を把握することが必要です。あわせて，滞納分の返済スケジュールについて，先方と協議して今後の事業計画でキャッシュ・アウト・フローとして織り込む必要があります。また，決算書上，債務超過であることを隠蔽するために，簿外負債がある会社も少なくありません。

（単位：千円）

仕 入 先	取 引 内 容	支 払 条 件	基準日時点残高
計			

（ＳＯ：内訳書，契約書，ヒアリング）

第10章 財務デュー・ディリジェンス（財務DD）

(8) 金融負債

　金融債務は金融機関からの借入金，社債です。金融機関からの借入に対する，会社の所有物件の担保提供の状況は表にすると，金融機関にとって有用な情報となります。弊事務所では，以下のようにまとめています。

（単位：千円）

借入先（敬称略）	区分	借入日	最終期限	借入元金	借入金利	基準日簿価	摘要	最近の返済状況
計								
計								
計								
合　計								

内容	種類	所在	家屋番号	地番 / 用途	地積(㎡) / 床面積(㎡)	簿価（千円）	評価額（千円）	特定価格（千円）
本社	土地							
	建物							
工場	土地							
	建物							
賃貸物件	土地							
	建物							
不動産合計	土地							
	建物							
	計							

第3部　会社再建に必要な道具

内容	種類	所在	家屋番号	地番/用途	地積(㎡)/床面積(㎡)	債権者 A銀行		B公庫		C信金		A銀行		担保による保全残高			
					債務者												
					種類												
					限度額/残債務												
					共担番号												
						順位	配当額	順位	配当額	順位	配当額	順位	配当額	A銀行	B公庫	C信金	合計
本社	土地																
	建物																
工場	土地																
	建物																
賃貸物件	土地																
	建物																
不動産合計	土地																
	建物																
	計																

(9) 引 当 金

引当金には，賞与引当金，退職給付引当金，役員退職慰労引当金等があります。

退職金支給規程があっても，退職時の一時の費用としていて，勤続年数に応じて引当計上している会社は法定監査対象会社でもない限り稀といえます。賞与に関しては引当額と実際の支給実績から引当額の妥当性を検討します。役員退職慰労引当金については，先日とある会社で，こんなことがありました。我々の財務調査が入る数か月前に，役員退職慰労規程に基づいて退職した役員に退職慰労金を支給した会社がありました。こんな財政状態にした役員には経営責任があるのに，なんで退職慰労金なんて支払ったんだ‼　と怒鳴りつけている金融機関の方もいました。規程では退任時に支払うことになってはいますが，確かにいかがなものかとは思われます。もらった方からすれば，規程に基

づきもらうもの貰って，何が悪いといったところでしょうか。

　最近では，中小規模の小売店でも，ポイントカードによる値引を実施している会社もあります。将来のポイント使用見込額を過去のポイント使用実績等から算出して引当計上する必要があります。

10　そ　の　他

　その他としては，デリバティブ取引，関係会社の財政状態及び経営成績，訴訟リスクに基づく負債計上の要否，保証債務の有無等があります。
　これらは内容によっては追加の負債計上の必要性が出てくる項目です。

11　清算価値の仮判定

　清算価値の仮判定は，仮に会社を清算した場合，一般債権者に対する配当原資はいくらあるのか，配当率は何パーセントなのか，を記載したものです。経済合理的な思考を有する債権者は，今，会社をつぶしていくばくかの配当を受けるか，それとも一部債権放棄して事業を存続させ，事業から得られる利益から債権放棄後の債権を回収するかを判断します。そのためには，清算価値の仮判定の資料と今後の事業計画が必要となります。ただし，事業計画はあくまで計画であり，絵にかいた餅になっていないか，債権者は自己の判断で分析する必要があります。

　弊事務所では，清算価値の仮算定をする場合，下記の表を作成して，清算価値が算定されていく過程を示していきます。

　まず，財務調査報告書で検出した事項を各科目ごとに反映させた調整後実態B／Sの金額を記載します。そこに，各科目ごとに掛け目等で調整します。掛け目等は勘定科目の有する性質によって内容及び評価方法が異なります。例えば，売掛金は調整後実態B／S金額は継続企業を前提としているため，得意先は買掛金(財務調査報告書対象会社から見れば売掛金)を約定どおり入金してくることを前提としています。ところが会社清算となると，得意先は財務調査報告書対象会社から仕入れた商品や製品を返品してきたり，あれこれクレームを付け

第3部 会社再建に必要な道具

て支払を拒否してくるのです。事後値引を勝手に主張して一部のみ払ってくる得意先も珍しくありません。財務調査報告書対象会社は，金額の多寡にかかわらず，売掛金を入金するよう努力しますが，金額が僅少な得意先よりもやはり金額の大きな得意先に対して入金督促することが通常です。そのため，下記例では，売掛債権を一定額以上とそれ以下に分類して，それぞれ異なる回収見込率を乗じて清算価値を算定しています。仕入先と得意先が同一の場合は，対応する債務があります。その場合は，相殺後の金額に掛け目を乗じるのが理論的です。

(単位：千円)

項目	調整後実態BS	掛け目等	評価方法の説明	清算価値	担保	相殺	担保・相殺後残高
流動資産							
現金預金			帳簿価額により評価				
売掛金			債権金額基準により分離し，当該分類に応じて評価減				
棚卸資産			修正後の帳簿価格の10％で評価				
前渡金			回収可能額により評価				
前払費用			換価価値なくゼロ評価				
貸付金							
仮払金			役員，従業員に対する仮払いを回収可能性不能として評価				
関連会社債勘定			連鎖倒産により回収不能と判断してゼロ評価				
固定資産							
有形固定資産							
建物			不動産鑑定（特定価格）による評価				
建物附属設備			廃棄コストを考慮すると換価価値なくゼロ評価				
構築物			廃棄コストを考慮すると換価価値なくゼロ評価				
機械装置			廃棄コストを考慮すると換価価値なくゼロ評価				
車輌運搬具			廃棄コストを考慮すると換価価値なくゼロ評価				
工具器具備品			廃棄コストを考慮すると換価価値なくゼロ評価				
減価償却累計額							
土地			不動産鑑定（特定価格）による評価				
無形固定資産							
電話加入権							
投資その他							
出資金			換価価値なくゼロ評価				
投資有価証券							
保証金			原状回復費を考慮してゼロ評価				
繰延資産							
開業費							
資産合計							

第10章 財務デュー・ディリジェンス（財務DD）

（単位：千円）

項　目	調整後実態BS	掛け目等	評価方法の説明	清算価値	担保	相殺	担保・相殺後残高
流動負債							
支払手形							
買掛金							
短期借入金							
未払金			リース債務を計上				
未払費用							
預り金							
賞与引当金							
デリバティブ債務							
未払消費税							
未払法人税等							
固定負債							
社債							
長期借入金							
退職給付費用			自己都合支給額を会社都合支給額に修正，解雇予告手当の計上				
負債合計							
純資産合計							
負債・純資産合計							

清算価値が出たところで，下表のようにまとめて，一般債権に対する配当率を算出します。

（単位：千円）

項　目	脚注参照	金　額
① 配当原資		
② 担　保	（注1）	
③ 相　殺	（注2）	
④ 小計（①－（②＋③））		
⑤ 租税債務	（注3）	
⑥ 労働債権	（注4）	
⑦ 清算費用	（注5）	
⑧ 差引（④－（⑤＋⑥＋⑦））		
⑨ 一般債権		
⑩ 配当率（⑧÷⑨）		

具体的には，配当原資となる清算価値から，担保による回収分，相殺にできる分を控除して④を算出します。④から一般債権より優先される⑤租税債務，

⑥労働債権、⑦清算費用を控除して⑧を算出します。⑧を一般債権で割り返した率が一般債権に対する配当率となります。配当率は限りなくゼロに近づくこともあれば、マイナスになることもあります。

12 実施した財務調査手続

実施した財務調査手続には、財務調査報告書を作成するうえで、勘定科目ごとに、想定される論点を考え、どのような資料に基づいて、いかなる手続を実施したかを記載します。

表にまとめると、財務調査報告書利用者が理解しやすいと思われます。

4 事業計画の必要性

事業を再生させていくには、事業計画の策定が必要となります。事業計画とは将来の計画です。今後の目標となります。損益計算書を将来10年とか長期のスパンで作成することです。将来予測に基づくものですが、今までの実績を踏まえて、売上に関しては従前の実績に新規開拓や新商品の開発等を加味して堅実な数字を積み上げていきます。費用に関しては、不採算事業からの撤退や経営合理化に伴う費用の削減を積み上げていく必要があります。

事業計画は目標だけでなく、金融機関に対する返済総額を計算する重要な資料となります。

事業計画で立てられた毎年の損益計算書の利益に減価償却費等、現金の流出を伴わない費用を足した金額をフリー・キャッシュ・フローと捉えます。フリー・キャッシュ・フローから設備投資額を控除した金額が金融機関への返済原資となります。

金融機関の協力を得るうえでも、また二次破綻を回避する観点からも事業計画に基づく返済額の算定は重要となります。

第10章 財務デュー・ディリジェンス(財務DD)

5 最 後 に

　現在の経済情勢を鑑みると,経営破綻に陥っている会社はこれからも増えていくと思われます。金融機関をはじめとする債権者の協力を得ながら,経営破綻から企業を救済できるお手伝いを今後ともしていけたらと考えています。
　なお,本文はあくまで自己の経験に基づく私見である点,ご留意願います。

第4部

私的再建を進めるうえでの留意点

この部のポイント

・第二次納税義務には注意が必要。
・過剰債務の解消にあたっては債務免除益にも注意が必要。
・第二会社方式の際には，法務ＤＤ実施同様の調査，検討が必要。
・誠実な債務者は，経営者保証ガイドラインにより保証解除を受けられる。
・経営者保証ガイドライン活用が難しい場合も，破産免責を目指すことができる。任意売却により自宅を守ることができるケースもある。

第11章 税務リスクの検討

1 税務リスクの把握

1 将来追徴税額が発生するリスク

　事業再生の過程で,しっかりとした事業再構築のための経営計画を策定することが,債権者あるいは,スポンサーへの説明に必要不可欠です。また,債務の返済計画についても実現可能な事業計画とそれを基にした資金計画から作成されることになります。会社更生法,民事再生法などの法的手続による場合の更生計画,再生計画の策定・承認については法律上の定めに基づき行われます。私的整理における事業計画については,実際に再建にあたる経営者,スポンサー等の外部協力者あるいは公的支援機関・コンサルタントなどのアドバイザーの助言により策定され,債権者や他の利害関係者の協議による承認を受けて成立します。

　いずれの場合にしても事業計画の策定にあたり,計画実現の可能性を確保することが事業再生を順調に実行するために極めて重要です。この計画実現可能性を担保するために,事業計画に重要な影響を及ぼし得るリスクを把握しておくことが必要になります。この事業計画に将来影響する可能性のあるリスクの一つに税務リスクがあります。ここに税務リスクとは,計画策定時には予見されなかった追徴税額が生じることにより,将来のキャッシュ・フローに影響が

生じる，つまり事業の遂行や返済計画に影響が生じるリスクです。

事業再生を考えるうえでは，概ね以下のような税務リスクが考えられます。

> ・一般的リスク：過年度の税務処理に起因するリスク
> ・納税義務の承継・拡張に伴うリスク
> ・事業再生ストラクチュア固有のリスク

2 一般的リスク

　一般的リスクとは，過去の税務上の判断，税務申告書の記載事項の誤り，あるいは必要な添付書類や届出書の失念や提出時期の誤りにより予期しない追徴税額が生じるリスクです。このようなリスクは法人税だけではなく，他の税目においても生じ得るリスクです。

　消　費　税……課税売上割合算定誤りや，課税事業者選択届出書の提出失念，提出時期の誤り。
　源泉所得税……非経常的な取引や海外取引における源泉徴収義務違反。
　印　紙　税……共同作成課税文書への連帯納付義務。

　またこれらの追徴税額には，本税だけではなく加算税や延滞税といった付帯税が伴います。結果として将来の資金計画に多額の影響を及ぼす可能性があります。

3 納付義務の承継・納税義務の拡張に伴うリスク

　上記の一般的税務リスクは再生当事者の過去の税務申告や税務判断に起因するものですが，再生当事者以外の納税義務者に生じた租税債務を再生当事者が負担しなければならないケースも発生する可能性があります。このような可能性の生じ得る状況としては以下のケースがあります。

> ・納付義務の承継
> ・連帯納付責任
> ・第二次納税義務

(1) 納付義務の承継：法人の合併による国税の納付義務の承継

「法人が合併した場合には，合併後存続する法人又は合併により設立した法人は，合併により消滅した法人に課されるべき，又は被合併法人が納付し，若しくは徴収されるべき国税を納める義務を承継する（通則法6）」こととされています。合併のように権利義務の包括的な承継がある場合には，国税債務も当然承継の対象となります。

(2) 連帯納付責任：法人の分割にかかる連帯納付の責任

「法人が分割（分社型分割を除く）をした場合には，当該分割により事業を承継した法人は，当該分割をした法人の次に掲げる国税について，連帯納付の責めに任ずる。ただし，当該分割をした法人から承継した財産の価額を限度とする（通則法9の2）」として，分割の日前に納税義務の成立した国税について，分割承継法人に連帯して納付する責任を負わせています。

(3) 納税義務の拡張：第二次納税義務

納税義務の拡張とは，納税者から国税を徴収することが困難な場合に，本来の納税者と特定の財産などに関して一定の関係にある第三者から本来の納税者の国税を徴収しても公平を失わないときに，その第三者に対して本来の納税者の納税義務を負わせ，国税徴収の確保を図らせようとする制度です。

第二次納税義務とは上記の趣旨により国税の徴収を確保する観点から，納税者の有する財産からだけでは国税を徴収することができない場合に，形式的に第三者に帰属する財産を，実質的には納税者に帰属すると認めても公平を失わないと認められる場合に，形式的に権利が帰属している者に納税義務を負わせ

第4部　私的再建を進めるうえでの留意点

る制度です（徴収法32～41）。

　国税徴収法には10の第二次納税義務を規定していますが、事業再生に関係が深いと思われる第二次納税義務としては以下のようなケースが考えられます。

①　清算人等の第二次納税義務

　清算人が会社の債務を弁済しないで会社財産を分配した場合において会社に対する滞納処分だけでは徴収不足を生ずると認められる場合に、清算人及び財産の分配又は引渡しを受けた者に対し、その会社の租税債務について、分配（引渡）財産を限度として第二次納税義務を負わせることにしています（徴収法34）。

②　同族会社の第二次納税義務

　滞納者が有する同族会社の株式又は出資に市場性がない等のために滞納に係る国税につき徴収不足を生じると認められる場合には、その同族会社に第二次納税義務を負わせることにしています（徴収法35）。

　同族グループ内企業の再生を図る際に、健全なグループ会社に税務リスクが飛び火する可能性があります。

③　事業を譲り受けた特殊関係者の第二次納税義務

　納税者が親族その他の特殊関係者に事業を譲渡した場合、譲受人は一定の要件の下で当該納税者の未納租税債務について第二次納税義務を負います（徴収法38）。

（成立要件）

　イ．国税の法定期限の1年前の日後に、納税者が親族その他の特殊関係者に事業を譲渡したこと

　ロ．譲受人が納税者と同一と見られる場所において同一又は類似の事業を営んでいること

　ハ．納税者が譲渡した事業にかかる国税を滞納していること

　ニ．滞納処分をしてもなお徴収すべき額に不足すると認められること

（特殊関係者とは）

　イ．配偶者、直系血族、兄弟姉妹

ロ．イを除いた納税者と生計を一つにする六親等内の血族，三親等内の姻族
ハ．納税者の使用人その他の個人で納税者から受ける特別の（対価性のない）金銭等で生計を維持しているもの
ニ．納税者に特別の（対価性のない）金銭等を提供してその生計を維持させている個人
ホ．納税者が同族会社である場合において，同族会社の判定の基礎となった株主又は社員である個人及びその者とイ～ニの一つに該当する関係にある個人
ヘ．納税者を判定の基礎として同族会社に該当する会社
ト．納税者が同族会社である場合において，その判定の基礎となった株主又は社員（これらの者とイ～ニの一つに該当する関係のある個人及びこれらの者を判定の基礎として同族会社に該当する他の会社を含む）の全部又は一部を判定の基礎として同族会社に該当する他の会社

上記の判定は事業を譲渡したときの現況により判定されることとなっています。

また，会社分割も本規定の事業譲渡に該当するものとされています（徴収法通達38条関係9(4)，平20－10－01裁決）。

④ 無償又は著しい低額の譲受人等の第二次納税義務

滞納者が財産を無償又は著しく低額で譲渡し，又は債務の免除その他第三者に利益を与える処分をし，そのため滞納者の国税につき滞納処分を執行してもなおその徴収すべき額に不足すると認められる場合には，これらの処分により権利を取得し，又は義務を免れた者に対し，その滞納に係る国税の第二次納税義務を負わせることができます（徴収法39）。

ただし，次の要件が前提とされています。

イ．その無償譲渡等の処分がなかったならば，徴収不足が生じなかったと認められること
ロ．イの徴収不足が，その国税の法定期限の1年前の日以後に，滞納者がその財産につき行った無償又は著しく低額の対価による譲渡，債務の免除そ

第4部　私的再建を進めるうえでの留意点

の他第三者に利益を与える処分に基因すると認められること

⑤　ま　と　め

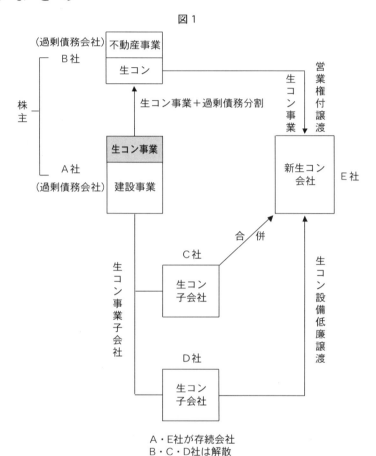

実例ではなく説明のための仮の想定案件です。

図1のケースで

> 分割法人であるA社に分割日前に成立した租税債務の未払額が存在する場合
>
>
>
> 分割承継法人B社承継財産を限度に連帯納付債務が生じる可能性がある。

> B社が譲渡した営業権にかかる消費税の未払債務がある場合
>
>
>
> 営業権を譲り受けたE社に第二次納税義務が生じる可能性がある。

> C社に未払租税債務が存在する場合
>
>
>
> 包括承継会社であるE社に納付義務の承継が行われる可能性がある。

> D社に低廉譲渡に基因する未払租税債務が存在する場合
>
>
>
> E社に第二次納税義務が生じる可能性がある。

　ここで注意しなければいけないことは，第二次納税義務の成立要件として上記③の成立要件イに示されたように1年という期間が経過していればB・E社間の第二次納税義務は生じないこととなります。だからといって，B社の租税債務の未納問題が解決されたわけではなく，このグループの事業再生計画のなかではB社の租税債務の未納問題は依然として大きな影響を及ぼすことになってしまいます。

　図1のケースで，B社が行っていた不動産事業に係る過剰債務を，事業譲渡の対象外とした不動産事業の在庫を処分して返済する予定であったとしても，最終的には，この在庫処分によって得た資金の大半は未納消費税の納付に充当

され，当初計画した返済計画とかなりの乖離が生じてしまいます。

このように，未納租税債務，リスクを無視した再生計画は，計画自体に問題があると判断する必要があります。

4 事業再生特有のリスク

上記3の末尾に記載した当初返済計画と実際の返済計画に大幅な変更を生じさせてしまうような事業再編手続を採用することが，まさに再生計画のストラクチュアに内在する税務リスクです。

そもそも事業再生案件の対象となる会社は，過剰債務に悩まされているケースがほとんどであり，この過剰債務の解消にあたっては債務免除益が多額に発生することが考えられます。債務免除益も課税所得を構成することから債務免除益課税が多額に発生する場合には，資金計画に重要な影響を与えてしまうことになります。そのような状況で，はたして債権者が債務の免除に合意できるのかさえ疑問となってしまいます。債務免除益に見合う繰越欠損金や，資産の評価損失などを考慮して免除額を決定することも考えられますが，合併・分割における繰越欠損金や評価損失の使用制限条項により，課税が生じてしまう可能性もあります。

2 申告実績に潜在する税務リスクの把握

事業再生のための事業計画，資金計画に影響する可能性のある税額の追徴を伴う税務リスクを事前に把握し，排除するためには，過去の申告実績に潜在するリスクの最大可能な把握と，再生計画のストラクチュアに内在するリスクの網羅的な検討が必要であることは上述のとおりです。

そこで，潜在的税務リスクの把握方法と，事業再生ストラクチュアにどのような税務リスクが想定されるのかを検討しておく必要があります。まず，潜在的リスクの把握方法について検討します。

第11章　税務リスクの検討

1　追徴税額発生の可能性

　税務リスクを「将来追徴税額が発生する可能性」と考えた場合，税務リスク把握のための着眼点としては以下のようにまとめられます。

　税務調整項目の加算項目が過大である場合，あるいは減算項目，税額控除金額が過少である場合には税務調査において修正若しくは更正されても，追徴税額が生じることはありません。申告内容自体は正確とはいえませんが，税務リスクの観点からはとりあえず検討の対象外とすることができます。

申告項目		リスク発生要因	確認事項	確認方法
税務調整項目	加算	過小	網羅されているか	記載事項以外から判断
	減算	過大	事実が存在するか	記載内容と事実の確認
税額控除		過大	事実の存在，要件の充足	記載内容と事実の確認

　将来の追徴税額発生のリスクを把握する手段としては，税務調整項目の減算が過大であるケースと税額控除の金額が過大であるケースにおいては，申告書記載事項が事実と一致しているか，その事実及び記載事項・添付書面が税務上の要件を満たしているかを検討すれば足り，比較的容易といえます。一方，加算項目が，全ての加算すべき事実を網羅しているか，つまり他に将来の追加税額発生リスクが存在しないかを確認する方法としては，申告書記載項目以外の周辺事実から判断しなければなりません。

2　会社の取引活動の把握と税務に関する取組みの評価

　税務リスクを把握するために検討すべき申告書記載事項以外の周辺事実というと，かなり広範囲な関係を対象とすることになってしまいます。一方で，事業再生のための事業計画の策定は資金繰り等の逼迫した状況のなかで十分な時間をかけることができないケースがほとんどです。このような時間的制約のなかで税務リスクを網羅的に把握することは極めて困難な作業ですが，概ね以下のような手続を実施することによって潜在リスクを検討します。

> ・会社の取引活動の把握
> ・税務申告体制の検討

(1) 会社の取引活動の把握

税務申告所得は，会社の経済的取引の結果として算定されます。したがって，会社の取引活動の概要を把握したうえで，会社の取引活動のどのような局面で税務リスク発生の可能性が高いのか，重点的なチェックポイントは何かを理解しておくことは非常に有用です。

① 会社取引の概要の把握

会社取引の概要の把握方法としては以下のような手段が考えられます。

> ・会社案内，カタログ，製品パンフレット，ホームページ等の閲覧
> ・会社経営者，営業責任者，製造責任者へのインタビュー
> ・組織図，業務フローチャートの閲覧，聴取
> ・基本取引約款，重要契約書類の閲覧
> ・取締役会議事録，稟議書等の閲覧

以上の手続によれば，会社の「経常的」な取引の概要が把握できると考えられます。経常的な取引に関する典型的なチェックポイントとしては以下のような事項があります。

② 経常的な取引の主なチェックポイント

販売活動	・収益の計上時期，特に特殊商品販売の処理 ・値引き，割引のルール，承認システム ・個別貸倒引当金設定基準 ・取引価格の決定，承認システム
購買・製造活動	・棚卸実施方法，数量疎明資料が残されているか ・棚卸資産評価方法 ・原価計算方法，原価差額の処理 ・取引価格の決定，承認システム ・製造原価と期間原価の区別

第11章　税務リスクの検討

設備投資活動	・減価償却方法，特別償却，割増償却の届出等適用要件の充足 ・買換え，交換特例等の適用要件の充足 ・税額控除適用要件の充足
人件費	・役員給与決定ルール ・従業員給与決定ルール ・従業員名簿との照合，架空名義の有無
経費支出	・交際費，他科目，使途不明金の有無 ・リベート，販促費等の支出のルール，契約関係

(2) 特殊関係者間取引

特に，オーナー，同族関係会社，役員等との取引については以下のような税務リスクに留意すべきです。これらの取引では，通常の取引条件と乖離した経済的合理性に欠如した恣意的な条件設定が行われるケースも想定されます。このようなケースでは，寄附金損金不算入，受贈益認定等のリスクが高まります。また，損金不算入役員賞与，源泉所得税追徴といったリスクが生じる可能性もあります。

営業取引	・会社間の利益調整を目的とした頻繁な価格変更がないか ・期末直近での遡及的な変更がないか
資金取引	・低金利貸付，無対価債務保証がないか ・理由のない債務免除，債務引き受けがないか
費用負担	・人件費，研究費，管理費等の負担が業務に見合ったものか ・経営指導料等の受受が実態の伴ったものか
資産売却	・取引価額が適正な時価を反映しているか ・取引そのものに合理的な理由があるか。資産隠し，利益調整の意図等がないか
人件費	経済的合理性の欠如した利益供与と認定された場合には，損金性が否認されるとともに，源泉徴収の追徴の可能性があります

また，グループ内に不必要に会社数が多数存在する場合には，以下の意図がないか確認する必要があります。

　　・控除枠を利用した交際費課税の分散

第4部　私的再建を進めるうえでの留意点

- 新設会社の消費税免税措置を利用した課税回避
- 一定所得に対する軽減税率を利用した課税回避
- 給与分散による過大給与認定の回避
- 会社間のキャッチボールによる所得調整

(3) 非経常的取引

経常的取引は(1)②の方法により把握することが可能ですが，非経常的な取引については，以下の手段により把握しておく必要があります。

- 貸借対照表項目の増減内容の検討
- 損益計算書経常外損益項目の検討
- 別表上の臨時多額な調整項目の内要検討

これら非経常的項目については，個々に税務上の処理を確認するとともに，このような取引の事業上の必要性，あるいは取引の意図について検討する必要があります。経済的合理性のない取引については，やはり租税回避の意図を持って実施した取引の可能性は高く，税務リスクの慎重な検討が必要となります。

3　会社における税務実務体制の検討

会社が決算作業の結果としての決算書を基礎として税務申告書を作成する過程で「税務リスクを抑制するシステム」が会社に内在しているか否かを検討することにより調査のポイントを把握します。

(1) 会社の意思決定過程

申告所得の最終数値確定に至る過程において，どのような意思決定が行われたのかを確認します。一般に監査法人，公認会計士の会計監査を受けている企業では，特に恣意的な決算が行われることはないはずです。会計監査を受けていない，特に，オーナー系の企業，あるいは被支配会社として親会社の意向が強く反映される従属的な会社などにおいては，企業会計や税法などルールに基

づかない意思決定が行われる可能性があります。

> 月次決算→決算整理事項→決算整理後試算表→決算書

営業上の変動要因とは異なる要因で数値の連続性に変動が生じていれば，何らかの恣意性の介入の足がかりを把握できる可能性があります。最終的な数値の確定段階で行われる恣意的な判断は，質的にも金額的にも重要性が高くかつ意図的であることから，税務リスクはペナルティーの加重も含めて極めて重大なリスクが想定されます。

・売上，売上原価の繰上げ・繰延処理
・関係会社間取引価格の遡及的な修正
・棚卸資産の調整

(2) 一般的な内部統制の状況

通常の各業務フローに関する内部統制の整備・運用状況も税務リスク把握の手がかりとなります。日常のルーチンの業務のなかで発生し得る以下のような比較的重要性の低い項目に関する情報が主となります。ただし，例外的な取引については使途秘匿金等の重大なリスクが潜んでいる可能性もあり注意が必要です。

・交際費，会議費，福利厚生費支出に関する申請制度
・消耗品，修繕の購入や実施の申請制度
・購買管理，販売管理の諸手続
・人件費，勤怠管理の諸手続

(3) 社内体制の検討方法

税務申告に関する社内体制の具体的な把握検討方法としては以下のような手続が考えられます。

ⅰ) 経理担当役員，経理・税務業務責任者へのインタビュー。
ⅱ) 財務デュー・ディリジェンスによる情報。

iii） 外部税務専門家の関与度合い。

　　　　月次ベースなど定期的なレビューを実施しているか。

　　　　申告書作成の作業を実施しているか。

　　　　会社作成書類のチェックと署名のみか。

iv） 重要案件ごとの社内文書や外部専門家との相談内容の吟味。

4 過去の税務調査の検討

　会社の税務リスクを把握する方法として，税務調査の実施状況を検討することは非常に有用です。過去の調査における指摘事項の内容を分析することにより，会社に内在する税務リスクの傾向を把握することができます。

(1) 指摘事項の把握

　過年度の修正申告書，更正決定通知書から税務調査において指摘された理由・内容を把握します。指摘事項の内容を分析することによって以下の点について検討します。

① 高リスク項目の把握

　過去の調査において問題点として指摘された項目は，当然会社の税務リスクが高い項目であり，将来リスク把握の参考とすべき事項です。また，当局は実地調査以前の準備段階で，会社の所属する業種，会社の取引先，取扱商品，業績の推移あるいは財務諸表項目の変動内容を分析して重点調査項目を検討しています。問題を指摘された項目以外にも，特に調査において重点を置かれた項目が何かを確認しておくことも大切です。

　また指摘事項の発生原因分析によっては，2.2で検討した「会社の申告体制」のシステムの弱点を把握することができます。最終的な意思決定の段階で生じた問題か，日常のルーチンから生じた問題かなど，問題の生じやすいシステムに対するリスク調査の重要性が認識されます。

② 指摘事項に対する対応状況の確認

　税務調査において指摘された事項について，将来の同様な税務リスクを生じ

る危険性が排除されていることを確認する意味から，会社が指摘に対してどのように対応しているかを把握しておくことも必要です。

> ・指摘された問題点が反復的な取引において検出された場合には，問題を生じた原因を明確にし，再発の危険を除去されているか。
> ・非経常的な取引において指摘された場合には，問題の内容が正しく認識され，関係先に周知されているか。

上記のような対応が行われていない，あるいは調査が最近行われたことから指摘事項への対応がいまだ実施されていない場合には，将来の税務リスクが高いと判定されるため関連する取引について重点的なリスク調査を実施する必要が生じます。

③ 重加算税などのペナルティーが科された事項

仮装，隠蔽が行われたことにより，重加算税など重いペナルティーが科された取引周辺については，前述の税務申告体制の改善状況等も含めたリスク調査を重点的に実施する必要があります。

(2) 修正，更正決定に至らなかった事項

税務調査において，最終的に否認事項とはならなかった事項であっても，税務調査の過程で検討事項とされた項目についても把握しておく必要があります。最終的に是認に至った理由として考えられるのは

ⅰ） 税法規定上問題とすべき点が存在しなかった。
ⅱ） 課税所得への影響等に重要性がなく，税務上の取扱いには疑義があるが指導等に留める措置が取られた。
ⅲ） 交渉結果として最終的に否認事項から除外された。

などの理由が考えられます。ⅰ）のケースは将来の税務リスクが生じる可能性はほとんどないと考えられますが，ⅱ）ⅲ）のケースでは適切な対応が行われていない場合には将来において税務リスクが顕在化する可能性を否定できません。税務調査において結果として問題とされなかった協議事項についても慎重

な検討を行うべきです。そのためには，前述の修正申告書，更正決定通知書のほかにも，税務調査に関する社内報告書，議事録，関与税理士等の通信文書等を入手，検討する必要があります。

(3) 税務調査の傾向を把握する

税務リスクは，将来の税務調査の結果として顕在化することがほとんどです。(1)，(2)に記載した事項を検討することにより，会社に対する税務調査の重点事項等の傾向を把握しておくことは将来の税務リスクを回避するうえでは消極的な理由ではありますが重要な事項です。

税務調査が終了した事業年度については，既に是否認に関する当局の判断が行われていることからリスクは低いとも思われますが，大きな流れを把握するうえからも，複数回の税務調査の内容を検討しておくべきです。

(4) 未解決の協議事項

未解決の協議事項がある場合には，将来的には審査請求あるいは訴訟等にまで発展する可能性があります。税務上の紛争は一般的には下図のような流れとなり，膨大な時間とコストを費やすこととなります。一般的に国税不服審判所の審査請求後裁決まで約2年程度，訴訟まで行くと一審に約1年半，二審に約1年程度要するといわれています。また，紛争事項にかかる税額はいったん納付することになりますので，資金的な面でも負担が生じます。

未解決の協議事項がある場合には，将来膨大な負担が生じることを前提としてリスク評価すべきです。

第11章　税務リスクの検討

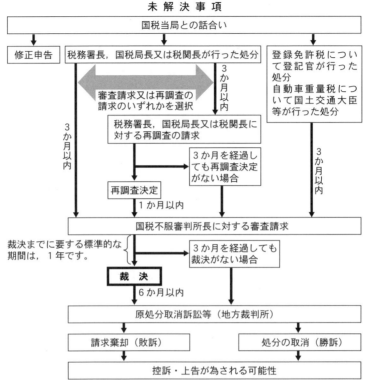

（出所：国税不服審判所パンフレットに一部加筆）

5　税務申告書の検討

税務申告書の検討は税務リスク評価の最も基本的な手段です。申告所得の計算に必要な情報の多くが記載されています。また税務処理に必要な要件を満たしているか否かについても必要事項の記載あるいは書類の添付が行われているはずです。

(1) 記載内容の検討

①　記載事項の確認

記載すべき事項が網羅されているか，記載内容，計算に単純なミスがないか，

第4部　私的再建を進めるうえでの留意点

添付すべき書類が添付されているかといった基本的な事項の確認は最低限必要です。

また，利益積立金の期末残高と翌期の期首残高の一致，加算税・延滞税の納付の有無を確認することによって過去の修正，更正の事実を把握することが可能です。

さらに，過去の組織再編成の情報を入手することもリスク評価にとって重要な情報です。組織再編成に伴う偶発債務の存在，あるいは後述する繰越欠損金，譲渡損失の使用制限が正確に認識されているかを把握しておく必要があります。

② 申告調整項目の検討

将来の税務リスクの評価にあたり以下の点について検討します。

ⅰ) 調整項目，所得の数期間の期間比較，異常性の検討。

ⅱ) 交際費，寄附金，役員賞与等の社外流出項目の網羅性の検討。

ⅲ) 税額控除項目に関する要件が充足されているか，必要な書類が添付されているか。

ⅳ) 申告調整項目が，将来どのような時期に認容，加算されるか。特に長期にわたるものについては事業計画への影響も勘案して検討すべきです。

(2) 繰越欠損金の検討

繰越欠損金の発生時期と発生原因を把握しておくことは，将来の利用可能性を判定するうえで重要です。

① 発 生 原 因

欠損金の発生内容は以下のように大別されます。

ⅰ) 業績不振による事業損失の発生に起因する欠損金。

ⅱ) 事業再建策としてのリストラによる多額の退職金の発生，事業閉鎖による損失。

ⅲ) 固定資産，有価証券などの売却に伴う損失。

ⅳ) 合併等により包括承継された欠損金。

将来の利用可能性の観点から検討する場合，上記ⅰ) ⅱ) については事実関

係が明確であれば，将来の税務調査においても特に大きな問題が生じる可能性は低いと予想されます。

iii）については，売却の理由，売却先，売却価額について，時価との比較，所得移転の意図の有無など，将来の税務調査における否認の可能性について慎重に検討しておく必要があります。またiv）については後述の欠損金使用制限規定のほか，被合併法人において欠損金が発生した時点でiii）に記載したような事実がなかったか検討を要します。

② 発生時期

繰越欠損金は将来の課税所得と相殺することにより資金の社外流失を減少させる効果が期待されるという点で，事業再生の案件においては将来の事業計画と債務返済計画に重要な影響があります。

繰越欠損金の発生時期を把握するということは，その利用可能期間を把握することになります。後述する過剰債務の軽減による債務免除益の発生など事業再生計画上の所得発生状況との対応関係を勘案したうえで，債務返済計画を立案することにより，合理的な事業再生を図る必要があります。

また，税務上の利用期間を経過したいわゆる「期限切れ欠損金」についても，法的手続，特定の私的整理手続あるいは，残余財産がないと見込まれる清算手続において利用可能な制度が設けられています。これらの制度については後述しますが，事業再生計画のなかで利用可能な期限切れ欠損金についても視野に入れた検討をしておくことが必要です。

③ 欠損金控除限度額の設定

平成23年度税制改正において，繰越欠損金の控除限度額が設定されました。

繰越控除をする事業年度	控除限度額
平成27年4月1日から平成28年3月31日の間に開始する事業年度	所得の金額の65%
平成28年4月1日から平成29年3月31日の間に開始する事業年度	所得の金額の60%
平成29年4月1日から平成30年4月1日の間に開始する事業年度	所得の金額の55%
平成30年4月1日以後に開始する事業年度	所得の金額の50%

第4部　私的再建を進めるうえでの留意点

なお，中小法人及び再建中の法人に対しては，以下のような特例が適用されます。つまり表の対象法人の各事業年度における控除限度額は，その繰越控除する事業年度の繰越控除前の所得金額となります。債務免除益課税等の再建計画の阻害要因の排除に考慮したものと考えられます。

	適用対象法人	適用事業年度
中小法人等	中小法人 資本金の額が1億円以下で，大法人の完全支配下にない会社	その各事業年度
	公益法人等又は協同組合等	
	人格のない社団	
再建中の法人	更生手続開始決定，再生手続開始決定があったことに準ずる事実。 その事実が生じた日から同日の翌日以後7年を経過する日までの期間内の日の属する各事業年度	その各事業年度

6　その他

(1) 税務リスク検討対象期間，更正決定が可能な期間

　税務リスクの調査対象期間を決定する際に勘案しなければならないのは国税の賦課権（税務署長が国税債権について更正，決定及び賦課決定する権利）に係る期間制限です。国税の賦課権は，納税者の法的安定や税務行政の画一的執行を確保する見地から期間制限が設けられています。賦課権を行使できる除斥期間は概ね以下のように決められています（通則法70）。

　将来追徴税額が生じるリスクは，賦課権や徴収権が消滅することによって自動的にリスクもなくなると考えられます。また通常の税務調査対象期間を勘案すると税務リスクの調査対象期間としては3年から5年が一般的と考えられます。

第11章 税務リスクの検討

区　　　分	起　算　日	年数	備　　考
更　　　正	法定申告期限の翌日	5年	法人税(＊1)
純損失の減額	同　　上	9年	法人税(＊1)
偽り，不正があった場合	同　　上	7年	

(＊1) 平成30年4月1日以後に開始する事業年度に生じる純損失については10年。

(2) 仮装経理による過大申告と更正の請求

① 仮装経理をした場合の更正の特例

これも事業再生案件において散見される事例ですが，経営不振の状況を金融機関や得意先から隠蔽するために，実際よりも経営成績が良好な決算書を作成する場合があります。会計上の利益を過大に表示するため，課税所得もその分過大に計算される結果となってしまいます。この過大に納付した税額を還付するために更正の請求をすることになります。更正の請求の法定期限は(1)に記載したとおり5年です。

> 内国法人の提出した確定申告書に記載された各事業年度の所得の金額が当該事業年度の課税標準とされるべき所得の金額を超えている場合において，その超える金額の内に事実を仮装して経理したところに基づくものがあるときは，税務署長は，当該事業年度の所得に対する法人税につき，事実を仮装して経理した法人がその後の事業年度において仮装した事実にかかる修正の経理をし，かつ，当該修正経理をした事業年度の確定申告書を提出するまでの間は，更正をしないことができる（法法129①）。

「仮装経理」の定義は特に明確ではありませんが，上記規定に示された「確定申告書に記載された各事業年度の所得の金額が，当該事業年度の課税標準とされるべき所得の金額を超えている場合」で，その本来の課税標準額を超える金額のうちの事実を仮装したことに基づく金額が税務上の「仮装経理」の金額と考えられます。

第4部　私的再建を進めるうえでの留意点

　一方，会計上の「粉飾決算」は，仮装経理と類似した言葉ですが，税務上の課税標準の算定，つまり所得計算と会計上の損益計算とはその計算要素が異なる点があります。したがって，いわゆる会計上の粉飾決算金額と，税務上の仮装経理の額とは必ずしも一致しないと考えられます。

②　仮装経理による過大申告の更正に伴う再生案件に対する還付の特例

　仮装経理に基づく過大申告の更正決定に伴う法人税の還付金額は，原則として，更正の日の属する事業年度開始日から5年以内に開始する各事業年度の所得に対する法人税の額から順次控除され，税額控除し切れなかった残額が生じた場合には，5年経過した日の属する法人税確定申告書の提出に一括還付されることになっています。

　このように，5年間での繰越税額控除を原則として，即時還付を認めないという考え方は，事業再生という時間の猶予のないケースでは適正な制度に基づく事業再生の円滑な遂行に不合理な影響を及ぼす可能性があることから，一定の事業再生事由が生じた場合の還付の特例が設けられました。

　平成21年度税制改正により下記の一定の事実が生じた場合には，当該事実が生じた日以後1年以内に仮装経理法人税額の還付を請求することが可能になりました（法法135④）。

　ⅰ）　更生手続開始の決定があったこと。
　ⅱ）　再生手続開始の決定があったこと。
　ⅲ）　前2号に掲げる事実に準ずる事実で政令で定める事実。

【法令175②】

　ⅰ）　特別清算開始の決定があったこと。
　ⅱ）　再生計画認可の決定に準ずる事実等（3．1(3)参照）。
　ⅲ）　法令の規定による整理手続によらない負債の整理に関する計画の決定又は契約の締結で，第三者が関与する協議によるものとして財務省令で定めるもの。
　　　・債権者集会の協議決定で合理的な基準により債務者の負債整理を定めているもの。

第11章　税務リスクの検討

・行政機関，金融機関その他第三者のあっせんによる協議で前号に準ずる内容の締結（法規60の2）。

③　事業再生特例還付の手続

上記②の還付請求の手続をする場合には以下の事項を記載した還付請求書を提出することとされています（法法135⑥）。

ⅰ）　仮装経理にかかる法人税額
ⅱ）　その計算基礎となる資料
ⅲ）　そ　の　他

【法規60の2②】
ⅰ）　法人の名称，納税地
ⅱ）　代表者氏名
ⅲ）　上記法人税法135条4項の事実が生じた日及びその事実の詳細

(3)　その他の税目

①　その他の税目

法人税以外にも将来追徴されるリスクを伴う税目が存在します。法人住民税や法人事業税はその課税標準が法人税額あるいは法人税の課税所得であることから，法人税において何らかの所得，税額の変動があれば自動的に地方税にも影響が及ぶことになります。事業税の外形標準課税については所得割についての影響が生じることになります。資本割の過誤については極めて単純に確認できますし，付加価値割についてはインパクトが大きいと想定される場合には特段の調査が必要ですが，稀なケースと思われます。

消費税については，課税区分に関するルーチンに誤りがないかを確認する作業と，非経常的かつ多額の取引（土地の売却等）に関する課税区分や課税売上割合の計算について検討しておくべきです。

また，源泉所得税についても日常的な処理のルーチンの確認作業と，非経常的かつ多額の取引（特に海外取引）に関する検討が必要です。

② 未納付税額

事業再生案件に特徴的な項目として，源泉税・消費税など，預り金的な性格を有する租税について，運転資金への流用等の理由で未納付となっているケースがあります。また社会保険料や固定資産税についても同様に未納付となっている会社があります。

このような場合には，未納付となっている本税及び，延滞税（延滞金），加算税などのペナルティーの総額を把握し，再建計画への影響を測定しておくべきです。

3 事業再生特有の税務リスク

1 債務免除益，私財提供益に対する課税

事業再生の対象となる企業は，業績悪化と過剰債務により債務返済の履行が困難な状況に陥った会社と想定されます。このような会社の財政を再建するための重要な手段として「過剰債務の免除」と，経営責任・株主責任の表れとしての「私財提供」が採用されます。債務免除，私財提供等された金額は課税所得を構成する益金となり，これに見合う損金がなければ事業再生の過程で多額の課税が生じます。これら再生計画のなかで発生する課税リスクの適切な把握と対応方法の検討を実施しておくべきです。具体的には，債務免除益等と相殺する繰越欠損金，特例欠損金，資産評価損の利用可能性を正確に把握しておく必要があります。

債務免除益等 （債務免除益，私財提供益，資産評価益）	繰 越 欠 損 金
	特 例 欠 損 金
	資 産 評 価 損

特例欠損金・資産評価損益については以下に詳細に検討します。繰越欠損金についても，2.5(1)に記載した過年度申告に対する否認事項の可能性及び2.6(2)に記載した仮装経理による過大申告の調整などにより，申告書上におい

て認識されている金額と実際に利用可能な金額とに際が生じる可能性に留意が必要です。

(1) 事業再生における債務免除益等の取扱い

① 特例欠損金額

特例欠損金＝①－②	
①	適用年度終了の時における前事業年度以前の事業年度から繰り越された欠損金額の合計額（マイナスの翌期首現在利益積立金額：別表5(1)）。
②	適用事業年度の所得の金額の計算上損金の額に算入される青色欠損金又は災害損失金の額*

＊ 資産評定による資産評価損益を計上する場合には２の金額は控除されません。

② 特例欠損金の控除対象額

控除対象となる事実	控除対象となる金額
債務免除を受けた場合（債務の免除以外の事由により消滅した債務にかかる利益を含みます）*1	債務免除額 （利益の額）
資産の提供を受けた場合*2	提供された金銭の額及び金銭以外の資産の価額
資産の評価替えを行った場合*3	評価による損益を通算した金額 （民事再生等の規定に従う評価替えにかかる部分に限ります）

1 債務の免除以外の事由により消滅した債務にかかる利益

会社更生法，民事再生法等の規定により債務の資本化が行われたことによる利益を意味します。またいわゆるＤＥＳによる債務消滅益もこれに該当します。なお，ＤＥＳの対象となる債権の時価（＝交付された株式の評価額）は，合理的に見積もられた再生企業からの回収可能性に基づき評価されるものとされ，資産評定の基準に基づき作成された実態貸借対照表の債務超過額に，債務処理に関する計画における損益の見込み等を考慮して算定することとされています。

第4部　私的再建を進めるうえでの留意点

2　資産提供益

　資産提供益の取扱いについては「再生手続開始決定，その他これに準ずる事実が生じた場合に，役員若しくは株主等である者又はこれらであった者から金銭その他の資産の贈与を受けることとなった場合には，その贈与による益金の額は債務の消滅による益金の額に含まれるものとする。」として債務免除益と同様に欠損金の特例の対象とされています。ただし，上記の文中にあるように「役員若しくは株主等である者又はこれらであった者」からの資産提供に限定されています。これらの者以外からの資産提供益については欠損金の特例の対象外となることに留意する必要があります。

3　民事再生法等の評価損益

【評価益】

　内国法人がその有する資産について再生計画認可の決定及びこれに準じる事実があったことにより，一定の資産を除き（下記④参照），資産評定が行われその資産評定額が直前の帳簿価額を超える部分の金額は，これらの評価替えをした日の属する事業年度の所得の金額の計算上，益金の額に算入します（法法25③）。

　この規定は，評価損益明細の記載と所定の関係書類の添付を条件としています。

【評価損】

　内国法人の有する資産について再生計画認可の決定及びこれに準ずる事実があったことにより，一定の資産を除き（下記④参照），資産評定が行われた時の評価損の金額は，これらの評価替えをした日の属する事業年度の所得の金額の計算上，損金の額に算入します（法法33③）。

　この規定も，評価損益明細の記載と所定の関係書類の添付を条件としています。具体的には，法人税別表7(2)又は(3)と以下のような書類とされています。

> - 再生計画開始決定その他これに準ずる事実が生じたことを証する書類。
> - 次の事項を記載した書類。
>   ⅰ．債務の免除を受けた金額並びに贈与を受けた金銭の額及び金銭以外の資産の価額の明細。
>   ⅱ．ⅰのかかる債権が法人税法施行令第117条（再生手続開始決定に準ずる事実等）各号に定める債権であることの明細。
>   ⅲ．債務の免除または贈与を行った者の氏名・住所等。
>   ⅳ．ⅲの贈与を行ったものが贈与を受けた法人の役員等であることの明細。
>   ⅴ．その他参考となるべき事項。

なお，資産調整勘定については会計上の資産には該当しないことから，同条の適用を受けず，5年間の均等償却を継続することになります。

③ 評価損益の認識時点と債務免除益の認識時点

民事再生法の債務免除の効力発生は再生計画認可決定の確定時とされており，評価損の認識時点がこれと異なる事業年度に行われる場合には課税所得が生じる可能性があることに留意する必要があります。

④ 資産評価から除外される資産

イ　再生計画認可の決定又は再生計画認可決定に準ずる事実が生じた日の属する事業年度開始の日前5年以内に開始した各事業年度において圧縮記帳の適用を受けた減価償却資産

ロ　短期売買商品

ハ　売買目的有価証券

ニ　償還有価証券

ホ　少額減価償却資産の損金算入，一括償却資産の損金算入の適用を受けた減価償却資産

⑤ 再評価に使用する時価

民事再生法の財産評定規定に示された時価（民事再生法124）と法人税の時価

第4部 私的再建を進めるうえでの留意点

(法基通9－1－3) の概念に以下のような差異があるため，評価額の比較・検討を要します。

	民事再生法	法人税
評価方法	原則：清算価値 例外：継続価値	使用収益価額

⑥ 損金算入額の計算方法

　イ) 資産評定を行っている場合

　　①②③のうち少ない金額

①	債務免除等の利益合計額	債務免除額＋資産提供益＋評価益－評価損
②	欠損金額	全事業年度以前の事業年度から繰り越された欠損金　別表5(1)「31の①」マイナス金額の絶対値
③	当期所得金額	所得金額差引計　別表4「38の①」

　ロ) イ) 以外の場合

　　①②③のうち少ない金額

①	債務免除等の利益合計額	債務免除額＋資産提供益
②	欠損金額	全事業年度以前の事業年度から繰り越された欠損金　別表5(1)「31の①」マイナス金額の絶対値 －青色欠損金，災害損失金別表7(1)「4の計」
③	当期所得金額	所得金額　別表4「38の①」－別表7(1)「4の計」

(2) 私的整理における債務免除益等の取扱い－民事再生に準じた方法－

　民事再生に準じた方法により内国法人の再生計画の認可があった場合，別表添付方式による評価損の計上が認められる要件として以下の項目が規定されています (法令24の2①)。

　ⅰ) 再生計画が一般に公表された債務処理を行うための手続についての準則に従って策定されていること。

　ⅱ) 債務者の資産，負債について資産評定が行われ，当該資産評定による価額を基礎とした債務者の貸借対照表が作成されていること。

iii) ii）の貸借対照表，再生計画における損益見込み等に基づいて債務免除等をする金額が定められていること。
iv) 2以上の金融機関が債務免除等（DESを含む）をすることが定められていること。
v) 政府系金融機関，株式会社地域経済活性化支援機構又は協定銀行が有する債権その他財務省令で定める債権につき債務免除等をする事が定められていること。

> **国税局HPより抜粋**
> なお，私的整理に関するガイドライン研究会，RCC，中小企業庁，経済産業省及び機構から次のような事前照会が行われており，この回答の中でそれぞれの照会にある準則は上記ｉ）の準則に該当するものと確認されています。
> ・平成17年5月11日回答「私的整理に関するガイドライン及び同Q＆Aに基づき作成された再建計画…」
> ・平成24年3月28日「中小企業再生支援協議会の支援による再生計画の策定手順に従って策定された再生計画…」
> ・平成26年6月20日回答「中小企業再生支援協議会の支援による再生計画の策定手順に従って策定された再生計画…」
> ・平成23年9月29日「RCC企業再生スキームに基づき策定された再建計画…」
> ・平成21年7月9日回答「特定認証紛争解決手続に従って策定された事業再生計画…」
> ・平成26年6月26日回答「株式会社地域経済活性化支援機構が買取決定等を行った債権の債務者にかかる事業再生計画…」

(3) 税務リスクに対応するためのプランニング

債務免除益等に見合う評価損や欠損金がないため免除益に対する課税が生じ

るリスクが解消されないケースも想定されます。特に規模の小さい事業の場合には評価損の認められる範囲が制限されています。事業再生過程に生じ得る税務リスクに対応するため以下の項目について事前に検討しておくことが必要です。

　ⅰ）　税務上利用可能な青色欠損金額の把握と欠損金内容の検証。
　ⅱ）　特例欠損金の使用可能性の判定。
　ⅲ）　欠損金の損金算入順序，時期の確認。
　ⅳ）　評価損益の把握。
　ⅴ）　ＤＥＳにおける資本化される債権の時価評価額の算定。

(4)　繰越欠損金控除限度額縮減の特例

　―欠損金等の控除限度額が控除前所得の金額に相当する金額とされる法人等

　繰越欠損金の控除限度額縮減（平成27年度では65％に縮減）の改正が行われたことに伴い，中小法人等や一定の事実が生じた法人等については，次表の中欄に掲げる事業年度（次表の右欄に掲げる事業年度を除きます）における**欠損金等の控除限度額が控除前所得の金額に相当する金額とされました**（法法57⑪，58⑥，法令112⑭～⑲，116の2⑤～⑦，法規26の3の2，26の5の2）。

　この一定の事実が生じた法人に「再建中の法人」規定があり，債務免除益等に利用できる繰越欠損金の範囲にも適用されることとなります。

（国税庁ＨＰ一部修正のうえ転載）

対象法人	対象事業年度	対象事業年度から除かれる事業年度
(イ)　更生手続開始の決定があったこと	その更生手続開始の決定の日からその更生手続開始の決定に係る更生計画認可の決定の日以後7年を経過する日までの期間（同日前においてその更生手続開始の決定を取り消す決定の確定その他の一定の事実が生じた場合には，その更生手続開始の決定の日からその事実が生じた日までの期間）内の日	その更生手続開始の決定があった日以後にその法人の発行する株式が金融商品取引所等に上場されたことその他のその法人の事業の再生が図られたと認められる事由（注）のいずれかが生じた場合には，その上場された日その他のその事由が生じた一定の日のうち最も早い日以後に終

	の属する各事業年度	了する事業年度
(ロ) 再生手続開始の決定があったこと	その再生手続開始の決定の日からその再生手続開始の決定に係る再生計画認可の決定の日以後7年を経過する日までの期間（同日前においてその再生手続開始の決定を取り消す決定の確定その他の一定の事実が生じた場合には、その再生手続開始の決定の日からその事実が生じた日までの期間）内の日の属する各事業年度	その再生手続開始の決定があった日以後にその法人の発行する株式が金融商品取引所等に上場されたことその他のその法人の事業の再生が図られたと認められる事由(注)のいずれかが生じた場合には、その上場された日その他のその事由が生じた一定の日のうち最も早い日以後に終了する事業年度
(ハ) 再生計画認可の決定があったことに準ずる事実など法第59条第2項に規定する一定の事実（(ロ)の事実を除きます）	その事実が生じた日から同日の翌日以後7年を経過する日までの期間内の日の属する各事業年度	その事実が生じた日以後にその法人の発行する株式が金融商品取引所等に上場されたことその他のその法人の事業の再生が図られたと認められる事由(注)のいずれかが生じた場合には、その上場された日その他のその事由が生じた一定の日のうち最も早い日以後に終了する事業年度
(ニ) (イ)から(ハ)までの事実に準ずる一定の事実	その事実が生じた日から同日の翌日以後7年を経過する日までの期間内の日の属する各事業年度	同 上

(注) 事業の再生が図られたと認められる事由とは、次のイからニまでに掲げる事由（上記ロの(ハ)及び(ニ)の事実が株式会社地域経済活性化支援機構又は株式会社東日本大震災事業者再生支援機構が行う再生支援によるものである場合にはイ、ロ及びホの事由）をいいます（法令112⑭）。
 イ　その法人の発行する株式が金融商品取引所等に上場されたこと
 ロ　その法人の発行する株式が店頭売買有価証券登録原簿に登録されたこと
 ハ　その法人のその事実に係る更生計画等で定められた弁済期間が満了したこと
 ニ　その法人のその事実に係る更生債権等の全てが債務の免除、弁済その他の事由により消滅したこと
 ホ　株式会社地域経済活性化支援機構又は株式会社東日本大震災事業者再生支援機構が行うその法人に対するその事実に係る一定の再生支援に係る全ての業務が完了したこと

(5) 中小企業者の事業再生に伴い特定の組合財産に係る債務免除等がある場合の評価損益等の特例制度の創設－平成25年度税制改正－

〔創設された制度の概要〕

　青色申告書を提出する中小企業者について，平成25年4月1日から平成28年3月31日までの間に再生計画認可の決定があったことに準ずる一定の事実が生じた場合において，その中小企業者が，その有する資産の価額につき評定を行い，又はその債務処理に関する計画に従ってその再生債権(特定投資事業有限責任組合の組合財産となるもの，下記の①ハ，②参照)につき債務の免除を受けたときは，その事実を一定の私的整理とみなして，資産の評価損益の計上及び期限切れ欠損金の優先控除ができることとされました(措法67の5の2，法法25③，33④，59②)。

① 再生計画認可の決定があったことに準ずる一定の事実

　本制度における再生計画認可の決定があったことに準ずる一定の事実とは，中小企業者について再生計画認可の決定があったことに準ずる事実(その債務処理に関する計画が次のイからニまでの要件のいずれにも該当するものに限ります)をいいます(措令39の28の2①，法令24の2①各号)。

　　イ　一般に公表された債務処理を行うための手続についての準則(注)に従って策定されていること

　　　(注)　公正かつ適正なものと認められるものであって，資産及び負債の価額の評定に関する事項など一定の事項が定められているものに限り，特定の者(政府関係金融機関，株式会社地域経済活性化支援機構及び協定銀行を除きます)が専ら利用するためのものは除きます。

　　ロ　債務者の有する資産及び負債につき，イの準則に定められた資産及び負債の価額の評定に関する事項に従って資産評定が行われ，その資産評定による価額を基礎とした債務者の貸借対照表が作成されていること

　　ハ　次の事項があらかじめ定められていること

　　　　再生債権を有する二以上の金融機関等のその再生債権が特定投資事業有限責任組合契約に係る組合財産となること

　　ニ　利害関係を有しない専門的知識を有する第三者が，その再生債権が特定

第11章　税務リスクの検討

投資事業有限責任組合契約に係る組合財産となる時においてその再生債権を有する金融機関等が取得するその再生債権の対価が適正であることを確認していること
ホ　二以上の金融機関等又は政府関係金融機関，株式会社地域経済活性化支援機構若しくは協定銀行が債務の免除をすることが定められていること

②　特定投資事業有限責任組合契約

　本制度における特定投資事業有限責任組合契約とは，投資事業有限責任組合契約に関する法律第3条第1項に規定する投資事業有限責任組合契約のうち，次の基準に適合するものとして内閣総理大臣及び経済産業大臣が指定するものをいいます（措法67の5の2②三，措令39の28の2③⑥，平25内閣府・経済産業省告示第2号1）。

イ　組合の事業が，地域の経済活力や雇用について大きな役割を果たす中小企業の経営改善又は事業再生を主たる目的とするものであること
ロ　組合の組合財産である債権の債務者についての債務処理に関する計画が中小企業再生支援協議会の定める準則に従って策定されることが明らかであること
ハ　組合の無限責任組合員が，税務，金融，企業の財務並びに中小企業の経営改善及び事業再生に関する専門的な知識を有する者であること
ニ　組合の有限責任組合員に預金保険法の金融機関が含まれており，かつ，有限責任組合員のうち二以上の者が預金保険法の金融機関，農水産業協同組合貯金保険法の農水産業協同組合，株式会社日本政策投資銀行，信用保証協会及びこれらの者のいずれかとともに債務免除等をする地方公共団体（以下ホにおいて「金融機関等」といいます）のいずれかに該当すること
ホ　組合に対して金融機関等及び独立行政法人中小企業基盤整備機構がする出資の合計額が出資総額の3分の2以上であること
ヘ　組合の無限責任組合員及び有限責任組合員が，成年被後見人等に該当しないこと

　本制度の適用を受けるためには，次の適用を受ける制度の区分に応じそれぞ

れ次の手続を行う必要があります。

適用を受ける制度	必 要 な 手 続 き
イ　資産の評価益及び評価損の計上（法法25③，33④）	確定申告書に評価益明細又は評価損明細を記載するとともに，評価益関係書類又は評価損関係書類を添付する必要があります（措規22の17の2①，法法25⑤，33⑦，法規8の6③ニ，22の2ニ）。
ロ　債務免除益等の範囲内で期限切れ欠損金の優先控除（法法59②）	確定申告書，修正申告書又は更正請求書に，損金算入額の計算明細及び再生計画認可の決定があったことに準ずる事実等が生じたことの証明書類等を添付する必要があります（措規22の17の2②，法法59④，法規26の6ニ）

2　第二会社方式──解散会社に対する課税「清算課税」

　第7章で紹介した第二会社方式は，平成22年税制改正以前に認められていた財産法による清算課税を利用して，上記1に記載したような債務免除益に対する課税リスクから再生事業を分離し，事業再生をより円滑に執行するうえから税務面でも利用価値の高い手段と考えられていました。しかしながら平成22年度税制改正により財産法による清算所得課税が廃止されたことにより1と同様な税務リスクに対応するプランニングが必要となりました。

【第二会社方式における税務上の留意点】
・事業分離後の対象会社の清算過程での税務リスク。
　特に債務免除益に対する課税。
・事業承継会社における返済財源となる事業収益に利用可能な損金の存在。
　特に繰越欠損金，譲渡損失の使用制限。

---

(1) 清算所得課税の廃止

平成22年度税制改正により，平成22年10月以降に解散した内国法人に対しては清算所得課税が廃止され，通常の損益法による所得計算による課税が行われることになりました。清算所得課税は残余財産の価額が税務上の純資産（資本金等の額と利益積立金額の合計）を超える場合に，その超える部分が所得として課税されます。

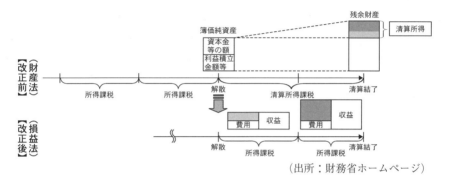

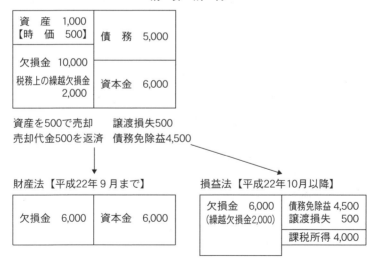

（出所：財務省ホームページ）

第4部　私的再建を進めるうえでの留意点

ⅰ）改正前の取扱い（平成22年9月30日までに解散した会社）

　　上図の左側の財産法による課税の対象となり，残余財産がゼロなので課税は生じません。

ⅱ）現在の取扱い

　　上図の右側の損益法による課税の対象となるため4,000の課税所得が生じ，これと相殺する税務上有効な繰越欠損金が2,000しかないため，残余の2,000に対して課税が生じます。ただし，(2)に記載した期限切欠損金が利用可能となるケースがあります。

　したがって，債務免除益に対して十分な欠損金が存在しない場合には将来課税の生じるリスクがあります。

(2) 期限切れ欠損金の復活

　清算所得課税が廃止されたことにより，税務上利用可能な繰越欠損金が不足する場合には，上記(1)ⅱ）のように債務の返済に充当する資産がないために弁済不能であったことにより生じた債務免除益に対して，課税が生じ得るケースがあります。

　このような状況を回避するため，残余財産がないと見込まれるときは，解散事業年度開始前7年以内(注1)に生じた未処理繰越欠損金に加えて，期限切れの欠損金についても損金算入を認める制度が設けられました（法法59③）。

　上記の例では期限切れ欠損金が4,000，債務免除益が4,500ありますので，期限切れ欠損金が全て利用可能となり，結果として課税所得は発生しないことになります。

　この場合にも別表7(2)又は7(3)や関係書類などの添付要件が課せられていることに留意が必要です（3.1(1)②3参照）（法法59④，法規26の6）。

(注1)　平成20年4月1日以後に終了した事業年度に生じた欠損金については9年。

第11章　税務リスクの検討

（出所：財務省ホームページ）

(3) 期限切れ欠損金額の算定方法

上記(2)で復活することとなる期限切れ欠損金の金額は下記のａからｂの金額を控除した金額となります（法令118）。

ａ：当該適用事業年度における法人税申告書別表５(1)の「期首現在利益積立金額①」の「差引合計額31」欄に記載されるべき金額がマイナスである場合のその金額

ｂ：当該適用事業年度に損金の額に算入される青色欠損金額又は災害損失欠損金額

> ａ－ｂ＝損金算入対象金額となる期限切れ欠損金

(4) 残余財産がないと見込まれることの意義

上記(2)で期限切れ欠損金の復活の条件とされている残余財産がないと見込まれることの判定の時期と意義を理解しておく必要があります。

① 判定の時期

残余財産がないと見込まれるかどうかの判定は，この措置を受けようとする**適用事業年度終了時の現況**により判定することとなります。

② 残余財産がないと見込まれることの意義とその説明文書

以下のような場合に「残余財産がないと見込まれるとき」に該当するものと

第4部　私的再建を進めるうえでの留意点

されています。

> a．適用年度終了のときにおいて債務超過の状態にあるとき。
> 【説明文書例】そのときの会社の「実態貸借対照表」

　この実態貸借対照表は清算を前提とした清算貸借対照表になります。その資産評価は処分価額によることとなります。したがって，通常の継続企業を前提とした企業会計の基準に基づいて作成された貸借対照表とは評価の前提が異なります。具体的には，債権については回収可能性を反映した評価になりますし，その他の資産については換金処分を前提とした処分可能価額によることになります。ただし，当該法人の解散が事業譲渡等を前提としたもので当該法人の資産が継続して他の法人の事業の用に供される見込みである場合には，その資産が使用収益されるものとして通常付される価額によることとされています。

> b．清算型の法的整理手続である破産又は特別清算の手続開始の決定又は開始の命令がなされた場合。
> (特別清算の開始の命令が「清算の遂行に著しい支障をきたすべき事情があること」のみを原因としてなされた場合を除きます)
> 【説明文書例】
> 「破産手続開始決定書の写し」，「特別清算開始決定書の写し」

> c．再生型の法的手続である民事再生又は会社更生の手続開始決定後，清算手続が行われる場合。
> 【説明文書例】
> 　「再生計画又は更生計画に従った清算であることを示す文書」
> 　手続開始決定後，再生計画又は更生計画の認可決定(計画認可決定)を経て事業譲渡が行われ，清算が開始している場合。
> 　「民事再生又は会社更生に手続開始決定の写し」
> 　計画認可決定前に事業譲渡が行われ，清算が開始している場合。

第11章 税務リスクの検討

> d．公的機関が関与又は一定の準則に基づき独立した第三者が関与して作成された事業再生計画に基づいて清算計画が行われる場合。
>
> 【説明文書例】
> 「公的機関又は独立した第三者の調査結果で会社が債務超過であることを示す書面」
>
> (注1) 公的機関又は独立した第三者が関与する私的整理手続において，**第二会社方式**（再生会社は事業を譲渡し，再生会社自体は清算する方式）による事業再生が行われる場合で，公的機関又は独立した第三者が関与した上で債務超過であることの検証がなされ，その検証結果に基づいて策定された事業再生計画に従って**再生会社の清算が行われる場合**が該当します。
>
> (注2) 該当する私的整理手続としては，地域経済活性化支援機構，整理回収機構，中小企業再生支援協議会，私的整理ガイドライン，産業活力再生特別措置法に基づく特定認証紛争解決手続の関与する事案等が該当します。

一般的には「実態貸借対照表」により債務超過の状態であるか否かが判定されますが，これに限らず，公的機関あるいは独立した第三者が関与する手続により債務超過の状態が確認されている場合には，この手続のなかで作成された書類により「残余財産がないと見込まれる」か否かの判定が行われます。

上記のいずれの場合にも，特にa．のように，法的手続や公的機関の関与による私的整理の手続を前提としない場合には財務デュー・ディリジェンスが極めて重要な機能を果たすことになります。

(5) 残余財産がないことの見込みが変わった場合の欠損金の取扱い

期限切れ欠損金額の損金算入制度は，清算中に終了する各事業年度終了のときの現況によって損金算入の可否を判定することとされています。仮に，その後の事業年度において状況が変動し当初の見込みと異なる結果になったとしても過去において行った期限切れ欠損金の損金算入に影響を与えるものではありません。したがって，損金算入後の事業年度において見込みが変わったことに

よって，過去の事業年度にさかのぼって損金算入を修正する必要はありません。

(6) 実在性のない資産が計上されている場合

清算等の手続中に法人の資産状況を調査する過程で実在性のない資産が明らかになることがありますが，このような場合は以下のように取り扱われることになります。

① 実在性のない資産とは

この「実在性のない資産」についての定義は明確ではありませんが，②に記載しているように実態貸借対照表において当該資産はないものとして取り扱われることから判断すると，単に物理的な存在の有無にかかわらず，資産としての能力が存在しないもの，例えば，回収の見込みのない債権，使用不能な機械装置なども含まれるものと考えられます。

また，③の取扱いの内容は2.6(2)の仮装経理があった場合の取扱いに類似した考え方ですが，判定の基礎は課税標準ではなく，実態貸借対照表の資産額であることを勘案するとより範囲の広い概念，いわゆる粉飾決算による架空資産に近い概念とも考えられます。

いずれにしても清算中の会社の残余財産の見込み額に影響し，最終的には，清算事業年度の所得計算によって確定することになります。

② 期限切れ欠損金額の損金算入の可否の判定

期限切れ欠損金額の損金算入の可否の判定に用いられる「残余財産がないと見込まれる」状況については「実態貸借対照表」により判定されます。実在性のない資産はこの実態貸借対照表において資産としての計上能力はないと判断され，資産価額は減少することになります。この結果として債務超過の金額が増加する場合には，その増加金額について期限切れ欠損金の損金算入が認められることになります。

③ 実在性のない資産の取扱い－「欠損金額の算定」

ⅰ） 実在性のない資産の計上根拠（発生原因）が明らかな場合
　ａ．発生原因が更正期限内に生じたものである場合

2. 6(2)①に記載した更正に関する特例（法法129①）の規定により，「法人において修正の経理を行い，その修正した事業年度の確定申告書を提出したのち，税務当局による更正手続を経て，原因発生年度の欠損金額として取り扱う。」

（発生年度が青色申告であれば青色欠損金，青色申告でない場合は期限切れ欠損金）

b．発生原因が更正期限経過事業年度内に生じたものである場合

「法人において当該原因に応じた修正の経理を行い，仮に更正期限内であればその修正経理により増加したであろう損失額を，その発生事業年度から繰越された欠損金額として処理する（期首利益積立金額から減算する）。」

（発生事業年度が青色申告であるか否かにかかわらず期限切れ欠損金とする）

ⅱ）実在性のない資産の計上根拠（発生原因）が不明である場合

発生原因，時期などが不明な実在性のない資産についても，下記④の手続の結果把握された場合には，その客観性が担保されていることから過大となっている利益積立金額を適正金額に修正することが適切と考えられることから以下のように取り扱うこととされています。

「法人において修正経理を行い，その修正事業年度の確定申告書上で，その実在性のない資産の帳簿価額に相当する金額を過去の事業年度から繰越されたものとして処理する（期首利益積立金から減算）ことにより期限切れ欠損金とする。」

④ 実在性のない資産の把握

上記の取扱いの対象とする「実在性のない資産」の把握過程については，以下のような状況で行われた独立した第三者の調査によって検出されたものであることが前提とされています。

ⅰ）清算型の法的手続である破産又は特別清算の手続開始決定又は開始命令

ⅱ）再生型の法律手続である民事再生又は会社更生の手続開始決定後，清算手続が行われる場合

ⅲ）公的機関が関与し又は一定の準則に基づき独立した第三者が関与して

第4部　私的再建を進めるうえでの留意点

策定された事業再生計画に基づいて清算手続が行われる場合また，清算を前提としない，再生を前提する上記手続においても資産の実在性のないことが客観的に担保されている場合には同様の取扱いを行うこととされています。

⑤　処 理 例

○　実在性のない資産が把握された場合の処理例(1)

　　過去の帳簿書類を調査した結果，実在性のない資産の計上根拠等が判明した場合において，その実在性のない資産が<u>更正期限内の事業年度</u>に原因の生じたものであるとき

《前提》

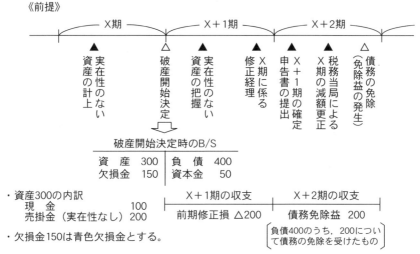

・資産300の内訳
　　現　金　　　　　　　　100
　　売掛金（実在性なし）200
・欠損金150は青色欠損金とする。

X+1期の収支
　前期修正損　△200

X+2期の収支
　債務免除益　200
　負債400のうち，200について債務の免除を受けたもの

＊　説明の便宜上，X+1期，X+2期においては，記載された事項以外の益金・損金はないものとします。

第11章 税務リスクの検討

○ 実在性のない資産が把握された場合の処理例(2)
　過去の帳簿書類を調査した結果，実在性のない資産の計上根拠等が判明した場合において，その実在性のない資産が<u>更正期限を過ぎた事業年度</u>に原因の生じたものであるとき

《前提》

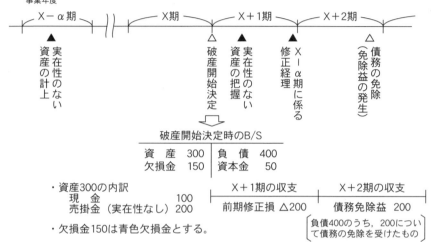

＊　説明の便宜上，X＋1期，X＋2期においては，記載された事項以外の益金・損金はないものとします。

（出所：国税庁ホームページ）
平成22年度税制改正に係る法人税質疑応答事例
（グループ法人税制その他の資本に関係する取引等に係る税制関係）（情報）
「問11　実在性のない資産の取扱い」より引用

(7) 完全支配株主への欠損金の引継

　グループ法人税制の導入により，完全支配関係のある内国法人が解散した場合，当該内国法人の株主である内国法人において清算損失（対価０の株式譲渡損失）を認識できないことになりました。これに対して，完全支配関係にある内国法人の残余財産が確定した場合，その株主である完全支配会社に青色欠損金を引き継ぐことができるようになりました。ただし，完全支配関係が５年以内に生じている場合には，引継の制限措置の対象となります。

3　第二会社方式——会社分割　繰越欠損金引継の制限規定

　第二会社方式を採用する場合の事業切離し方法として会社分割制度が利用されます。会社分割の税務上の取扱いは，原則として資産，負債は時価により移転するものとされており，原則的な取扱いにおいては分割時に譲渡損失が認識されることとなります（非適格分割）。

　例外的な取扱いとして以下の税制適格要件を満たす分割については，分割時点での資産・負債の移転に係る譲渡損益の計上を繰り延べることとされています（法法62の5③）。

【税制適格要件の概要】（法法2⑫の②，③，⑨，⑪，⑫）
ⅰ）　100％グループ内における適格分割
　　a．分割対価として分割承継法人又は分割承継親法人のいずれか一方の株式以外の資産が交付されないこと
　　b．100％の完全支配関係が継続すること
〔無対価分割の場合の完全支配関係継続要件〕
　　分割対価の支払を伴わない，いわゆる無対価分割の場合の完全支配関係継続要件は，分割前に以下の関係にある場合とされています。いずれの場合も，分割承継法人株式の交付の有無にかかわらず資本関係に差異が生じない関係です。
　　イ）　分割型分割の場合
　　　・分割承継法人が分割法人の発行済み株式等の全部を保有する関係
　　　・分割承継法人及び分割承継法人の発行済み株式等の全部を保有するものが分割法人の発行済み株式等の全部を保有する関係
　　ロ）　分社型分割
　　　・分割法人が分割承継法人の発行済み株式等の全部を保有する関係
ⅱ）　50％超100％未満のグループ内における適格分割
　　a．分割対価として分割承継法人又は分割承継親法人のいずれか一方の株式以外の資産が交付されないこと

b．支配関係が継続すること

　c．従業員が引き継がれること（概ね80％以上）

　d．移転した事業を継続して営むこと

　e．分割事業の主要な資産・負債が引き継がれること

iii）　共同事業を営むための適格分割

　a．分割対価として分割承継法人又は分割承継親法人のいずれか一方の株式以外の資産が交付されないこと

　b．事業関連要件：分割法人の分割事業と分割承継事業に関連性があること

　c．事業規模要件：分割事業と承継事業の規模が概ね5倍を超えないこと

　d．特定役員引継要件：分割法人の役員と分割承継法人の経営に関与する役員のいずれかが，承継法人の経営に関与すること

　e．分割事業の主要な資産・負債が引き継がれること

　f．従業員が引き継がれること（概ね80％以上）

　g．移転した事業を継続して営むこと

　h．株式継続保有要件：

　　　分割直前の分割法人の株主等で分割によって交付を受ける分割承継法人又は分割承継親法人株式を継続して保有することが見込まれる者，及び分割承継法人が有する分割法人の株式の数を合計した数が分割法人の発行済み株式等の80％以上であること

　適格分割による第二会社方式を採用する場合，非適格判定による譲渡損益の認定リスクを避けるために，上記の要件を適切に充足していることを確認することが大前提となります。

第4部 私的再建を進めるうえでの留意点

適格・非適格分割の判定フローチャート

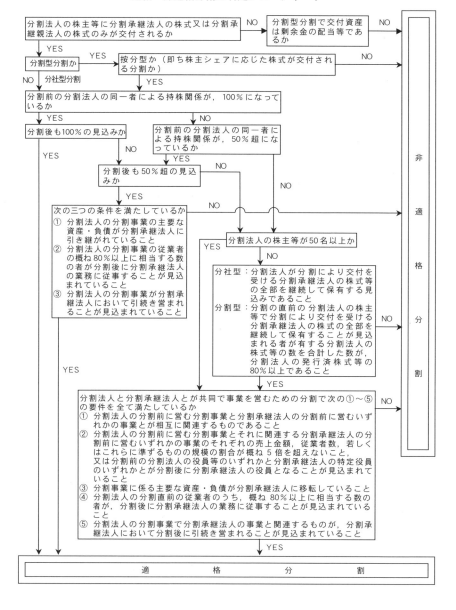

第11章 税務リスクの検討

ただし，適格要件を充足している場合においても税務リスクが生じる場合があります。以下に，これらのリスクについて検討します。

(1) 繰越欠損金引継制限規定による税務リスク

繰越欠損金を保有する内国法人と，その内国法人と支配関係にある法人との間で，当該内国法人を分割承継法人とする適格分割が行われた場合において，適格要件のうち「みなし共同事業要件」[*1]を満たしていないときは，適格分割の日の属する事業年度以後の各事業年度において繰越欠損金の控除の適用（繰越欠損金の引継）について制限が設けられています（法法57④）。

分割承継法人の収益による返済計画で，繰越欠損金の利用に資金の社外流出を計上していなかった場合には，想定外の納税による返済財源が不足するリスクが生じます。

(*1)「みなし共同事業要件」は以下のa．からd．若しくはa．とe．の要件を満たしている場合をいいます。この要件を満たさない場合には制限規定の対象となります。
    a．事業関連性要件
    b．規模要件（概ね5倍を超えない）
    c．分割法人の事業の規模継続要件
        分割法人の事業が，最後に支配関係があることとなったときから分割の直前まで継続して営まれており，かつ，その両時点での規模の割合が2倍を超えないこと
    d．分割承継事業の規模継続要件
        分割事業が，最後に支配関係があることとなったときから分割の時まで継続して営まれ，かつ，その両時点での分割承継事業の規模の割合が概ね2倍を超えないこと
    e．経営参画要件
        分割法人の特定役員（常務以上の役員）のいずれかと分割承継法人の特定役員のいずれかが分割承継法人の特定役員になることが見込まれること

(2) 制限される金額

下記の欠損金額は欠損がないものとして損金算入できません（法法57④一，二）。

第4部　私的再建を進めるうえでの留意点

> (a)　支配関係事業年度前(＊1)の各事業年度の未処理欠損金額(＊2)。
> (b)　支配関係事業年度以後の各事業年度で生じた欠損金額のうち，特定資産譲渡等損失相当額(＊3)からなる部分。

(＊1)　支配関係事業年度
　　　当該内国法人と当該支配関係法人との間に最後に支配関係があることとなった日の属する事業年度。
(＊2)　未処理欠損金額
　　　前9年内事業年度に生じた青色欠損金等で既に損金算入された部分及び繰戻還付の計算基礎とされた部分を除く金額。
(＊3)　特定資産譲渡等損失額
　　　「⑸　平成25年度税制改正の内容」及び「4　第二会社方式－会社分割　特定資産譲渡損の制限規定」参照
　　　（＊1）に記載された「支配関係法人との間に最後に支配関係があることとなった日」の判定は以下のように行われます。

支配関係の発生時期による欠損金の引継制限

（支配関係）

```
        G1 ────▶ G2            G2
      ╱    ╲    ╱    ╲        ╱    ╲
  50%超  50%超  50%超  50%超  50%超  50%超
    ╱      ╲    ╱      ╲      ╱      ╲
   G3      G4  G3      G4    G3      G4
```

| G1による支配関係の発生 | G2による支配関係の発生 | 〔適格合併〕 |

　　　　　　　　　　　　　5年　　　　　　　　　　　　　　未処理欠損金額

平18.4.1　　平19.4.1　　　　　平21.4.1　　　　　平23.4.1　平23.10.1
　　　　　　　　(1)　　　　　　　　(2)　　　　　　　　　　(3)

(1)　G1がG3及びG4の発行済株式の50％超を保有したことにより支配関係が発生
(2)　G1がG2に対して，G1が保有するG3株式及びG4株式の全てを一括して譲渡したことにより，G2による支配関係が発生
　※　当該適格合併は，法人税法施行令第112条第3項に規定するみなし共同事業要件を満たしていないものとします。

第11章 税務リスクの検討

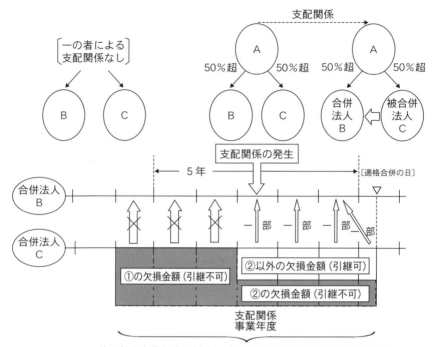

① 最後に支配関係があることとなった日の属する事業年度前に生じた欠損金額。
② 支配関係事業年度以後の各事業年度において生じた欠損金額のうち特定資産譲渡等損失額からなる部分。

最後に支配関係があることとなった日とは，分割法人と分割承継法人との間において，適格分割の日の直前まで継続して支配関係がある場合のその支配関係があることとなった日をいい，法令の規定上，その支配関係を成立させている一の者が継続していることまで求めているものではありません。

(出所：国税庁ホームページ)
平成22年度税制改正に係る法人税質疑応答事例
(グループ法人税制その他の資本に関係する取引等に係る税制関係)（情報)
「問7　最後に支配関係があることとなった日の判定」より引用

（3） 引継制限規定の緩和－支配関係の継続

(1)の内国法人と内国法人支配関係法人との間に，下記 a．b．c．のそれぞれに示す日のうち最も遅い日から継続して支配関係がある場合には(1)の制限規定は適用されません（法法57④）。

> a．適格分割の日の属する事業年度（組織再編成事業年度）開始の日の5年前の日
> b．当該内国法人の設立の日
> c．当該支配関係法人設立の日

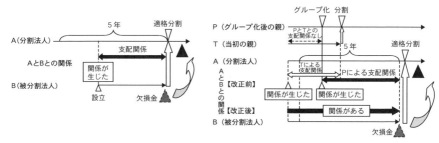

（出所：財務省ホームページ）

（4） 引継制限規定の緩和－時価純資産超過額のある場合

みなし共同事業要件を満たさない場合であっても，組織再編成事業年度の直前事業年度末において(1)の内国法人の時価純資産超過額（時価純資産価額－簿価純資産価額）が未処理欠損金より大きいときは，内国法人の未処理欠損金の全額が引継可能となります。

また，未処理欠損金額が時価純資産超過額を上回るときは，時価純資産超過額の範囲で内国法人の未処理欠損金額の引継が可能となります。

この緩和規定は「できる」規定になっています，したがって利用するか否かは納税者の判断によります（法令113①④）。

第11章　税務リスクの検討

分割法人の繰越欠損金引継の判定フローチャート

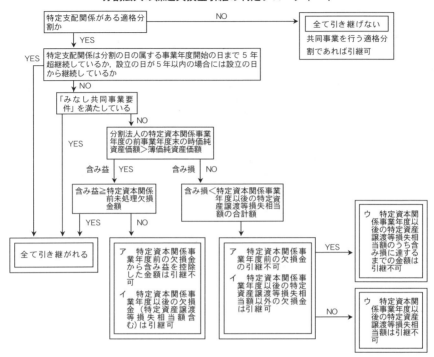

(5)　欠損金の引継ぎ制限－平成25年度税制改正－

　支配関係がある法人の間で適格分割等が行われた場合の繰越青色欠損金額に係る制限制度における引継対象外未処理欠損金額の計算について，次のとおり見直しが行われました。

イ　支配関係がある法人の間の適格分割等の日以前2年以内に特定支配関係法人を分割法人（被合併法人等）とする一又は二以上の特定適格組織再編成等が行われていた場合において，その一又は二以上の特定適格組織再編成等により移転があった一定の資産(*)のうちその適格分割（合併等）に係る分割法人（被合併法人等）が有することとなったものは，その法人が支配関係発生日において有するものとみなして，引継対象外未処理欠損金額を計算すること

253

第4部　私的再建を進めるうえでの留意点

されました。

　下記の図にもあるように上記に該当する資産は⑵「制限される金額」に示された引継ぎ制限規定の適用を受ける特定資産譲渡損失相当額に含まれることとなります。

【改正のイメージ】

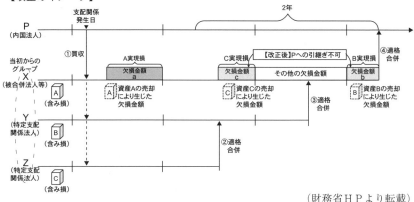

（財務省ＨＰより転載）

（＊）　上記規定から除かれる資産
　　ａ．特定適格組織再編成に該当しないものにより移転した資産。
　　ｂ．グループ法人税制における譲渡損益調整資産
　　　・売買目的有価証券
　　　・譲渡直前帳簿価額が1,000万円に満たない資産
　　ｃ．ａ．ｂ．以外で次の資産
　　　・支配関係発生日の帳簿価額が1,000万円に満たない資産
　　　・支配関係発生日における価額が同日の帳簿価額を下回っていない資産

ロ　支配関係がある法人の間の適格合併等の日以前2年以内に特定支配関係法人を被合併法人とする一又は二以上の適格合併が行われていた場合等において，その適格合併等に係る被合併法人等の各事業年度において生じた欠損金額とみなされたもののうちに，各特定支配関係法人の特定資産譲渡等損失相当欠損金額に相当する金額があるときは，その金額は引継対象外未処理欠損金額に加算することとされました。

　上記の「特定資産譲渡等損失相当欠損金額」とは，各関連法人の支配関係発生日の属する事業年度以後の事業年度でその分割前2年以内適格合併の日

第11章　税務リスクの検討

前９年以内に開始した各事業年度ごとに次のａ.の金額からｂ.の金額を控除した金額とされています。

> ａ．関連法人対象事業年度に生じた欠損金額のうち，特定資産譲渡等損失額となる金額に達するまでの金額。

> ｂ．関連法人対象事業年度に生じた欠損金額のうち，その関連法人において青色欠損金の繰越控除，設立当初からの欠損金の損金算入及び欠損金の繰り戻し還付に使用された金額並びに上記(2)の規定によりないものとされた金額。

【改正のイメージ】

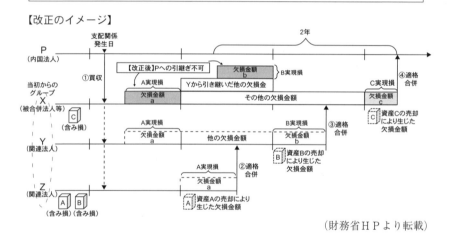

(財務省ＨＰより転載)

なお，支配関係がある法人の間で適格組織再編成等が行われた場合の繰越青色欠損金額に係る制限制度における「ないものとされる欠損金額の計算」についても，上記イ及びロと同様とされました。

上記ロの引継対象外未処理欠損金額に加算する金額について，特定支配関係法人の支配関係事業年度の前事業年度終了の時における時価純資産価額によりその加算する金額の基礎となる金額を計算することができることとする特例計算が設けられました。

4　第二会社方式──会社分割　特定資産譲渡損の制限規定

　含み損のある資産を保有する事業を適格分割により分割承継法人に移転し，分割後にその資産を譲渡することによって承継法人において損失を利用することによる租税回避行為を防止するため，一定の資産の譲渡損失の損金算入を制限する規定が設けられています。譲渡損失の損金算入制限により想定外の納税資金の流出により，返済計画に支障が生じるリスクがあります。

(1)　対象となる法人

　適格分割のうち3の(1)に示す「みなし共同事業要件」を満たさない場合の分割承継法人。

(2)　適　用　期　間

　制限規定が適用されるのは，次のうちいずれか早い日までの期間において生じる特定資産譲渡損失です。
　　a．当該分割の日の属する事業年度開始の日から同日以後3年を経過する日。
　　b．最後に支配関係があることとなった日以後5年を経過する日。

(3)　制限規定の緩和－支配関係の継続

　(1)の内国法人と内国法人支配関係法人との間に，下記a．b．c．のそれぞれに示す日のうち最も遅い日から継続して支配関係がある場合には(1)の制限規定は適用されません（法法62の7①）。

> 　a．適格分割の日の属する事業年度(組織再編成事業年度)開始の日の5年前の日。
> 　b．当該内国法人の設立の日。
> 　c．当該支配関係法人設立の日。

(4) 制限規定の緩和－時価純資産超過額のある場合

みなし共同事業要件を満たさない場合であっても，分割事業年度の直前事業年度末において分割法人の時価純資産超過額（時価純資産価額－簿価純資産価額）があるときは，移転資産の特定資産譲渡損失はないものとされます。

また，時価純資産超過額が簿価純資産価額に満たないときは，その満たない金額から次のａ．ｂ．金額の合計額を控除した金額を限度として特定資産譲渡損失の制限規定が適用されます。

　ａ．上記３(2)(b)の金額

　ｂ．当該事業年度前の適用期間内に属する各事業年度の特定引継資産に係る特定資産譲渡損失額。

この緩和規定は「できる」規定になっています。したがって利用するか否かは納税者の判断によります（法令123の９）。

(5) 対象となる特定資産譲渡損失金額（法法62の７②）

特定引継資産 分割により移転された資産で分割法人が支配関係発生日以前から保有していたもの。	特定引継資産の譲渡，評価替え，貸倒，除却その他これらに類する理由による損失の額の合計額から，特定引継資産の譲渡又は評価替えによる利益の額の合計額を控除した金額。
特定保有資産 分割承継法人が支配関係発生日前から有していた資産。	特定保有資産の譲渡，評価替え，貸倒，除却その他これらに類する理由による損失の額の合計額から，特定引継資産の譲渡または評価替えによる利益の額の合計額を控除した金額。

(6) 特定引継資産，特定保有資産から除かれる資産

以下の資産は(5)の制限対象となる特定引継資産，特定保有資産から除外されます。

　ａ．土地（土地の上に存する権利を含む）を除く棚卸資産

　ｂ．短期売買商品

　ｃ．売買目的有価証券

d．特定適格組織再編成の日における帳簿価額又は取得価額が1,000万円に満たない資産
e　支配関係発生日における価額が同日における帳簿価額を下回っていない資産

(7) 特定資産譲渡等損失額－平成25年度税制改正の内容－

① 法人が特定適格組織再編成等により移転を受けた資産のうちに、支配関係法人がその特定適格組織再編成等の日以前2年以内に行われた関連法人を分割法人（被合併法人）等とする一又は二以上の前特定適格組織再編成により移転があった一定の資産で関連法人のいずれかが関連法人支配関係発生日前から有していたものがある場合には、その資産は、「**特定引継資産**」に該当することとされました。

② なお、法人が特定適格組織再編成等の直前の時において有する資産についても、前2年以内期間内に行われた前特定適格組織再編成等により移転があった資産で関連法人のいずれかの関連法人支配関係発生日前から有していたものがある場合には、その資産は「**特定保有資産**」に該当するものとされました。

③ 上記①により特定引継資産に該当することとなる資産「みなし特定引継資産」又は上記②により特定保有資産に該当することとなる資産「みなし特定保有資産」について、関連法人の支配関係発生事業年度の前事業年度終了の時における時価純資産価額によりその資産の譲渡等による損失の額を計算することができる特例計算が設けられました。

第11章　税務リスクの検討

【改正のイメージ】
《改正引継資産》

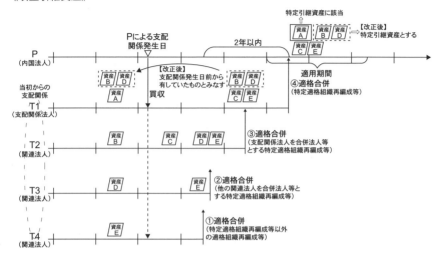

《特定保有資産》

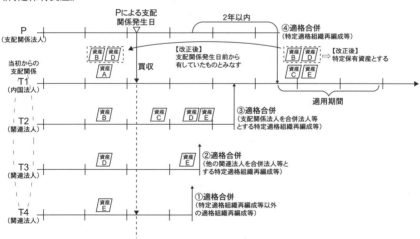

(財務省ＨＰより転載)

第4部　私的再建を進めるうえでの留意点

特定資産譲渡等損失額の損金算入・不算入の判定フローチャート

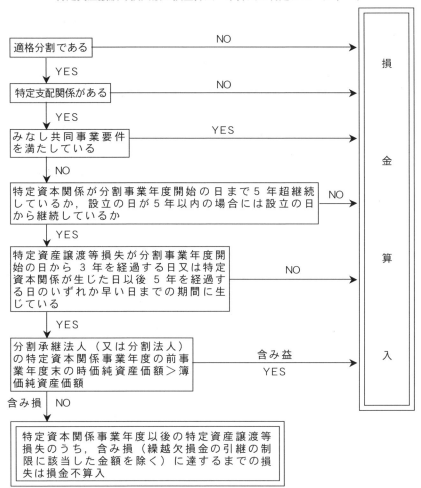

第11章 税務リスクの検討

5 第二会社方式──会社分割，資産調整勘定，負債調整勘定

非適格分割のうち，その非適格分割に係る分割法人の当該非適格分割の直前において営む事業及び当該事業に係る主要な資産又は負債の概ね全部が当該非適格分割により分割承継法人に移転する場合において，分割対価と移転純資産について差額が生じる場合には，資産調整勘定，負債調整勘定として処理されます。

(1) 資産調整勘定

資産調整勘定とは，分割対価の額が移転を受けた資産及び負債をそれぞれ個別の時価により評価した額により計算された純資産価額を超える場合において，その超える部分の金額のうち資産等超過差額(*)に相当する金額以外の金額をいいます（法法62の8①）。

(*) 資産等超過差額とは次の金額をいいます，
① 分割により交付された株式等の時価が，契約時の時価と著しく乖離している場合の差額をいいます。
② 実質的に分割法人の欠損金額に相当する部分と認められる金額。

(注1) 独立して取引可能な営業権を含みます。

資産調整勘定は5年償却（月割計算）により損金算入されますが，再編成対価として高額と判断された場合，寄附金として損金算入が制限される可能性もあります。資産調整勘定が生じる場合には，第三者による意見書により，金額の妥当性を担保しておくことも必要です。

(2) 負債調整勘定

(a) 負債調整勘定の内容

負債調整勘定は次のものをいいます（法法62の8②③）。

ⅰ) 退職給与債務引受額

引継従業員の退職給与債務の引受額。

ⅱ) 短期重要債務見込額

引継事業に係る将来債務で，その履行が概ね3年以内に見込まれるもの。当該事業に重大な影響を与えるものに限定し，履行が確定しているものは除かれます。

ⅲ) 差額負債調整勘定（負ののれん）

合併等対価の額が移転を受けた資産及び負債の純資産価額に満たない場合。

資　　産 (1)の資産と同概念	負　　債
	負債調整勘定 ⅰ) ⅱ)
	差額負債調整勘定 ⅲ)（負ののれん）
	支払対価

(b) 負債調整勘定の処理

これらの金額は将来の以下の時点で益金に算入されます（法法62の8⑥～⑨）。

ⅰ) 退職又は退職金の支払

ⅱ) 債務にかかる損失の発生又は，3年経過後

ⅲ) 5年償却（月割計算）

将来益金算入時における税額が再建計画に及ぼす影響を把握しておく必要があります。

6　第二会社方式——事業譲渡

(1)　譲渡価額

　事業譲渡の場合，譲渡対象資産，負債の個々の権利義務を個別に移転させることから，所得金額計算の通則上の譲渡損益が認識されることになります。この譲渡価額はその時点における時価を基礎として決定されることになります。この場合の時価は，第三者間の交渉による合意価格，独立した専門家による評価額として判定されることになりますが，実際の譲渡価額が時価と乖離する場合には，譲渡法人，譲受法人において「寄附金課税」「受贈益課税」の問題が生ずる可能性があります。

　事業譲渡価額に関する税務リスクを回避する観点から，譲渡価額の合意形成過程と客観的な時価評価額の計算根拠を明確に把握する必要があります。

(2)　営業権の評価

　(1)の事業譲渡価額に含まれる問題ですが，営業権の評価についても，事業譲り受け後の事業年度において営業権償却の可否などの税務リスクが生ずる可能性があります。例えば，営業権相当として計上した金額を，実質的判断として土地等の非償却資産の取得価額と認定された場合には，営業権としての償却は認められないことになります。

　客観的な営業権評価額の計算根拠（独立した専門家によるＤＣＦ法や超過収益力還元法などの評価意見書など）を明確に把握しておく必要があります。

(3)　消費税

　事業譲渡に含まれる課税資産については，当然消費税の対象となります。また営業権についても消費税の課税対象となります。したがって，事業を譲渡した会社の譲渡事業年度の消費税納付額はかなり多額になるものと考えられます。特に多額の営業権を計上した場合には，対応する仕入控除金額が存在しないことから巨額の租税債務が発生することが想定されます。

営業譲渡対価，若しくは譲渡対象外の残余資産の処分代金等で債務の返済を計画している場合には，この未納消費税がどの程度発生するかを正確に予測し，返済計画のなかに組み込んでおく必要があります。

また，登録免許税等の不動産流通税についても産活法の特例を除き軽減措置は講じられていないため，これらの租税公課についても返済計画に反映する必要があります。

7　債権者の税務──貸倒損失

(1)　貸倒損失の損金算入

事業再生計画において，債務者の過重債務状態を解消する手段として，債権者による債務免除が行われ，それにより債務者に債務免除益という益金が発生し課税問題が生じ得るリスクについては3．1において検討しました。

一方，債権を免除した債権者サイドでは債権の回収不能に伴う損失が生じます。企業会計上は，これらの損失が発生した事業年度において貸倒損失を計上することとされています。法人税法上も貸倒損失の損金算入が認められていますが（法法22③④），法人税基本通達において貸倒の損金算入が認められる要件について具体的な記載があります。

	債権の種類	事実の態様	損失の取扱
法基通9－6－1 法律上の貸倒	貸付金，売掛債権等	債権の全部又は一部が法的手続により切り捨てられた場合	損金に算入する
法基通9－6－2 事実上の貸倒	貸付金，売掛債権等	債権の全額が債務者の資産状況・支払能力からみて回収不能となった場合	損金経理ができる
法基通9－6－3 形式上の貸倒	売掛債権	債務者との取引停止後1年以上経過した場合等	損金経理を認める

上表のうち9－6－3は営業債権について営業上の形式要件による損失を認めるもので，事業再生との関連性は特にないものと考えられます。

上表のほかに，貸倒損失の要件に関する通達ではありませんが，合理的な再建計画に基づく債権放棄損失の取扱いについて法人税基本通達9－4－2「子

会社等を再建する場合の無利息貸付等」により損金算入を行うケースもあります。

以下に「法律上の貸倒」，「事実上の貸倒」及び「子会社等を再建する場合の無利息貸付等」について個別に検討します。

(2) 法律上の貸倒

> **法基通9－6－1**
>
> 　法人の有する金銭債権について次に掲げる事実が発生した場合には，その金銭債権の額のうち次に掲げる金額は，その事実の発生した日の属する事業年度において貸倒れとして損金の額に算入する。
> (1) 会社更生法若しくは金融機関等の更生手続の特例等に関する法律の規定による更生計画認可の決定又は民事再生法の規定による再生計画認可の決定があった場合において，これらの決定により切り捨てられることとなった部分の金額
> (2) 会社法の規定による特別清算に係る協定の認可の決定があった場合において，この決定により切り捨てられることとなった部分の金額
> (3) 法令の規定による整理手続によらない関係者の協議決定で次に掲げるものにより切り捨てられることとなった部分の金額
> 　イ　債権者集会の協議決定で合理的な基準により債務者の負債整理を定めているもの
> 　ロ　行政機関又は金融機関その他の第三者のあっ旋による当事者間の協議により締結された契約でその内容がイに準ずるもの
> (4) 債務者の債務超過の状態が相当期間継続し，その金銭債権の弁済を受けることができないと認められる場合において，その債務者に対し書面により明らかにされた債務免除額

第4部　私的再建を進めるうえでの留意点

① 法的整理により切り捨てられた場合－9－6－1(1)(2)

9－6－1(1)(2)において，法的な手続により債権が切り捨てられた場合には，その切り捨てられることとなった金額について，債権者が貸倒損失を計上することとされています。(1)の場合は会社更生法又は民事再生法を利用する事業再生について利用することとなり，第二会社方式により事業譲渡又は会社分割を実行した後に特別清算手続を採用する場合には(2)を適用することとなります。

貸倒損失の発生日は上記にもあるように，更生計画認可決定日，再生計画認可決定日及び特別清算協定認可決定日を含む事業年度とされています。

② 関係者の協議決定により切り捨てられた場合－9－6－1(3)

9－6－1(3)では，①のような法的手続を経ない私的整理の過程で切り捨てられた債権についても貸倒損失を認めることとしています。ただし，法的手続を経ていないことから，恣意性を排除するため「債権者集会の協議決定で合理的な基準」による債務整理が行われることが要件とされています。この「合理的な基準」とは，一般的には全ての債権者について概ね同一の条件で切捨て額が定められることを前提としますが，少額債権者への優先的な返済についても他の債権者の同意を得ている場合には合理的なものと判断することとされています。

事業再生の案件，特に私的整理による場合には，この通達の要件とされている「大部分の債権者に同一の負担が発生する切捨て」が行われるケースもありますが，多くの場合には金融機関に対する金融債権についてのみ切捨てが行われる案件です。したがって，厳密には上記通達の「大部分の債権者に同一の負担が発生する切捨て」要件を満たしていないことから，後述する法人税基本通達9－4－2「子会社等を再建する場合の無利息貸付等」による債権放棄と貸倒損失の処理を行うことが多いと思われます。

③ 書面による債務免除

9－6－1(4)では，金銭債権の弁済が受けられないと認められる場合に書面により債務免除した金額について貸倒損失を計上することを認めています。

この債務免除は，必ずしも当事者間の協議により締結された契約による必要

はないものとされ，書面で債務免除の事実が明らかにされていれば認められます。また，この書面は公正証書のような公証力も求められていません。

ただし，債務の免除が債務者に対する贈与，寄附と認められる場合にはその免除額の損金算入は認められません。これについて次のような判例があります（昭和33年7月31日大阪地裁）。

【裁決要旨】

債権放棄をしたものと債務者に次のような関係がある場合には，その債権放棄は回収不能によるものとは認められないことから寄付金と判断する。

イ．特殊関係があり債務会社の監督援助をしている
ロ．他の債権者は債権放棄をしていないこと
ハ．債権放棄当時債務会社はなお借入金を返済していたこと
ニ．債権放棄後になお貸付を行っていたこと
ホ．債務会社の事業は不振であったが有利な情勢が見え始めていたこと
ヘ．特に債権回収の手続をとっていなかったこと

回収不能と判断されるケースとは，債務超過の状態が相当期間継続し，融資の見込みがなく再建の見通しが立たず，休業に至った場合，あるいは，会社整理，破産，和議，強制執行，会社更正などの手続をとったが債権の支払いを受けられなかった場合など，債権の回収不能が客観的に確認できる場合に初めて回収不能と判断される。

この裁決要旨によれば，私的整理手続に見られるような債務者の再生を目的として行われる特定債権者による債権放棄は，この基本通達の要件を満たすものとは考えにくいものと判断されます。このケースについても，後述する法人税基本通達9－4－2「子会社等を再建する場合の無利息貸付等」による債権放棄と貸倒損失の処理を行うことが多いと思われます。

(3) 事実上の貸倒

> **法基通9－6－2**
>
> 　法人の有する金銭債権につき，その債務者の資産状況，支払能力等からみてその全額が回収できないことが明らかになった場合には，その明らかになった事業年度において貸倒れとして損金経理をすることができる。この場合において，当該金銭債権について担保物があるときは，その担保物を処分した後でなければ貸倒れとして損金経理をすることはできないものとする。
>
> 　（注）　保証債務は，現実にこれを履行した後でなければ貸倒れの対象にすることはできないことに留意する。

　上記の通達記載内容からも明らかなように，担保物の処分，債務保証の履行を行った残額としての金銭債権について，その全額が回収不能となった状況を前提としています。法人の有する債権が回収可能であるか否かについては上記(2)③の大阪地裁の判例が一つの基準と考えられるため，債務者の再生を目的として行われる特定債権者による債権放棄は，この基本通達の要件を満たすものとは考えにくいものと判断されます。

(4) 子会社等を再建する場合の無利息貸付等

> **法基通9－4－2**
>
> 　法人がその子会社等に対して金銭の無償若しくは通常の利率よりも低い利率での貸付け又は債権放棄等（以下9－4－2において「無利息貸付け等」という。）をした場合において，その無利息貸付け等が例えば業績不振の子会社等の倒産を防止するためにやむを得ず行われるもので合理的な再建計画に基づくものである等その無利息貸付け等をしたことについて相当な理由があると認められるときは，その無利息貸付け等により供与する経済的利益の額は，寄附金の額に該当しないものとする。

> (注) 合理的な再建計画かどうかについては，支援額の合理性，支援者による再建管理の有無，支援者の範囲の相当性及び支援割合の合理性等について，個々の事例に応じ，総合的に判断するのであるが，例えば，利害の対立する複数の支援者の合意により策定されたものと認められる再建計画は，原則として，合理的なものと取り扱う。

> **法基通 9 − 4 − 1**
> 法人がその子会社等の解散，経営権の譲渡等に伴い当該子会社等のために債務の引受けその他の損失負担又は債権放棄等（以下 9 − 4 − 1 において「損失負担等」という。）をした場合において，その損失負担等をしなければ今後より大きな損失を蒙ることになることが社会通念上明らかであると認められるためやむを得ずその損失負担等をするに至った等そのことについて相当な理由があると認められるときは，その損失負担等により供与する経済的利益の額は，寄附金の額に該当しないものとする。
> (注) 子会社等には，当該法人と資本関係を有する者のほか，取引関係，人的関係，資金関係等において事業関連性を有する者が含まれる（以下 9 − 4 − 2 において同じ。）。

(2)(3)で検討したように，私的整理の実務に利用される「債務者の事業を再生するために，特定の債権者の債権を放棄する」ことにより生じる債権者の貸倒損失については，この通達 9 − 4 − 2 の取扱いにより損金算入するケースが多いと思われます。

① 「子会社等」の範囲

法人税基本通達 9 − 4 − 2 では，倒産を防止するための合理的な再建計画に基づく債権放棄について寄付金の額に相当しないものとしています。つまり損失として損金算入を認めています。タイトルは「子会社等」となっていますが，この「子会社等」には，当該法人と取引関係，人的関係，資金関係等において事業関連性を有するものを含むとされています（法基通 9 − 4 − 1 (注)）。したがって，事業再生を目指す債務者も，債権者である金融機関にとって「子会社

第4部　私的再建を進めるうえでの留意点

等」に該当するものと考えられます。

②　合理的な再建計画

通達の注記にも記載がありますが，本通達の適用については，「合理的な再建計画」に基づく債権放棄であることが要件とされています。「合理的な再建計画」の考え方については注記記載のほか，個々の事案については以下のような項目を総合的に勘案して判断することとされています（国税庁ホームページより）。

> イ．損失負担を受けるものは「子会社等」に該当するか。
> ロ．子会社等は経営危機に陥っているか（倒産の危機にあるか）。
> ハ．倒産の危機までは至らないが，会社の経営が悪化しておりそのまま放置していた場合に，今後より大きな損失を被ることが明らかに生じるか。
> ニ．損失負担等を行うことは相当か（支援者にとって相当な理由はあるか）。
> ホ．損失負担等の額（支援額）は合理的であるか（過剰支援になっていないか）。
> ヘ．整理・債権管理はなされているか（その後の子会社の立ち直り状況に応じて支援額を見直すこととされているか）。
> なお，整理期間が長期にわたると見込まれるときは整理計画の実施状況の管理を実施するかどうか。
> ト．損失負担等をする支援者の範囲は相当であるか（特定の債権者等が意図的に加わっていないなどの恣意性がないか）。
> チ．損失負担等の額の割合は合理的であるか（特定の債権者だけが不当に負担を重くしまたは免れていないか）。

形式的には上記の要件を満たしていれば寄附金には該当せず，損金算入ができることとなりますが，各事項に該当するか否かについてはかなり幅の広い解釈が必要であり，個別事案ごとの検討が必要となります。なお，以下の私的整理手続については，本通達適用可能性に関する文書回答が国税庁ホームページに公表されていますので，これらの手続を利用して本通達の利用要件を満たしていくことも考えられます。

第11章　税務リスクの検討

- 事業再生ＡＤＲ（特定認証紛争解決手続）
- 私的整理に関するガイドライン
- 株式会社産業再生機構
- 中小企業再生支援協議会
- 株式会社地域経済活性化支援機構
- 株式会社整理回収機構「ＲＣＣ企業再生スキーム」

　以上についてはそれぞれの文書照会に記載された事実関係を前提として本通達の利用を認めています。３．１(2)「私的整理における債務免除益等の取扱い」でも同じことでしたが中小企業再生支援協議会の文書照会は具体的なモデル事例が記載され，このモデル事例に対する回答となっているため個々の事案とこのモデル事例との相違点についてはそれぞれ検討が必要となります。

(5)　保証人の取扱い
①　保証人の責任
　(2)，(4)で貸倒損失の対象となる債権放棄が行われた場合でも，連帯保証人が存在する場合にはその保証債務の履行を請求した残額に対して貸倒損失が認められることになります。

　事業再生の実務では，この保証人の責任をどこまで求めるかについて問題となるケースがあります。再生対象事業を経営していた者が保証人である場合には，当然経営者責任を全うする意味からも保証人の責任を追及することになります。その一方で，場合によっては経営には直接携わらず，事業あるいは事業者との同族関係等特殊な関係がない場合であっても友人関係，地縁関係などから保証を引き受けてしまう場合も考えられます。このような場合に，保証人の生活権を脅かしてまで責任を追及する必要があるかについては実務上意見の分かれるところでしょう。しかしながら，どのような場合でも合理的な理由なく保証人の責任を追及しない場合には，当該保証人に対する経済的な利益供与とみなされ，課税が生じる可能性もあります。

　この点について明確な基準が存在するわけではありませんが，法人税基本通

第4部　私的再建を進めるうえでの留意点

達11－2－7「人的保証に係る回収可能額の算定」に示された「回収可能額を考慮しないことができる」状態にあるか否かを判断基準とすることができると考えます。

> **法基通11－2－7**
>
> 　令第96条第1項第2号《貸倒引当金勘定への繰入限度額》に規定する「当該個別評価金銭債権の一部の金額につきその取立て等の見込みがないと認められる場合」における「当該一部の金額に相当する金額」とは，その金銭債権の額から担保物の処分による回収可能額及び人的保証に係る回収可能額などを控除して算定するのであるが，次に掲げる場合には，人的保証に係る回収可能額の算定上，回収可能額を考慮しないことができる。
> (1)　保証債務の存否に争いのある場合で，そのことにつき相当の理由のあるとき
> (2)　保証人が行方不明で，かつ，当該保証人の有する資産について評価額以上の質権，抵当権（以下11－2－7において「質権等」という。）が設定されていること等により当該資産からの回収が見込まれない場合
> (3)　保証人について令第96条第1項第3号《貸倒引当金勘定への繰入限度額》に掲げる事由が生じている場合
> (4)　保証人が生活保護を受けている場合（それと同程度の収入しかない場合を含む）で，かつ，当該保証人の有する資産について評価額以上の質権等が設定されていること等により当該資産からの回収が見込まれないこと。
> (5)　保証人が個人であって，次のいずれにも該当する場合
> 　　イ　当該保証人が有する資産について評価額以上の質権等が設定されていること等により，当該資産からの回収が見込まれないこと。
> 　　ロ　当該保証人の年収額（その事業年度終了の日の直近1年間における収入金額をいう。）が当該保証人に係る保証債務の額の合計額（当該保証人の保証に係る金銭債権につき担保物がある場合には当該金銭債権の額から当該担

保物の価額を控除した金額をいう。以下11－2－7において同じ。）の５％未満であること。

(注) 1　当該保証人に係る保証債務の額の合計額には，当該保証人が他の債務者の金銭債権につき保証をしている場合には，当該他の債務者の金銭債権に係る保証債務の額の合計額を含めることができる。
　　 2　上記ロの当該保証人の年収額については，その算定が困難であるときは，当該保証人の前年（当該事業年度終了の日を含む年の前年をいう。）分の収入金額とすることができる。

なお，主たる債務者である債務者企業から残債務を回収できる見込みである場合には，残債務に付されている担保権の消滅や個人保証の解除を行ったとしても，連帯保証人に対して所得税を課さず，債権者に対しても寄附金の認定は行わないものとされています（企業再生支援機構から国税庁に行った事前照会に対する回答）。

② **保証人に対する所得税法の特例**

保証債務を履行するために資産を譲渡した場合で，保証債務の履行に伴う求償権の全部又は一部を行使することができないこととなったときには，下記ａ，ｂ，ｃ，のうち最も低い金額については，譲渡所得の計算上譲渡がなかったものと見なされます（所法64②）。

a	求償権の行使不能額
b	求償権が行使できないこととなった時の直前において確定している資産を譲渡した年分の総所得金額，上場株式等に係る配当所得の金額，土地等に係る事業所得の金額，分離長期譲渡所得の金額，分離短期譲渡所得の金額，株式等に係る譲渡所得等の金額，先物取引に係る雑所得等の金額，退職所得金額及び山林所得金額の合計額
c	求償権の行使不能額に係る上記②に掲げる金額の計算の基礎とされる譲渡所得の金額

また，求償権行使不能の判定基準は前述の法人税基本通達９－６－１と同様の基準で回収不能を判定します。

第12章 法律上の問題点
CHAPTER12

1 法務リスクにはどのようなものがあるか

　会社再建を行う場合，特に債権カットに伴い，第二会社方式を採用する場合には，色々と法律上の問題点が生じることがあります。

　会社分割を実施するために株主総会を開催しなければならないところ，株式が分散しているとか，正確な株主構成を把握することが困難なケース，経営者間で支配権争いが生じているケースがあります。

　代表者が金融機関の理解，同意を得ないままに，会社分割を実施してしまっているケース，代表者が会社財産を使い込みしているケース，多額の横領が発覚したケース，多重リースなどの違法行為に関与し，多額の簿外債務を負っているケース，関連会社間で多額の債権債務関係があるケースもあります。

　また，私的再建といっても，これまで述べてきたとおり，金融機関債権者間の平等性は重要と考えられますが，私的再建に着手した時点で債権者平等に問題が生じているケースも少なくありません。

　私的再建のなかでもカット案件の場合には，経営者が一定の経営責任を果たすことが重要ですが，責任を果たしてくれないなどの問題が生じることもあるでしょう。

　このような法律上の問題全てに触れることはできませんので，本章では①法

務ＤＤの概要に触れたうえで，②一方的に行う濫用的会社分割（事業譲渡）の問題点，③多重リースなどの簿外債務問題，④関連会社がある場合の対応策，⑤金融機関ごとの取扱いがバラバラになった場合の対応策，⑥経営責任のある元経営者が責任を取らない場合の対応策について，簡単に検討してみることにします。

2 再生計画の障害となり得る法律上の問題点（法務ＤＤの検討）

　Ｍ＆Ａを想定している場合は別として，中小企業の自主再建型の場合は法務ＤＤを実施することは必ずしも多くはありません。

　しかし，法務ＤＤではどのような事項に留意するべきかを知っておくことは有益でしょう。下記に簡単に概説します。

(1) 株主構成，会社組織について

　債権カット案件として，会社分割や事業譲渡を実施する場合，株主構成を正確に把握することは重要です。株券発行会社の場合，株券が適法に発行されているか，株式譲渡に瑕疵がないかを確認することは重要でしょう。支配株主の理解を得られる見込みがあるかも重要なポイントになります。

　また，経営陣の間で支配権争いが生じている場合には，到底，私的再建を進めることはできませんので，これらの紛争が解決できるかどうかも重要なポイントです。

(2) 契約関係について

　取引先との契約書や賃貸借契約書のなかには，会社分割等を実施することにより，契約解除を求められる契約条項があるケースがあります。このような場合，リスクが顕在化しないよう交渉に努めることが大事になってきます。多くのケースの場合には，取引関係を望むことが多いので，説明しても同意を得ら

れるものですが、ケースによっては、信用不安を惹起させないよう、あえて説明しないことも考えられます。

不採算事業や不採算店舗を閉鎖しなければならないケースにもかかわらず、長期間の商品提供義務を課せられていたり、長期間契約解除ができない賃貸借契約を締結しているケースもあります。任意の交渉により、契約解消が図れるかどうかがポイントといえます。

(3) 簿外債務について

後述する多重リースなどの簿外債務を含め、簿外債務としてどのような債務が幾らあるかを確認することも重要です。

(4) 労働問題について

多くの中小企業は、労働時間管理を適切に行っていないことが実態と思われます。未払残業手当については、おおよそのリスクがどの程度か確認、検討しておくことは有益です。また、人員整理を実施している場合には、解雇手続が適正に行われていたかを確認することも有益です。退職金の支払がどの程度生じるかの確認も必要です。

(5) 許認可・登録について

許認可・登録としてどのようなものがあるのか、また、第二会社方式の場合には承継が可能なのか否かは、今後の再生計画を決定するにあたり重要な事柄といえます。また、登録要件として、純資産が1,000万円以上必要などの事情は、債権カットの合理性を補強する事情といえます（債務超過の場合、事業継続ができないため）。その意味でも許認可・登録の内容を確認することは重要といえます。

第4部　私的再建を進めるうえでの留意点

3　濫用的会社分割の問題点

1　濫用的会社分割とは

　第7章にて，会社分割を利用した債権カットの手法（第二会社方式）を説明してきましたが，近年，いわゆる濫用的会社分割（定まった定義はなく，論者によって濫用的会社分割のとらえ方は違うようです）といわれる事例が実務上大変問題視されています。

　これまで裁判例等で問題となっている事例を分析すると，以下のような特徴が指摘されています。

　すなわち，会社分割を利用することで，債権者の同意がない場合でも手続的には合法的に債権カットができてしまう側面を利用して，窮境状況にある会社が，債権者の関与できないところで会社分割を実行し，その結果，①優良事業，資産のみを新会社に切離し，他方で，移転した事業，資産の価値に見合った債務は新会社が承継しないことで，実質的に，財産減少行為を行ったり，②自分にとって協力的な特定の債権者のみを新会社に移転させたうえで，承継債権者については新会社の事業収益から返済を行う一方，それ以外の債権者については，全て旧会社に残置して，以後，返済しないといった行為（偏頗行為）を行えるという点が挙げられます。また，③法的手続と異なり，債権者が再建計画（再生計画）策定に関与できない点も民事再生などの法的再建にはみられない特徴です。

2　債権者の関与なく会社分割が行える根拠

　会社法では，会社分割の際に，会社分割後も引き続き分割会社（旧会社）に債務の履行を請求することができる債権者は債権者保護手続の対象外とされています（新設分割につき会社法810条1項2号，同2項参照）。

　そこで，①そもそも会社分割の際に，新会社に債務を移転しないこととされた債権者や，②新会社に債務移転があった場合でも，会社分割と同時に，新会

社と旧会社が連帯して債務を承継したり（重畳的債務引受），③あるいは，旧会社が新会社承継債務を連帯保証したりする場合には，当該各債権者は会社分割に対する異議の申立ての機会が保障されていないのです。また，会社法上の会社分割無効の訴え提起も認められていません。

つまり，少なくとも会社法上は，債権者の同意を得ていなくても適法に会社分割を行うことが可能とされているのです。

最近では，この法律上の手続を形式的に満たすのみで，実質的な債権者の利益を全く省みない単なる債務逃れ目的での会社分割というほかない事例が急増していました。

このような濫用的会社分割が行われた場合において，債権者や破産管財人が訴訟提起することによって，濫用的会社分割によって作出された不公正な状態が是正される例が現れていました。

3　立法による解決

このような問題がったことから，会社法が改正されました。会社に権利義務を承継させる吸収分割の場合，残存債権者を害することを知って吸収分割した場合には，残存債権者は，吸収分割承継会社に対して，承継した財産の価格を限度として，当該債務の履行を請求できることとしました。事業譲渡の場合も同様の規定が新設されています（会社法23の2）。債権者を害する意図で，会社分割や事業譲渡を実行しても，承継した財産の価格を限度として，請求を受ける以上，安易に会社分割や事業譲渡を実施しても，意味がないことは明らかです。

4　その他の解決方法

そのほか，従前から活用されている①詐害行為取消権，②会社法22条1項類推適用（商号続用者の責任），③破産法上の否認権行使，④法人格否認の法理，⑤債権者破産申立，債権者会社更生申立て，⑥商法17条1項類推適用などが引き続き検討可能ですし，そのほか，⑦関与した取締役，監査役，専門家への責任

追及も検討可能といえるでしょう。そこで，経営者としては，詐害行為との批判を受けるような会社分割や事業譲渡は慎むべきです。

4 多重リースなどの簿外債務を負っている場合の対応策

経営者が資金繰りに窮して，サプライヤーから資金調達目的で，同一のリース物件を多重にリース取引を行い，多重リース債務を負っていることがあります。このほか，違法な目的で多額のリース債務を負っているなど簿外債務を負担していることもあります。

このような簿外債務については，対象債権者として扱うべきかどうかが問題となります。

確かに債権者平等の観点からは，このようなリース債務も対象債権として加え，債権カットの対象債権に加えることが適切なようにも考えられます。

しかし，私的再建は，原則として，金融機関のみを対象とした手続であり，リース会社を対象と加えることは想定していないものです。また，債務が生じた経緯に鑑みても，リース会社は多重リースの被害者であり，当該リース料債務は不法行為に基づく損害賠償債権に類似した性質を持つものです。感情論から考えても，リース会社から債権カットの同意を得ることは難しいでしょう。

このようなケースの場合には，リース債権者を対象債権者にするためには民事再生などの法的処理を行うほかありません。私的再建で進める以上は，対象債権者から外し，債権カットの要請等はしないことが多いでしょう。現実的には，当該リース債務については，リ・スケジュール対応で対応することが多いです。

5 関連会社がある場合の対応策

関連会社がいくつもあり，それぞれに貸し出しをしている金融機関がバラバラになっていることがあります。このようなケースの場合，それぞれの会社ご

とに収益力も異なりますし，資産の保全状況も区々でしょう。そうとすれば，金融支援の内容としてもそれぞれの会社ごとに決定されることが原則のようにも思えます。

　しかしながら，それぞれの会社間で債権債務関係がある場合には，再生計画を立案することは，極めて複雑なものとなってしまいます。また，グループ会社といっても，社会的・経済的にみて一体とみられるケースも少なくないでしょう（例えば，親会社の信用力で親会社に金融機関が融資を行い，親会社が子会社に融資をしているようなケースもあるでしょうし，グループ会社間の取引について取引条件如何によって，一方に有利にも他方に不利にでもなり得ます）。このような場合，収益力や保全割合を形式的に個別に考え，債権カットを会社ごとに定めることはかえって債権者間の実質的公平を欠くことになるといえるでしょう。

　そこで，このようなグループ会社の私的再建については，全体を一体として，収益力や非保全割合を検討することが合理的と考えられます。この方式をパーレイト方式と呼ぶこともあります。

　なお，経済的に一体として見られる場合には，管理部門の共通化などを目的として，再生計画におけるコスト削減の一環として，複数の会社を合併するスキームを策定することも合理的な場合があります。

6　金融機関間の取扱いがまちまちとなった場合の対応策

　一部の金融機関からは追加融資が受けられるものと甘く考え，当該金融機関には返済猶予の要請が遅れ，結果的に金融機関ごとに返済猶予（支払停止）時期がバラバラになっているケースもあります。そのほか，一部金融機関のみが債権回収行為に出ているなど，債権者平等に問題が生じているケースも少なくありません。

　このような場合には，私的再建の申し出を行った日を基準日と考え，基準日時点の残高や非保全債権残高を基準に債権カット割合などを検討することが原則です。

第4部　私的再建を進めるうえでの留意点

しかし，そうしてしまうと，再建に協力して，返済猶予（支払停止）に応じた金融機関が損をしてしまい，かえって債権者平等を害するケースも少なくありません。そこで，このようなケースの場合には，次の二つの対応策が考えられます。一つは，大部分の金融機関が返済を受けていた場合には，返済を受けていない金融機関については，当該期間までの返済を認める方法，もう一つは，支払を受けた金融機関に対して，過去の支払分については，再生計画において既に支払を受けたものと同視をする方法です。そのほかにも色々と対応策は考えられますが，全行の同意が得られる実質的平等が何なのか，よく検討すべき問題です。

7 経営者責任を取ってくれない経営者がいる場合の対応策

　経営者は会社が窮境に陥った場合でも直ちに退任しなければならないわけでも，破産をしなければならないわけでもありません。

　しかし，多額の粉飾に積極的に関与したとか，多重リース問題を引き起こしたとか，会社に対して多大な損害を与えた経営者は，責任を取って退任をしてもらうことが必要でしょう。また，このような経営者の場合には，保証ＧＬを活用することも現実的ではなく，保証解除を受けることも困難です。そこで，このようなケースの場合には，経営者に対して，退任してもらったうえで，自己破産をしてもらうよう促すことが一般的です。

　では，話し合いを聞いてもらえず，辞任も自己破産もしてもらえない場合はどうすればよいのでしょうか。

　このような場合には，株主総会を開催し，解任するほかないでしょうが，株主総会で過半数の同意を取ることが必要であり，オーナー企業の場合は困難です。

　また，このようなケースの場合には，会社として当該経営者に対し，何らかの損害賠償請求ができることも多いでしょう。そこで，会社から経営者に対し，

損害賠償請求訴訟を提起し，これに基づいて，債権者破産を申し立てることも考えられます。しかし，経営者が大株主の場合には，対応が困難な問題といえます。

経営者が不誠実な場合，私的整理を進めることは難しいのが実態です。専門家としては，受任すべきか慎重な判断が求められるでしょう。

> **Column 7　破産前の事業譲渡**
>
> 　公租公課の滞納額が大きい場合，手形不渡りが必至で破産が免れることができないような場合，単純な破産以外考えることはできないでしょうか。
> 　単純に破産手続を申し立ててしまうと，会社の事業は停止し，従業員は全員解雇されてしまいます。有機的に結び付いて価値を有していた各資産（売掛金，在庫，不動産，備品，機械，保証金等）については，破産管財人により，スクラップ価格で処分されるだけです。これに対し，事業が生きているうちに第三者に事業譲渡する方が高額の対価を得られることも少なくありません。
> 　例えば，賃借を受けていた飲食店舗を閉鎖し破産するケースを想定しますと，借主（破産会社）は原状回復義務を負っているため，飲食店内の在庫（生もの），備品等は廃棄処分となってしまいます。保証金も原状回復義務との充当によりほとんど戻りません。これに対し，貸主（大家）の同意を条件に飲食店舗を引き継いでくれる第三者に譲渡できれば，在庫，備品，保証金等を相応の価値で評価・処分することが可能となります。
> 　何より破産前事業譲渡が有益なのは，事業の譲受先において，事業が残り，従業員の雇用の継続が図られることでしょう。
> 　そこで，次のようなケースでは，破産前事業譲渡を検討することが考えられます。
> ①　一定の事業性がある場合，例えば，
> 　・　当該事業自体（一部事業だけでも）に収益力がある場合
> 　・　当該事業自体には収益力はないものの，管理コストを抑えるなど経営努力をするほか，第三者の血（資金等）が入れば収益力を回復する余地がある場合
> 　・　一定の技術力があるか，優良な販売先をもっているなど強みを有する場合
> 　・　多数の従業員（外注先，下請先）を抱えている場合，多数の販売先（顧客）を抱えている場合など直ちに破産申立することの社会的損失が大きい場合
> ②　事業性が乏しく，譲渡代価はほとんどつかないケースであっても，破産会社において価値ある無担保資産がほとんどなく（少なくとも処分価値はほとんど見込めない場合），事後的に詐害行為との批判を受けるリスクが小さいケース

第4部　私的再建を進めるうえでの留意点

③　単純な破産を申し立ててしまうと，消費者被害や人道上の問題がある場合，例えば，
・　多数の消費者から前受金を受け取っている役務提供型サービスを提供している場合（エステサロンや学習塾など）
・　多数の利用者を抱えている医療，介護機関など

　ただし，破産前の事業譲渡は，事後的に破産管財人に不当に安い譲渡と問題視されるリスクもゼロではありません。一番良いのは入札を行うことですが，迅速性が要求されることも相まって中小企業の場合には現実的でないことが多いのも事実です。そのような場合でも，可能な限り譲渡対価の説明ができるロジックを準備しておくことが大事になります（①のケースのように相応に事業価値がある場合は，本来的には事業価値算定が望ましいでしょう。それが困難でも，個別資産の査定を取っておくことが望ましいでしょう）。特に業者債務や前受金債務を引き受けてもらう場合には，債務引受により，事業譲渡の対価が落ちたと批判を受けないようにロジックを準備しておくことが大事です。

　また，どうして破産前に事業譲渡をしなければならなかったのか，「必要不可欠な事情」（私的再建を行う時間的余裕がないとか，民事再生の予納金を準備できないなどの事情）や「大義名分」（消費者保護，従業員の雇用維持など）を整理しておくことも大事になります。譲渡対価となる資金等が散逸しないよう，適切に管理し，費消しないように留意することも大事になります。

第13章　保証債務の問題をどのように解決するか
CHAPTER13

1　保証責任及び保証の弊害

　第二会社方式など債権カットを伴う抜本的な再生計画立案に踏み切る案件の場合，保証責任は顕在化します。そのため，保証債務の整理をどうするかは，再生計画裁定にあたり，非常に重要な問題となります。しかし，従来は，どの程度の資産を残すことが許容されるか，基準となるモノサシがありませんでした。

　より大きな問題は，保証履行を受けることが，私的再建の着手にあたって大きな障害になるということです。経営者にとって私的再建に着手し，債権放棄の要請を行うということは，自分自身や他の保証人が保証責任の追及を受けるということを意味します。そのような重大な責任を負うとすれば，私的再建手続を進めることに躊躇することは当然であり，重大な障害になってしまいます。そのため，中小企業の場合，債権放棄を伴う抜本的な私的再建手続への着手が遅れるといった弊害がありました（加えて，廃業が遅くなり，新陳代謝が進まないという問題もありました）。

　そこで，抜本的な事業再生や廃業支援を促進するため，「経営者保証に関するガイドライン」（以下，単に「保証ＧＬ」といいます）とそのＱＡ（以下，「保証ＧＬ　ＱＡ」といいます）が策定・発表され，平成26年２月１日から施行されてい

ます。これによりこれまで以上に連帯保証債務の解消は受けやすい時代になっています。また，保証債務整理のモノサシができたといえます。債務者にとっては，保証GLを活用して，保証債務の解除を受ける場合，信用情報機関に登録されず，再起が図りやすいというメリットがあります。債権者である金融機関にとっても，債権管理コストが低減するというメリットがあります。

このように私的再建を進めるうえで，保証GLは非常に有益ですので，本章ではまず保証GLを説明することにします。そのうえで，保証GLが使えない場合に，どのような解決方法が考えられるかを検討することにします。

2　経営者保証ガイドラインの説明

1　保証GLの概要

保証GLは，①保証契約のあり方や保証契約の見直しという入り口論と，②主債務者が倒産した局面の保証債務の整理という出口論の2点について，公正かつ迅速に行うための準則を定めたものであり，その全体像は次のとおりです。

> 保証GL1項：経営者保証GLの目的を規定
> 保証GL2項：当事者により遵守されるべき誠実義務，守秘義務，公平衡平性等を規定
> 保証GL3項：適用対象となる保証契約の要件を規定
> 保証GL4項：経営者保証に依存しない融資の一層の促進のための主債務者，保証人及び対象債権者の対応について規定
> 保証GL5項：経営者保証をも求めることがやむを得ないと判断された場合等で，経営者と保証契約を締結する場合の対象債権者が努めるべき対応について規定
> 保証GL6項：既存の保証契約の適切な見直しについて規定
> 保証GL7項：保証債務の整理について規定

第13章　保証債務の問題をどのように解決するか

> 保証ＧＬ８項：適用開始日（2014年２月１日）等について規定

2　対象となる保証契約及び対象債権者

　保証ＧＬの適用対象となる保証契約は，主たる債務者が中小企業であることとされていますが（保証ＧＬ３項(1)），小規模事業者に限定せず，それを超える企業も対象になります。個人事業主も対象に含まれます（保証ＧＬ　ＱＡ３）。

　保証人が個人であり，主たる債務者である中小企業の経営者であることも要件とされていますが，いわゆる第三者による保証について除外するものでないとされています（保証ＧＬ３項脚注５参照）。したがって，保証ＧＬは，連帯保証の整理全般に広く活用できるルールといえます。

　対象債権者には，金融機関だけでなく，信用保証協会（代位弁済前も含みます），債権回収会社（いわゆるサービサー），公的金融機関も含まれます。他方で，商取引債権者や保証人個人に対する債権者（保証人が主債務者になっている場合の債権者）を対象債権者に含めていません。

　そこで，保証人の自宅に住宅ローンなどの個人的借入金がある場合，原則として，これらの債務は対象外となり，債権カットの対象外になります（そもそも住宅ローン債権者は，担保権者ですので，その意味でも住宅ローンの支払を継続することは問題ありません）。住宅ローン等を払い続け，自宅を守りながら，保証債務の整理ができることもメリットといえるでしょう。

　とはいえ，個人的借入金額が過大である場合など，保証債務を整理する局面において，弁済計画の履行に重大な影響を及ぼすおそれのある債権者について，対象債権者に含めることができるものと定めています（保証ＧＬ７項(3)④ロ）。

3　保証ＧＬに基づく保証債務の整理申し出の要件

　保証ＧＬに基づき保証債務の整理を対象債権者に対して申し出るためには，以下の四つの要件を全て充足する必要があります（保証ＧＬ７項(1)）。

> ① 対象債権者と保証人との間の保証契約が保証GL3項の全ての要件を充足すること
> ② 主たる債務者が法的債務整理手続の開始申立て又は準則型私的整理手続の申立てを保証GLの利用と同時に現に行い，又は，これらの手続が係属し，若しくは既に終結していること
> ③ 対象債権者において，破産手続による配当よりも多くの回収を得られる見込みがある等，経済的な合理性が期待できること
> ④ 保証人に破産法252条1項(10号を除く)に定める免責不許可事由が生じておらず，そのおそれもないこと

このうち，②の要件と③の要件が重要なので，簡単に説明します。

(1) ②の要件について

主たる債務者の手続は，再生型であっても清算型であっても構いません（QA各7-1）。そこで，主たる債務者が破産する場合でも，保証人は保証GLを使うことは可能です。準則型私的整理手続には，再生支援協議会，特定調停などのほか，裁判所において行う特定調停を含みます。他方，保証人と対象債権者が相対で行う広義の私的整理は，準則型私的整理手続には含まれないことに留意が必要です（QA各7-2）。

(2) ③の要件について

どのような場合が「経済的な合理性が期待できる」場合にあたるのかについては，保証GLのQA各7-4において具体的に説明されています。端的にいえば，弁済計画案における回収見込額（主債務者からの回収見込額と保証人からの回収見込額の合計額）が法人と個人いずれもが破産手続を行った場合の回収見込額を上回る場合が典型例です。

4 保証人はどの程度の財産を残せるのか。

　保証債務の整理を考える方にとって一番気になるのは，どの程度，財産を残せるかでしょう。保証ＧＬを利用した場合，①自由財産及び自由財産拡張財産と②インセンティブ資産を残存資産として手元に残す余地があります(保証ＧＬ7(3)③)。

資産に関する状況
(平成〇〇年〇月〇日時点)

1．現　　金　　　　　　　　　　　　　　　　　　　　　＿＿＿＿＿円
2．預　　金

金融機関・支店名	口座の種類	口座番号	残高（千円）

3．不　動　産

種別	所　在　地	地目／構造・規模	地積／床面積(㎡)	備考（借入状況，担保状況等）

4．貸　付　金

相　手　方	金　　額	備考（回収見込等）

※経営している会社に対するものも忘れずに記載します。

5．保　　険

保険会社名	証券番号	解約返戻金額	備　　考

※生命保険の場合，解約返戻金が見込まれることが多いです。解約する必要はありませんが，解約返戻金の見込み額を保険会社（コールセンター）に問い合わせていた

第4部 私的再建を進めるうえでの留意点

だくことが必要です。

6．有価証券・ゴルフ会員権等

種　　類	数　　量	評　価　額	備考（担保状況等）

※経営している会社のほか，上場・非上場問わず，記載いただくことが必要です。

7．その他資産（貴金属，美術品，車両等）

品　　名	購入金額	備考（換価可能性等）

8．個人負債（住宅ローン，カードローン，公租公課滞納等）

債権者名	債　務　額	備考（返済条件等）

(1) **自由財産及び自由財産拡張財産**

　個人破産であっても，自由財産や自由財産拡張財産は，換価（履行）の対象にならず，資産を残すことができます。そのため，保証ＧＬを使うケースでも自由財産や自由財産拡張財産は残すと規定されています。具体的には以下のような自由財産等を手元に残すことが可能です。

---

① 債務整理の申出後に新たに取得した財産（新得財産）

② 差押禁止財産（生活に欠くことのできない家財道具等）

③ 現金（99万円）

④ 破産法34条4項に基づく自由財産の拡張に係る裁判所の実務運用に従い、通常、拡張が認められると考えられる財産

多くの裁判所では，預金や生命保険の解約返戻金として20万円までの範囲，5年程度経過した自動車，敷金・保証金，電話加入権その他の資産は，自由財産の拡張が認められています。そこで，これらの資産は，残存資産として認められる可能性は高いでしょう。病気療養中であり，医療保険契約の解約が困難な場合は，最大で500万円程度まで自由財産の拡張が認められた事例が報告されていますので，保証ＧＬ上もこれらの資産は自由財産の拡張による残存資産，若しくは，後述のインセンティブ資産の「その他の資産」として残存資産と考えることができるケースもあるでしょう。

(2) インセンティブ資産

経営者たる保証人が，自由財産に加えて，安定した事業継続等のため，一定期間の生計費に相当する現預金や華美でない自宅等を残存資産に含める余地があります。具体的には，早期の事業再生等の着手の決断による対象債権者の回収見込み額の増加額（GL　QA7－16参照）を上限として，①一定期間の生計費に相当する額，②華美でない自宅，③主債務者の実質的な事業継続に最低限必要な資産，④その他の資産を残存資産に含める余地を残しています。

早期に事業再生若しくは事業の整理に取り組んだ結果として，金融機関にプラスアルファの回収が可能になった，そのプラスアルファの部分を上限として，一定の資産を個人に残すことを可能にしているのです。

残存資産の範囲の検討においては，以下のような目安（引用元：厚生労働省職業安定局　ハローワークインターネットサービス　ホームページ）を勘案することになっています。

保証人の年齢	給付期間
30歳未満	90日～180日
30歳以上35歳未満	90日～240日
35歳以上45歳未満	90日～270日
45歳以上60歳未満	90日～330日
60歳以上65歳未満	90日～240日

一定期間の生計費については、1月あたりの「標準的な世帯の必要性経費」として、民事執行法施行令で定める額（33万円）を参考にします。例えば経営者が45歳以上60歳未満の場合、早期に事業再生に取り組めば、一定の生活費として、99万円の自由財産に加え、「33万円×11か月＝360万円前後」（自由財産と合計すると500万円前後）をインセンティブ資産の目安とすることが考えられます。

5 インセンティブ資産の計算をする際の留意点

　インセンティブ資産の計算にあたり、3点、注意点を記載したいと思います。第一に、65才を超えているケースでも、生計費をゼロとすることは適当ではありません。生計費の計算は目安に過ぎません。60歳以上65歳未満の場合に準じて、生計費の計算を行うことも一つの解決方法です（事業再生と債権管理147号81頁参照）。子供の教育費、医療費などをもとに実際に要する生計費がこれ以上に要するとして、個別に計算する方法も除外されているわけではありません。

　第二に、一定期間の生計費の計算表は、あくまでも目安に過ぎず、インセンティブ資産の上限を画するものではないことです。これを超える残存資産を残すことも可能です。対象債権者の回収見込額の増加額（この算出方法については、保証ＧＬ　ＱＡ【Ｂ各論】Ｑ7－16参照）を上限として、残存資産を残すことが可能であることを忘れてはいけません。上記ＱＡにも、「当事者の合意に基づき、個別の事情を勘案し、回収見込み額の増加額を上限として、以下のような目安を超える資産を残存資産とすることも差し支えありません。」と記載されています。支援専門家である弁護士等は、金融機関の求める情報を積極的に開示し、保証ＧＬ7(3)③のイからホに掲げる要素（保証人が主たる債務者の事業再生や再生計画等に与える影響が大きいこと、信頼性があることなど）を粘り強く説明し、残存資産を増やすべく金融機関の理解を得るよう努めることが大切でしょう。

　第三に、インセンティブ資産が認められるためには、主たる債務の整理が終結する前であることに注意が必要です。保証債務の整理の申立ては、遅くとも、主たる債務の整理手続の継続中に開始することが必要です（保証ＧＬ　ＱＡ7－20、21参照）。これには例外がありませんので、特に注意が必要です。

第13章　保証債務の問題をどのように解決するか

6　華美でない自宅等

　自宅に担保設定しておらず,「華美でない」場合には，インセンティブ資産として残す余地があります。

　「華美でない自宅」に該当するかどうかは，地域の実情，保証人の誠実性，窮境原因についての有責性の程度，適時適宜に情報開示する姿勢等をもとに関係者の納得感をもとに総合的に常識に基づいて判断されることになります。地銀協の研修では，「その自宅を残すことが正義に反するとまではいえない住宅」であれば，「華美でない」とされているそうです（銀行法務21№787−25頁）。虎の毛皮のような敷物がされている，豪勢な自宅は「華美」とされてしまうのでしょうが，多少立派な邸宅であれば，「華美でない」とされることが多いと思われます。実際，これまでの事例でも不動産の敷地面積が500坪程度の事例，早期処分価格が1,200万円（正常評価額が1,900万円）の事例について「華美でない」とされています。

　ところで，住宅ローンがついている場合には，住宅ローン債権者は対象外債権としてこれまで通り支払を継続することが多いです。住宅ローン債権者は，担保権者ですので，この支払をすることは偏頗弁済には当たらず，何ら問題ありません。また，会社の借入のために担保設定（物上保証）しているケースの場合には，基本的には保証ＧＬの対象外となります。このような場合，「公正な価額」相当額で任意売却をすることや「公正な価額」相当額を分割弁済することで居住し続けられるよう交渉を行うことが考えられます(保証ＧＬ　ＱＡ７−19参照)。

7　保証ＧＬの手続の進め方

(1)　主債務者の私的再建を進める場合

　保証ＧＬに基づく保証債務の整理には，主たる債務と保証債務の一体整理を図るケース（以下,「一体型」といいます）と，保証債務のみを整理するケース（「単独型」といいます）の二つがありますが，主たる債務の整理について，再生

第4部　私的再建を進めるうえでの留意点

支援協議会や特定調停など準則型私的整理手続を利用する場合には，保証債務の整理についても，一体的に処理する一体型を原則とすべきです（保証GL7(2)イ）。

これに対し，主たる債務の整理として再生支援協議会の再生計画策定や特定調停が終結した後で，保証債務の整理のために再生支援協議会や特定調停の活用（申立て）をすることは，単独型の一類型として考えられますが，残存資産の範囲が自由財産に限られ，インセンティブ資産を残す余地がなくなってしまうことに留意が必要です（保証GL QA【B各論】7－23）。

(2) 単独型の場合

何らかの事情で保証債務の整理のみを進めたい場合（単独型を進めたい場合）ですが，その場合の準則型の手続として，再生支援協議会と特定調停の二つの方法が考えられます（保証GL7(2)ロ）。どちらを利用するべきかは，金融機関との協議次第といえますが，特定調停は，比較的間口が広いといえること，協議会スキームの場合には協議会専門家の弁護士費用（意見書を書いてもらうために必要）を負担しなければならない一方，特定調停の場合には裁判所の手続コストは低いことから，特定調停スキームの活用を検討することの方が多いように思われます。

(3) 一時停止等の要請により保証債務の整理手続が開始

保証債務の整理は，一時停止や返済猶予の要請（次ページの「返済猶予等のお願い」参照）によって本格的に開始することになります。対象債権者は，要件を充足する限り，誠実かつ柔軟に対応するように努める義務があります（7項(3)①）。

一時停止等の要請は，原則として，主たる債務者，保証人，支援専門家が連名した書面により行われる必要があります。また，全ての対象債権者に対して同時に行われる必要があります（保証GL7項(3)①ロ）。加えて，主たる債務者及び保証人が，手続申立て前から債務の弁済等について誠実に対応し，対象債権者との間で良好な取引関係が構築されてきたと対象債権者により判断され得る

第13章　保証債務の問題をどのように解決するか

ことが必要です（保証ＧＬ７項(3)①ハ）。

　一時停止等の効力は，対象債権者が当該要請を応諾したときから開始します（ＱＡ各Ｑ７－11）。一時停止等の効力が発生した時点は，保証債務の弁済計画策定にあたっての財産評定の基準時となるため（保証ＧＬ７項(3)④ｂ），一時停止等の要請を行った時期については，明確に記録化しておくべきです。実務的には，バンクミーティングを開催して，その席上で一時停止等の要請を行ったり，あるいは，個別に要請を行う場合には，対象債権者らと協議のうえ，基準時となるべき時点を別途合意して定め，打ち合わせメモ（議事録）などの形で記録化しておくことが必要でしょう。

平成〇〇年〇月〇日

対象債権者各位

返済猶予等のお願い

（主たる債務者）　〇〇株式会社
（保　証　人）　〇〇
（代理人兼支援専門家）　弁護士　〇〇
TEL　〇〇　FAX　〇〇

拝啓　時下益々ご清祥のこととお喜び申し上げます。
　平素は，格別のご高配を賜り，厚く御礼申し上げます。
　さて，当職は，平成〇年〇月〇日に，〇〇氏（住所：　生年月日：　年　月　日生）の代理人に就任するとともに，あわせて支援専門家として特定調停手続により「経営者保証に関するガイドライン」に基づく保証債務の整理を開始することとなりました。
　つきましては，平成〇年〇月末日までに特定調停の申立てを行う予定です。これに伴い，本日から調停成立までの間，保証債務の返済のご猶予をお願い申し上げます。対象債権者におかれましては，特定調停手続に基づく保証債務の整理にご協力賜りたく，下記の行為を差し控えて頂くようお願い申し上げます。
　また，本日現在での債務残高について弁護士宛てにご送付をお願いいたします（残高証明書の発行が望ましいですが，残高が確認できるものであればそれに限定するものではございません。書式も問いません。Faxでの送信でも構いません。）。

敬具

第4部　私的再建を進めるうえでの留意点

記
1．平成〇年〇月〇日における債務の残高を減らすこと
2．弁済の請求・受領，相殺権を行使するなどの債務消滅に関する行為をなすこと
3．追加の物的人的担保の供与を求め，担保権を実行し，強制執行や仮差押・仮処分や法的倒産処理手続の申立てをすること

以上

---

(4) 協議会スキームの場合

再生支援協議会において保証GLに基づく保証債務の整理を行う場合の支援業務の内容，手続，基準等を定めた「中小企業再生支援協議会等の支援による経営者保証に関するガイドラインに基づく保証債務の整理手順」が策定・公表されています。また，上記整理手順について実務上留意すべき事項をとりまとめた「中小企業再生支援協議会等の支援による経営者保証に関するガイドラインに基づく保証債務の整理手順Q&A」も公表されています。

(5) 特定調停スキームの場合

日本弁護士連合会では「金融円滑化法終了への対応策としての特定調停スキーム利用の手引き」（以下，『手引き』といいます）を定めており，これを保証GLに対応できるように改訂しています。また，保証人に関する部分として，「保証GLに基づく保証債務の整理の手法としての特定調停スキーム利用の手引き」（以下，『保証債務整理の手引き』といいます）も定めており，保証GLに基づく保証債務の整理を行う場合の手続等を定めています。

8　保証GLを活用する上で問題になる事項

(1) 個人的借入金がある場合

保証GLは，原則として，金融債権者を対象としており，商取引債権者や保証人個人に対する債権者（保証人が主債務者になっている場合の債権者）を対象債権者に含めていません。そこで，個人的借入金は，保証GLの対象外となり，

第13章 保証債務の問題をどのように解決するか

支払い続けることが原則となります。前述のとおり，住宅ローンは保証ＧＬの対象外です。

　しかし，個人的借入金債務（特に無担保債務）を対象外とすることについては，二つの観点で留意が必要です。一つは，金融機関に対する保証債務以外の個人的借入金債務が多いと，金融機関に対する保証債務が大幅に減免される一方で，個人的借入金債務は全額弁済を受け，債権者平等の観点で問題があります。もう一つは，逆に個人的借入金債務の返済が途中でできなくなり，破産手続に移行した場合，保証ＧＬに基づいて金融機関のみが多くの返済を受けている点について，破産管財人から否認されかねないという問題があります。そもそも個人的借入金が過大であり，途中で破綻するような計画の場合，保証人の経済的更生に適合しないともいえます。

　そこで，保証債務を整理する局面において，弁済計画の履行に重大な影響を及ぼすおそれのある債権者について，対象債権者に含めることができるものと定めていますので（保証ＧＬ７項(3)④ロ），個人的借入金の額が残存資産やその後の収入で過大といえないか確認が必要です（個人的借入金債務額が過大な場合には，自己破産を選択する方が有利な場面も多いでしょう）。

　なお，保証債務以外の個人的借入金の債権者（例えば，クレジットカード債権者等）に対して受任通知を送付すると，信用情報機関に登録される可能性がありますので，受任通知の記載には留意が必要です。次ページに個人的借入金の債権者向けの受任通知案をつけておきます。

第4部　私的再建を進めるうえでの留意点

平成〇〇年〇月〇日

対象債権者各位

返済猶予等のお願い

（主たる債務者）　〇〇株式会社
（保　証　人）　〇〇
（代理人兼支援専門家）　弁護士　〇〇
TEL 〇〇　FAX 〇〇

拝啓　時下益々ご清祥のこととお喜び申し上げます。
　平素は，格別のご高配を賜り，厚く御礼申し上げます。
　さて，今般，当職は保証人〇〇氏について代理人に就任するとともに，あわせて経営者保証に関するガイドライン（平成〇〇年〇月〇日適用開始）における支援専門家として，同人が主債務者〇〇株式会社の保証人として負担している保証債務の整理に着手することといたしました。そこで，上記ガイドラインに基づき，保証債権者に対して，平成〇〇年〇月〇日付をもって，一時停止の通知を発しております。
　この点，貴社が〇〇株式会社代表者に対して有する債権につきましては，「弁済計画の履行に重大な影響を及ぼす恐れのある債権」（ガイドライン第7項（3）④ロ。Q&A【B．各論】Q7-19，7-28）であることから，上記ガイドラインにおける対象債権とさせて頂きたく，ご連絡致しました次第です。
　なお，上記ガイドライン第8項（5）のとおり，経営者保証に関するガイドラインによる債務整理を行った保証人について，対象債権者は，当該保証人が債務整理を行った事実その他の債務整理に関連する情報（代位弁済に関する情報を含む。）を，信用情報登録機関に報告，登録しないこととする，とされていますので，念のため申し添えます。

敬具

---

(2) 複数の法人の保証人の場合

　例えば，一方の法人（A社）が既に破産手続が終了しており，もう一方の法人（B社）が私的整理中（リ・スケジュール案件）であり，B社の代表者が両会社の保証人になっている（A社については第三者保証人）となっていることがあります。

第13章　保証債務の問題をどのように解決するか

　このような場合，B社代表者の保証債務の整理については，破産会社の保証債務の整理のみを考えればよいのか，全ての保証債務を対象債権とすべきかが問題となります。

　B社はリ・スケジュール案件に過ぎないことから，破産しているA社のみ保証GLを活用すればよいとの考えもあり得るところですが，仮にA社のみに弁済する場合，債権者平等を害する結果となってしまうといえます。すなわちA社の対象債権者のみに弁済してしまうと，代表者は「支払不能状態」であることからすれば，法的には「偏頗弁済」という問題行為をすることになりかねません（破産法162）。

　そこで，両会社の保証債務を一体的に対象債権として，保証債務の整理を行う方法も合理的と考えられます。

(3)　誠実性の要件はどのように考えるべきか

　保証GL7項(3)に一時停止等の対応が記載されており，「主たる債務者及び保証人が，手続き申立て前から債務の弁済等について誠実に対応し，対象債権者との間で良好な取引関係が構築されてきたと対象債権者より判断され得ること」とあることから，長年返済できない状態が続いている場合，保証GLの手続着手の前提となる一時停止ができないのではないかという疑問もなくはありません。

　しかしながら，保証GLを活用するのは，主たる債務の返済が厳しいので，私的再建等の申し出を行い，それに伴い保証GLの申し出に至ったわけです。つまり，主たる債務者が私的再建などを申し出る場面は，債務の支払が滞ることは通常想定される話といえます。仮に延滞という一事をもって不誠実と観念してしまうと，多くの案件が保証GLの活用ができなくなってしまい，早期の事業再生や廃業を促すという保証GLの趣旨を全うすることができません。そこで，延滞という事実のみで誠実性が欠けると判断することはできないでしょう（銀行法務21№787号17頁参照）。

　では，不誠実なケースとはどういう場合かですが，事案ごとに判断すること

になると思いますが，単なる債務不履行ではなく，より悪質な場合が想定されるものと考えられます。

例えば，重大な詐害行為があり，その後も詐害行為の是正に努めないような案件が考えられます。逆に言えば，詐害行為と疑われる行為があっても，その是正がある場合には，保証GLの活用は可能と考えられます（事業再生と債権管理149号124頁参照）。

同様に，大規模な粉飾決算や融通手形がある場合は悪質・不誠実と指摘されることになるのでしょうが，やむにやまれぬ粉飾がある場合にまで不誠実として，保証GLの活用は一切できないと考えることは適切ではなく，金融機関側にも柔軟な対応が求められます。

(4) 配当ゼロも認められるか

保証人の財産が現預金99万円未満の場合，保証人からの回収可能性はないことになります。このように金融機関に対する配当もゼロの場合でも，経済合理性を肯定することはできますので，保証GLを活用することは問題ありません。そもそも債権者の経済合理性は，債務者が破産した場合と比べて回収できる金額が低くならないという意味です。破産時もゼロ配当である以上，保証GLを活用してゼロ配当であっても当該計画は問題ない計画といえます。債権者から見ても，これにより管理コストがなくなり，債権処理ができる，税務償却ができることはメリットがあるといえるものと考えられます。

3 保証GLが使えないケース

1 保証GLを活用できない場合

保証GLに基づく保証債務の要件を満たさない場合には，保証GLに基づく保証債務の整理を行うことはできません。また，個人事業主の主債務が多額にある場合も保証GLを活用することが適当とはいえないでしょう。

第13章　保証債務の問題をどのように解決するか

そのような場合でも以下の方法により，保証債務（個人事業主の場合には主債務）の整理を行うことが考えられます。

> ①　個別交渉による保証解除（債務放棄）
> ②　破産手続
> ③　サービサーへの債権譲渡及び保証協会には超長期分割弁済
> ④　消滅時効

2　個別交渉による保証解除（債権放棄）

(1)　基本的な考え方

保証ＧＬに基づく保証債務の要件を満たさない場合でも，主たる債務者や保証人が反社会的勢力である場合を除き，対象債権者は保証ＧＬの精神を尊重し，柔軟に対応することが求められます。

そこで，保証ＧＬによる保証解除が得られない場合であっても，任意の交渉によって保証解除を目指すことは十分に可能です。具体的な交渉の進め方は，保証ＧＬの場合と同じです。

(2)　自宅不動産の扱い（任意売却の検討）

保証人の自宅不動産には担保権が設定されていることが多いでしょう。個別交渉で保証解除を目指す局面では，保証人が保有する不動産については換価したうえで，返済を求められる場合が多いと思われます（これに対し，保証ＧＬが活用できるケースの場合には，住宅ローン弁済はこれまでどおり続けられることが多いです）。

そこで，個別交渉で保証解除を目指す局面では，任意売却ができないか検討することが多くなります。

任意売却を行う際のポイントとしては，①適正な対価であること，②担保権者等の事前の同意を得ることが挙げられます。このうち，①の点については，事前に不動産業者や不動産鑑定士を利用して，不動産の客観的な価値（早期処

第4部　私的再建を進めるうえでの留意点

分価格及び正常価格）を得ておくことが必要となります。担保権者等に対しては，任意売却で提示する金額が，担保権を実行した場合，すなわち，競売の場合よりも有利であることを説明できることが重要です。②については，担保権者等との間で，売却価格，内入れ返済条件等について，事前に了解を得ておくことが必要です。流れとしては，時価の調査（①）→買受候補先の選定→担保権者等への条件提示，事前同意の徴求（②）→売買契約の締結→売買実行及び換価金の返済というプロセスとなります。

ただし，任意売却には，不動産の売主に譲渡所得税が生じる可能性があります（所得税法64条2項を検討することが大事です）。司法書士費用，登録免許税など手続コストも生じます。

任意売却資金が乏しく，任意売却の交渉を進めることが困難な場合には，不動産評価相当額（早期処分価格や正常価格）相当額を長期間の分割弁済で支払うので，担保権の実行を待ってもらうよう交渉することが考えられます。

3　破産手続による保証債務の整理

(1)　破産手続の意義

債権者から，任意の保証解除を得ることができない場合には，破産手続を申し立てて免責決定を得ることを検討することも考えられます。

破産手続とは，裁判所に対して債務整理を申し立てる手続のことをいいます。破産手続により，免責決定を受けることで，保証債務から免れることが可能です。破産という制度について，ネガティブなイメージを持っておられる方も多いかと思われます（住民票に記載されるとか，選挙権を失うとか，資産一切を失うなど，誤った知識に基づく誤解も多いです）。

しかし，現在の破産法では，その目的として，「債務者の財産等の適切かつ公平な清算を図る」こととともに，「債務者について経済生活の再生の機会の確保を図る」ことがうたわれており，債務者の経済的再生のための積極的制度としての位置づけが明確にされました。また，法律上，「破産宣告」という用語も使われなくなっています。

民法上，破産は委任契約の終了事由とされており（民法653），そのために破産をした場合には，取締役を退任しなければならないとの考えもありますが，上記規定は強行規定ではありませんので，終了しない特約があると解して，従来の取締役が破産手続を利用しながら，そのまま取締役としての職務を続けることも認められると考えられます。

(2) どの程度の財産が残せるか

前述のとおり，破産手続でも自由財産ないしは拡張財産は保有が認められます。そこで，現金99万円，預金20万円，解約返戻金額が20万円未満の生命保険，自家用車についても保有が認められます。

自宅についても，自己破産手続の前に任意売却を実施したり，破産管財人から親族等が買い受けることで残せることも少なくありません。

(3) 破産手続のメリット

個人破産の場合，免責不許可事由の事情が悪質でない限り，ほとんどの案件で免責決定が出されます。申立てをしてから終結するまでの期間は，3か月から半年程度で終わるケースが多く，保証解除の個別交渉，サービサーとの交渉，消滅時効を待つ方策と違い，早期に解決できる点がメリットです。個人的借入金が多額にある場合，これらの債務も免責により支払義務がなくなることも大きなメリットといえるでしょう。数十万円の代理人弁護士費用のほか，裁判所に納める予納金も20万円からと低額です。保証GLを活用できないケースでは，時間的，経済的には個人破産手続を利用することは大いにメリットがあります。

4 サービサーへの債権譲渡及び保証協会には超長期分割弁済

金融機関は，約定返済が滞ると，貸付債権及び保証債権をサービサーに譲渡したり，保証協会から代位弁済を受けることがあります。サービサーは債権を廉価で買い取っているため，サービサーと交渉することで，安く債権を買い戻したり，債権放棄を受けることが可能です。また，保証協会は，債権放棄には，

原則として応じませんが，超長期間の分割弁済には応じることが一般的です。

そこで，保証債務の整理の方法として，サービサーから債権を買い戻す方法や保証協会に超長期弁済を行う方法を検討することもあります。

しかし，この方法は，サービサーや保証協会に一定の支払をすることが必要です。これは破産手続の債務者代理人費用や予納金の金額よりも高額であることが多いです。どうしても交渉のため，相応の時間を要し，解決まで平穏な時間を過ごすことが出来ません。結局，協議が成立しないリスクや遅延損害金が日々生じてしまうというリスクもあります。相続が生じた場合に，事情を知らない相続人に負債が相続されるなどのリスクも否定できません。

そこで，この方法を検討するのは，連帯保証人が高齢で今後高額の収入を得る見込みがなく，差押えのリスクが乏しいケース，債権者数が少なく，交渉が成立する見込みが相応に高い場合に限定されるでしょう。相続が生じる場合を考え，きちんと相続放棄を行うよう相続人候補者に伝えられることが可能なケースに限定されるでしょう。

5　消滅時効を待つ方法

主債務者と保証人のいずれも支払をしないまま放置すると，消滅時効期間を経過することがあります。そこで，消滅時効期間を待って，消滅時効を援用し，保証債務から免れることを検討することも保証債務の整理の方法として考えられなくはありません。

しかしながら，この方策はどうしても長期間督促を受ける方法です。主債務者の法人が何らかの理由で支払をするなどの債務承認を行い，消滅時効が中断してしまうと，いつまで経っても消滅時効が成立しないことになります。消滅時効期間が経過するまで，保証人の生活の平穏がいつまでも得られないリスクの高い方法です。遅延損害金が日々生じ，その後，何らかの事情で支払を余儀なくされる場合には，かえって損害が増えるリスクもあります。

確かに相続が生じた場合には，相続放棄を忘れなければ，相続人に保証債務の負担が生じることはありませんが，万一，相続放棄を忘れてしまうと，相続

第13章　保証債務の問題をどのように解決するか

人に多額の保証債務を相続させるリスクを生じさせるものです。また，相続までに一定の資産を形成する場合には，被相続人が形成した資産を相続人が相続できない問題もあります。

そこで，消滅時効を待つ方策は，連帯保証人が高齢で今後高額の収入を得る見込みがなく，差押えのリスクが乏しく，相続人全員が相続放棄を忘れずにできるようなケースに限定されるでしょう。

6　まとめ

以上のとおり，保証ＧＬを活用しないケースの場合には，個人破産により保証債務の問題を解決することが多いといえます。

Column 8　事業再生と事業承継

　会社経営を続けていくうえで、事業承継問題（後継者問題）は最も重要な経営課題の一つといえます。特に過剰債務、債務超過問題をかかえる会社にとっては、後継者に連帯保証問題が生じさせないように留意することが必要になります。

　過剰債務問題を抱えている会社が事業承継を検討する際の留意点は、以下のとおりです。

- 社内に後継者が見つかるのか（見つからない場合には、社外から後継者を探すことが必要になります。Column 2、3参照）
- 株式を後継者に集約させることができるのか（経営者が死亡し、相続人全員が相続放棄をすると、株式承継が面倒になります。なお、債務超過問題が顕在化している会社の株式は、極めて低廉な評価となるため、生前贈与で後継者に集約することも考えられます）
- 現経営者が事業のために使用している資産（不動産等）を所有している場合、後継者又は法人に権利関係を集約することができるのか（相続によって事業用資産の権利者が分散してしまうと、経営の安定性に影響が生じる場合があります）
- 相続税ないし相続財産の処分が問題となる場合に相続人個人に譲渡所得課税が生じないか
- 後継者の連帯保証問題を如何に解決するか

　後継者にとっては、金融債務にかかる多額の連帯保証を抱えることが障害になることは多いです。実際、後継者に指名された親族や従業員に何とか事業存続のためにひと肌脱ぎたいとの気持ちがあったとしても、多額の連帯保証（その大部分は自らの関与していないところで生じた借入金と思われます）を引き継がなければならないことを理由に、辞退せざるを得ないことは多々ある話です。

　これら連帯保証問題の弊害を解消するため、経営者保証に関するガイドラインが施行されており、ガイドライン6項において、保証契約の見直し、事業承継時の対応が明記されています。ガイドラインでは、法人個人の一体性の解消、財務基盤の強化、適時適切な情報開示等、経営改善や、金融機関との信頼関係の構築が求められています。事業承継時には以下のような状況が確認できる場合には、保証契約の解除を要請することが考えられます。

① 前経営者は、実質的な経営権・支配権を有していないことを対象債権者に示すために、中小企業の代表者から退くとともに、支配株主等に留まることなく、実質的にも経営から退くこと（併せて、当該法人から報酬等を受け取らないこと）
② 前経営者が、主たる債務者（会社）から社会通念上適切な範囲を超える借入等を行っていることが認められた場合は、これを返済すること
③ 対象債権者にとって、法人の資産・収益力では既存債権の回収に懸念が残り、前経営者との保証契約以外の手段では既存債権の保全が乏しい場合には、前経営者の

第13章 保証債務の問題をどのように解決するか

資産のうち、具体的に保全価値があるものとして対象債権者が認識していた資産と同等程度の保全が、後継者等から提供されること

もっとも、ガイドライン6項で保証契約の解除を要請できるのは、相応に優良な会社になります。過剰債務に陥っているケースの場合には、ガイドライン6項の活用が困難なケースの方が多く、以下の方法が考えられます。

- 経営者交替は先行するものの、会社の過剰債務問題が解決するまでの間、後継者の保証契約の締結を待ってもらうように交渉すること
- 後継者問題を関連させて、過剰債務問題も一挙に解決するよう金融機関と交渉を開始すること（もっとも、この方法は、保証債務問題が顕在化しますので、ガイドライン7項を活用し、交渉することが必要になります。詳細は第13章にて説明したとおりです）。

第5部

事例紹介

この部のポイント

・日々の資金繰りにも困った状態でも，経営者の情熱と工夫，それに専門家の関与により，私的再建ができた例。
・従業員数名，売上数千万円の小規模事業者でも私的整理により再建はできる。

第14章 私的再建のストーリー(清酒業)
CHAPTER14
―事業価値の乏しい会社が特定調停で債権放棄を受けた案件―

1 どんな会社だったのか

　甲野酒造は，東北・関東地方で清酒を製造販売する会社です。役員2名，従業員は正社員3名，パート3名（役職員合計8名）の小さな蔵です。3年前までは，メイン銀行のA銀行を中心として，約1億円の有利子負債を抱えていました。A銀行は，酒蔵の土地建物に抵当権を設定していました。

　甲野酒造は，地元の観光地の旅館やホテルを中心に日本酒を販売していました。社長の甲野社長自身が杜氏をしており，日本酒の味には定評があり，大手百貨店との取引もしていました。

　しかし，平成に入ってから，地元の温泉旅館は日帰り観光客が増加しているものの，宿泊客数が減少してしまいました。それに伴い，旅館やホテル向けの売上が徐々に減少していき，資金繰りが厳しくなってしまいました。

　そのため甲野社長は，金融機関の紹介を受け，コンサルタントに相談することになりました。

2 地元のコンサルタントの助言

　甲野酒造は，コンサルタントの指導を受けるようになりました。経費削減に

徹底的に取り組み，経費の削減は進みました。それでも，資金繰りが厳しいため，コメの仕入数量を減らすことになりました。結果として，売上を減らすという悪循環に陥ってしまっていました。必要な設備投資もできない状態になりました。

甲野酒造の資金繰りは一向に改善せず，金融機関に対する約定弁済ができない状態に陥ってしまいました。甲野社長は，コンサルタントから酒蔵の土地建物だけは親族で守った方がよいと助言を受けました。酒蔵の土地建物は，メインバンクのA銀行に抵当権を設定していましたが，A銀行と協議の上，親族から融資を受けた別会社（B社）に任意売却することになりました。

これに伴い，A銀行の債権は無担保のみとなってしまいました。また，従前より，約定どおりの弁済ができなかったことから，A銀行は甲野酒造に対する貸出債権のうち，保証協会付き債権については，信用保証協会に代位弁済してもらい，その他の債権（プロパー債権）はサービサーに売却してしまいました。結果として，甲野酒造のメインバンクは不在となり，最大債権者は信用保証協会，二番手がサービサーとなりました。

甲野酒造は，コンサルタントから，「金融機関の債権は無担保債権しかないので，金融機関の同意を得ないで，会社分割や事業譲渡をすればよい」「残った会社は，破産すればよい」「特段問題はない」などと助言を受けました。

しかし，甲野社長としては，その助言をそのまま受け止めてよいのか，勝手に新会社を設立し，事業譲渡や会社分割をすることでリスクがないのかわからず，悩んでいました。

3 桜通り法律事務所での診断内容

甲野社長は，知人の紹介で桜通り法律事務所を訪れました。桜通り法律事務所からは一方的に事業譲渡や会社分割を進める方法は重大なリスクがあること（第12章参照），また，一方的に手続を進める方法の場合には，経営者保証ガイドラインの活用も困難であることの説明を受けました（第13章参照）。さらに，

第14章　私的再建のストーリー（清酒業）

最大債権者となっている信用保証協会とよく話をしたうえで，今後の再生スキームを検討する方が長い目で見ると有益である旨助言を受けました。そのほか，資金繰りの状況，損益や債務の状況，事業面の強み，弱みの状況，金融機関の支援状況，そして甲野社長の再生への意欲を確認しました（第4章参照）。

【損益状況及び資金繰り】

甲野酒造は，最盛期には年商1億円を超える売上を挙げていましたが，ここ数年は年商7,000万円弱まで落ち込んでいました。営業利益段階では，利益が出ていない状況で，元本もほとんど返済できない状況になっていました。

毎年欠品が出ているとのことで，製造数量を増やしたうえで，売上増加策をいかに取るかがカギになりそうな状況でした。また，第二会社方式を検討する際には，酒造数量が一定量以上あることが必要でしたので，その意味でも酒造数量を多くすることが大きな課題でした。

資金繰りは金融機関への返済を止めなければ，秋口の仕入資金が足りない状況でした。そこで，金融機関への元利金返済を止めてもらうことも大きなカギとなりました。

【収益力分析，過剰債務問題】

では，この甲野酒造の有利子負債は過剰債務だったといえるのでしょうか。

過剰債務の定義を思い出してみましょう。過剰債務はフリー・キャッシュ・フローの10倍を超える金額といわれています。フリー・キャッシュ・フロー＝経常利益－法人税＋減価償却費－年間設備投資額です。

甲野酒造は金利支払前の経常利益が▲100万円で減価償却費が200万円でした。甲野酒造の取引金融機関（大部分は信用保証協会とサービサー）は，期限の利益が切れており，遅延損害金は年14％になっていました。まともに遅延損害金を支払うとなると，毎年1,400万円の遅延損害金が発生する計算です。そこで，設備投資がないと仮定しても，フリー・キャッシュ・フローは見込めない状態です。金利を無視したとしても，フリー・キャッシュ・フローはわずか100万円

しか見込めません。そうとすれば，フリー・キャッシュ・フローの100万円の10倍（1,000万円）を超える債務が過剰債務になります。結果，有利子負債の大部分が過剰債務と想定されました。

　もちろん事業の改善により，金利支払前の経常利益を増やす努力はしなくてはいけませんが，小さな蔵が自力で過剰債務状態から脱却することは極めて困難と想定されました。そこで，債権カットの交渉を行うことが必要な状況でした。

4　どうして失敗したのか

　桜通り法律事務所のもとに相談に来る前に時間軸を戻して，どうして甲野酒造がこのような状態になったのか，振り返ってみましょう。

　甲野酒造を取り巻く環境は，厳しいものでした。元々の得意先の地元の旅館やホテルの宿泊客数が減ってしまうというものです。甲野酒造は，売上を増やすべく，低価格品を中心に新商品を次々に開発し，商品アイテムは100を超えるまでになりました。

　しかし，一向に売上は伸びません。値段を下げると，さらに下げるよう圧力がかかり，取扱量は減っていなくても売上は減っていくのです。

　前述のとおり，甲野社長は，経費削減をするべく，経営コンサルタントの指導に沿って，経費削減に取り組むことにしました。ところが，行き過ぎた経費削減の結果，最低限の設備を維持するだけの設備投資もできなくなり，冷蔵設備の更新もできない状態となっていました。比較的高額な給料を支払っていたスタッフの給料を削減してしまったことから，優秀な人員が流出しました。何より深刻だったのが酒造りに必要な仕入資金まで削ったことです。これにより，製造できる量も減ってしまい，夏にはしばしば欠品を生じさせるに至りました。甲野酒造では，売上（利用客）の減少→さらなる経費削減（仕入のカット）→売上の更なる減少という悪循環に陥ってしまったのでした。

5 主要債権者の保証協会との個別面談及び第1回バンクミーティング

　桜通り法律事務所の弁護士は，会社再生に必要な資料を集めたうえで，まずは社長と女将とともに主要債権者である信用保証協会や金融機関を訪問しました。社長は，約定返済ができなくなったことのお詫びを述べ，その後は弁護士が返済猶予を求めざるを得なくなった経緯（私的整理に至った経緯），法的整理ではなく，私的整理であること，公的機関活用の是非，スケジュール等を説明し，協議しました。

　その場では再生支援協議会や震災の影響を受ける地域であることから震災支援機構の活用についても議論しました。しかし，事業価値が高いとはいえないこと，メインバンク不在の状態であることから，再生支援協議会の活用は困難な状況と判断されました。震災支援機構の活用など模索しましたが，支援銀行がない以上，それも無理な状況と認識されました。そこで，信用保証協会の担当者と協議した結果，弁護士会で進めている特定調停スキームを検討することになりました。

　甲野酒造では，最低限度の設備である冷暖房設備や老朽化した設備の修繕を行うことが急務でした。また，仕入資金を確保するためにも，金融機関に対する元利金の返済を止めることが必要でした。そこで，元利金の返済を猶予してもらうようお願いしました。ちなみに，弁護士が入る前から，預金は借入のない金融機関に預けていましたので，預金避難の議論をすることはありませんでしたが，金利の返済すらできないというのは異常な事態です。本来的には金利だけは支払うようにするべきでしょう。仮に金利すら支払えない場合には，預金避難の検討をすべきでしょう。

　その後，第1回金融機関説明会を開催しました。第1回目の説明会では，個別訪問時と同様の要請をするとともに，金融機関に対して，会社の財務状況，資金繰りの状況その他経営に関する重要な情報を全て開示したうえで，改めて

第5部 事例紹介

抜本的な経営改善を行うまでの間，元利金の支払猶予を要請しました（利息も含めて支払停止を要請しました）。

　弁護士は，今後も引き続き，会社の状況を開示することを約束し，毎月の月次報告書の提出を約束しました。また，第2回バンクミーティングまでに財務デュー・デリジェンス（以下，デュー・デリジェンスについては，「DD」と略記します）の結果を報告することを約束しました。

　以上の弁護士の説明について，金融機関からは今すぐ破産するべきといった強硬な反対意見はなく，概ね好意的な対応を受けました。

6　第2回バンクミーティング（DDの実施と報告）

　甲野酒造は，弁護士の助言を受けて，財務DDの経験豊富な公認会計士を選任することにしました。費用が乏しいことから，事業DDは省略し，再生計画において，事業面の検討は同時に検討することになりました。

　財務DDでは，公認会計士によって，甲野酒造の財務資料を精査してもらい，帳簿上の財務状況を基準に，DD実施基準日現在の甲野酒造の実態の財務状況（実態貸借対照表）を把握してもらいました。その結果，甲野酒造の基準日における実態時価純資産は，大幅な債務超過に陥っていることが確認されました。財務DDでは，「過剰債務額の算定」，「債務償還年数」「清算価値の仮判定」の算定もしてもらいました。

　第2回バンクミーティングでは，財務のレポートを提出し，公認会計士に説明してもらいました。また，会社の実態や今後の取るべき戦略について，金融機関と協議を重ねました。

　以上の説明についても，金融機関の理解を得ることができましたので，次回（第3回）のバンクミーティングまでに再生計画を立案することとしました。

第14章　私的再建のストーリー（清酒業）

7　経営改善の取組み

　甲野酒造は，秋口の仕入資金を活用し，数年ぶりに大量の日本酒製造に努めました。女将が東京や大阪に出向き，営業活動に努めました。従前からお世話になっているコンサルタントの指導も受け，品種別の売上，粗利分析（セグメント分析）に努めました。売れていない日本酒のなかには，赤字のお酒もあることが確認でき，以後伸ばしていくべきお酒がどれか，今後の戦略を練りました。
　また，元利金の支払を止めることでコメの仕入もできるようになり，製造数量も増加することができるようになりました。社長の妻に営業に出てもらい，営業攻勢に出てもらうことにしました。

8　第３回バンクミーティング（再生計画の策定）

　第３回バンクミーティングでは，再生計画と会社分割スキームの詳細を発表しました。
　金融機関への具体的な依頼事項としては，事業価値を超える有利子負債の債権カットを求めることとしました。事業価値算定としては，通常行うDCF法ではなく，純資産額相当額を事業価値として評価することにしました。理由としては，事業規模が小さく今後の売上見通しには不安があること，今後，廃棄物の処理施設が建設される可能性があり，そうなっては事業継続ができなくなることなどの事情により，永続企業価値を見出すことには一定の不安があることから，将来のFCFを前提としたDCF法を採用することには妥当性が低いと判断されたからです（Column 5 参照）。
　本件の特殊事情として，親族からの借入金を新会社に一部承継することとしました。親族からの借入金を新会社に承継させることが妥当かという議論もありましたが，当該借入金は現実に融資した資金であり，引き継がない形にしてしまうと親族の理解が得られないこと，今後も親族から運転資金等の融資を受

けることが必要という事情もありました。そこで金融機関と按分して親族の借入金も新会社に一部承継させることとしました。しかし，金融機関の理解を得るべく，親族からの借入金は劣後化させ，親族への返済は，金融機関への返済が終了してから開始することにしました。

9　金融機関との詰めの交渉

　弁護士は，金融機関との間で，債権カット額や返済計画の実行可能性について，協議を重ねました。

　金融機関からは，事業性が乏しいので，二次破綻は困るとのことでした。再生計画の履行確実性を担保すべく，モニタリングの実施は約束しました。

　加えて，金融機関は，万一の際に備えて，何らかの担保が欲しいとのことでした。酒蔵の不動産は，別会社のB社名義になっていましたが，無担保となっていました。金融機関との交渉の結果，不動産購入資金を出した親族が1番抵当権を設定することとして，後順位に金融機関が同順位で担保設定することで協議がまとまりました。

　連帯保証人の前社長夫妻と社長の負債の整理をどうするかがポイントになりましたが，多数の不動産があり，固定資産評価額がそれなりにあるため，これらを残存資産として保証解除を求めることは適当ではありませんでした。何より，連帯保証人には，農協など金融機関以外の借入金も相応にありました。そこで，経営者保証ガイドラインに基づいて保証解除を求めるのではなく，自己破産処理により個人債務を清算することが合理的と考え，金融機関に意向を伝え，金融機関の理解を得ることになりました。

　私的整理を開始した直後に連帯保証人である前社長が闘病生活に入ったのですが，闘病途中で死亡してしまいました。前社長の多額の負債を相続するわけにはいかないので，全員が相続放棄をすることになりました（相続登記をするコストも無視できない事情がありました）。担保権を有する金融機関から，当該不動産を放置することで換価が難しくなることは困るとの意見が寄せられたことか

第14章　私的再建のストーリー（清酒業）

ら，代理人弁護士にて相続財産管理人を選任することになりました。

10　特定調停の申立て

　以上の理解を踏まえて，代理人弁護士は特定調停を申し立てることになりました。印紙代等の手数料はほとんどかかりませんでした。第1回期日では，サービサーを含む全ての金融機関が調停成立に大きな異論はないとのことでしたが，稟議を通すためにもう1回期日を設定してもらうことになりました。1か月後の第2回期日には，サービサーは欠席となりましたが，他の債権者は調停成立に同意しました。サービサーも調停成立に特段異議はないとのことでしたので，いわゆる17条決定を出してもらい，異議なく，確定することになりました。

11　特定調停申立てのメリットについて

(1)　債務者側のメリット

　債務者にとっては，事業価値が乏しい金利すら支払えない小規模案件でも私的再建を進めることができるというメリットがあります。特定調停は，重い手続ではないことから，間口が広い点もメリットといえます。さらに，本件では認定支援機関を活用し，専門家費用の一部について，補助金を受けることが出来，その点も事業者にとってはメリットがあったといえます。

(2)　債権者側のメリット

　債権者にとっても，特定調停による私的再建の成立により，破産時よりも多額の債権回収ができ，経済合理性のある解決を図ることができます。また，裁判所が関与することで，公正性，公平性が担保されているといえ，安心感，信頼感がある手続といえます。加えて，本件のサービサーのように積極賛成でなくても，反対しない債権者の場合には，17条決定により，調停を成立させることができ，手続の安定性もあります。調停成立後，最大債権者の保証協会の担

319

当者からも,「取引先を巻き込まず,事業価値を維持して,事業を守ることができてよかった」という言葉を頂きました。

(3) まとめ

参考までに成立した調停条項,経過報告書をつけておきます。その他の参考書式につては,「金融円滑化法終了への対応策としての特定調停スキーム利用の手引き」についていますので,インターネットで検索してみてください。

調停条項（相手方　A県信用保証協会分）

1　弁済計画の基本方針

　申立人と相手方A県信用保証協会（以下「相手方」という。）は，申立人と相手方ほか金融債権者3社（以下「相手方ら」という。）との間における申立人の弁済計画の主な内容は，申立人において経営危機に陥っており，破たんを回避するため，会社分割を実施して申立人が事業で返済可能な債務だけを新設分割会社ないし吸収分割会社に承継させ，製造力及び売上増加策を講じ，管理体制の強化に取り組んだ上で，合理性が認められる別紙「経営改善計画案」のとおり，平成28年以降，毎年約330万円から約530万円の営業利益を出す計画のもとにおいて，相手方らに対して，10年間にて総額・・・万・・・・円を返済するものであることを確認する。

2　債務額の確認

　申立人は，相手方に対し，相手方が本日までに負担した求償債務の残債務として，残元本・・・万・・・・円，確定遅延損害金，未払信用保証料，延滞保証料2千円及び残元本に対する平成26年9月30日から支払済みまで年14パーセントの割合による金員の支払義務があることを認める。

3　会社分割（新設分割ないし吸収分割）

　申立人は，平成28年4月末日までに，申立人の酒造業に関する資産及び負債（但し，相手方らに対する10年間の返済金総額・・・万・・・・円を含む。）について，新設分割会社ないし吸収分割会社（以下，「新会社」という。）に承継させる会社分割を行い，新会社は相手方に対する債務として・・・万・・・・円を申立人から引き受ける。

4　支払方法

　申立人（会社分割後は新会社）は，相手方に対し，前項記載の・・・万・・・・円を11回に分割して，平成28年3月30日を第1回支払日，平成28年9月30日を第2回支払日，以後毎年9月30日を第3回目以降の支払日とし，別紙返済計画表（相手方　A信用保証協会分）に記載のとおり，次の相手方の口座に振り込む方法により支払う。振込手数料は，申立人（会社分割後は新会社）の負担とする。

5　期限の利益の喪失

　新会社が，前項の分割金の支払を怠り，その額が・・・万・・・・円に達したときは，新会社は，当然に期限の利益を失い，新会社は，相手方に対し，前項の未払残金及びこれに対する期限の利益を喪失した日の翌日から支払済みまで年14パーセントの割合による遅延損害金を支払う。

第5部 事例紹介

6 担保設定

　利害関係人Cは，新会社の相手方に対する第3項の債務の支払いを担保するため，別紙物件目録記載の不動産に，次のとおり，順位2番（ただし，D債権回収株式会社，株式会社E銀行，株式会社F金融公庫と同順位）の抵当権を設定する。

(1) 債権額　　　万　円
(2) 損害金　　年14％
(3) 抵当権者　相手方
(4) 債務者　　申立人（新会社）
(5) 設定者　　C

7 申立人の破産ないし特別清算

　申立人は，第3項記載の会社分割後，遅滞なく自らの破産ないし特別清算の申立てを行う。

8 情報開示

　申立人及び新会社は，相手方らに対し，本調停が成立した日の翌月より完済に至るまでの間，各期の決算書を決算日から3か月以内に開示する。

9 債権譲渡等の場合における本調停条項の承継

　相手方らが本調停条項において確認した申立人及び新会社に対する債権を第三者に譲渡する場合，または，これと同様の効果を生じさせる行為をする場合には，相手方らはこれらの行為と同時に，当該第三者から本調停条項の相手方らの地位を承継する旨の承諾書を取得して，申立人（会社分割後は新会社）にこれを交付するものとする。

10 清算条項

　申立人と相手方は，本件に関し，本調停条項に定めるほか，他に何らの債権債務のないことを相互に確認する。

11 調停費用

　調停費用は，各自の負担とする。

以　上

第14章 私的再建のストーリー（清酒業）

経 過 報 告 書

平成　年　月　日

○○簡易裁判所　御中

申立人　株式会社○○

代理人弁護士　○○

　本申立前における，申立人と相手方金融機関との協議の経過については次のとおりですので，ご報告いたします。

平成26年3月×日	申立人と代理人弁護士が第1回金融機関説明会を開催し，申立人が事業再生を行うこと及び経営改善を進めること等を説明し，元本及び金利の返済猶予を要請する。 ○○県信用保証協会，○○銀行，○○政策金融公庫が出席する。欠席した○○債権回収に対しては資料送付の上で電話にて説明及び要請を行う。
同　　　日	○○県信用保証協会からの要望を受け，東日本大震災事業者再生支援機構へ再生支援の相談を行う。
平成26年5月×日	○○県信用保証協会，○○銀行を訪問し，事業計画案の概要を説明すると共に，東日本大震災事業者再生支援機構を活用するためには支援金融機関が必要となることから，○○銀行に対し支援表明を要請する。
平成26年6月×日	○○銀行から支援金融機関にはなれない旨の連絡あり，東日本大震災事業者再生支援機構の活用を断念する。
平成26年9月×日	○○県信用保証協会，○○銀行，○○政策金融公庫を訪問し，事業計画案の概要を説明すると共に，申立人の営業状況について報告する。
平成27年1月×日	申立人と代理人弁護士が第2回金融機関説明会を開催し，会計士による財務調査報告を行うと共に，経営改善計画案（債務の一部を免除）の概要について説明し，金融機関の理解を求める。

第5部　事例紹介

	○○県信用保証協会，○○銀行，○○政策金融公庫が出席する。欠席した○○債権回収に対しては資料送付の上で電話にて説明を行う。
平成27年3月×日	○○県信用保証協会，○○銀行，○○政策金融公庫を訪問し，経営改善計画案・調停条項案（債務の一部を免除）について説明し，各金融機関の同意を求める。
平成27年5月×日	○○県信用保証協会，○○銀行，○○政策金融公庫を訪問し，経営改善計画案・調停条項案の検討状況をヒアリング。 ○○銀行，○○政策金融公庫及び○○債権回収からは，反対意見は無く，他の債権者の意向に従う旨の回答がある。
平成27年7月×日	○○県信用保証協会の意向を受けて経営改善計画案を修正し，○○県信用保証協会，○○銀行，○○政策金融公庫を訪問して，個別説明を実施する。
平成27年9月×日	○○県信用保証協会の意向を受けて経営改善計画案を更に修正。
平成27年10月×日	○○県信用保証協会から代理人弁護士宛に，修正された経営改善計画案・調停条項案を基本的に承諾する意向である旨の連絡がある。
平成27年11月×日	○○県信用保証協会，○○銀行，○○政策金融公庫及び○○債権回収を相手方として特定調停の申立て

以　上

第 2 版あとがき

　お蔭様で、第 2 版を出させて頂くことになりました。これも、『会社を私的再建で残して、もう一度会社に経済社会で挑戦してもらいたい！』という我々の想いに、同調してくださる方々の存在のお陰だと思います。

　第 2 版の出版までに、私的再建をめぐる環境が整備されてきました。特に、「経営者保証に関するガイドライン」が施行されたことで、保証人に保証履行されて迷惑をかけたくないと、躊躇していた方々が、勇気をもって私的再建に向けて、一歩を踏み出すことになったと思います。

　私的再建による再建は、我々、再建のエキスパートによる手助けは必要ではありますが、会社再建は経営者とそのスタッフ達の自助努力が一番重要です。

　今回第 2 版を出させて頂くまでの間に私的再建で、蘇った会社の経営者と最近、よくお会いしますので、いくつかご紹介させていただきます。

　東北の歴史ある地にて、宿泊業を営む経営者は、再生後初めて課税所得を計上し、納税することができました。納税を通じて国民の義務の一つが果たせましたと笑顔で語ってくれました。彼は、自分の会社のみならず、今では地域の町おこしのリーダーとなっています。

　西日本の酒蔵さんは、婿殿が、天下の大企業を退職して、経営者として再建を手がけています。元々美味しいお酒の販売ルートの見直しやコスト管理を行い、認知度を広めるべく全国を駆けめぐっています。今や、数々の賞を受賞し、老舗百貨店の方から、声をかけてもらえるようになっています。

　北関東の化粧品関連メーカーさんは、専務であったご子息が、営業と品質管理を取り仕切っています。商流を分析して新たな商流を提案する、Made In Japan の品質を買い手に深く理解してもらう、従業員に対して叱咤激励し、モ

チベーションを高めさせる，そういった積み重ねの結果，過去最高益を出すにまで至っています。驕らぬように，険しい山登りをして，山から見る朝日は自己を奮い立たせてくれるそうです。

　これからも一社でも多くの会社を，私的再建という手法で一緒に再建していけたらと思っている次第です。

　本郷三丁目の事務所にて，交差点を行き交う未来の経営者になる東大生を見ながら

公認会計士　安田　憲生

著者紹介

徳永　信（とくなが　しん）
公認会計士，税理士
公認会計士徳永信事務所代表
宗和税理士法人代表社員
1981年　公認会計士登録
1987年　税理士登録
監査法人トーマツ（現有限責任監査法人トーマツ）勤務（東京事務所，豪州シドニー駐在員）を経て
1987年　公認会計士徳永信事務所開設
2008年　宗和税理士法人設立，代表社員就任
公認会計士事務所においては，株式会社，公益法人，学校法人などの監査業務，財務デュー・デリジェンス業務，内部統制調査業務などに従事。
宗和税理士法人においては，法人及び個人の所得税・消費税に関する相談・申告などの一般業務，相続・贈与，譲渡所得等の資産税業務に関する相談・申告などの一般業務をはじめとして，事業再生・M＆Aに係る税務デュー・デリジェンス，組織再編成業務などのサービスを包括的に提供している。

安田　憲生（やすだ　のりお）
公認会計士
中央大学商学部卒業
太田昭和監査法人（現　新日本有限責任監査法人）入所後，アーンストアンドヤング・トランザクション・アドバイザリー・サービス株式会社に勤務し，財務デュー・ディリジェンス業務に携わる。
現在，公認会計士徳永信事務所，安田憲生公認会計士事務所に勤務

宮原　一東（みやはら　いっとう）
弁護士（東京弁護士会所属・倒産法部部員・日弁連中小企業法律支援センター委員）
中小企業診断士，認定支援機関，事業再生実務家協会会員
私的整理（再生支援協議会案件，震災支援機構案件，純粋私的整理案件），法的整理（民事再生，破産，特別清算，特定調停）の代理人業務多数，再生支援協議会の外部専門家など
2003年　弁護士登録（56期）
2008年　光麗法律事務所所属
2011年　中小企業診断士登録
2012年　桜通り法律事務所開設
【著書】
『社長・税理士・弁護士のための私的再建の手引き』税務経理協会（2011年）
『社長・税理士・弁護士のための民事再生の手引き』税務経理協会（2012年）
『社長・税理士・弁護士のための会社再生出口戦略』税務経理協会（2013年）
『取締役のための会計不正のはなし』中央経済社・共著（2013年）
【論文】
税経通信2013年8月号「廃業という選択　税理士にできること」
事業再生と債権管理第154号「第三者保証債務を含む2社の保証債務について，経営者保証ガイドラインを活用し，特定調停手続により，保証債務の整理を行った事例」

岡本　成道（おかもと　しげみち）
弁護士（東京弁護士会所属・倒産法部部員）
認定支援機関
私的整理（再生支援協議会案件，純粋私的整理案件），法的整理（民事再生，破産）の代理人業務多数
2006年　弁護士登録（59期），光麗法律事務所入所
2012年　桜通り法律事務所開設
2013年～　株式会社東日本大震災事業者再生支援機構勤務
【著書】
『社長・税理士・弁護士のための私的再建の手引き』税務経理協会（2011年）
『社長・税理士・弁護士のための民事再生の手引き』税務経理協会（2012年）

```
桜通り法律事務所
　東京都中央区日本橋茅場町2－3－6　宗和ビル7階
　　ＴＥＬ03－6661－6553　ＦＡＸ03－6661－6554
```

著者との契約により検印省略

平成23年4月10日　初版発行
平成28年10月10日　第2版発行

社長・税理士・弁護士のための
私的再建の手引き
―経営者保証に関するガイドライン対応―
〔第 2 版〕

著　者	德　永　　　信
	安　田　憲　生
	宮　原　一　東
	岡　本　成　道
発行者	大　坪　嘉　春
印刷所	税経印刷株式会社
製本所	株式会社　三森製本所

発行所　東京都新宿区下落合2丁目5番13号　株式会社　税務経理協会
郵便番号 161-0033　振替 00190-2-187408　電話(03)3953-3301(編集部)
FAX (03)3565-3391　　　　　　　　(03)3953-3325(営業部)
URL http://www.zeikei.co.jp/
乱丁・落丁の場合はお取替えいたします。

© 德永　信・安田憲生・宮原一東・岡本成道 2016　　Printed in Japan

本書の無断複写は著作権法上での例外を除き禁じられています。複写される場合は、そのつど事前に、(社)出版者著作権管理機構（電話 03-3513-6969、FAX 03-3513-6979、e-mail：info@jcopy.or.jp）の許諾を得てください。

JCOPY　＜(社)出版者著作権管理機構　委託出版物＞

ISBN978―4―419―06354―2　C3034